Michael Cöllen

Lieben, Streiten und Versöhnen

Michael Cöllen

Lieben, Streiten und Versöhnen

Rituale für Paare

Kreuz

Inhalt

Vorbemerkung 7

Einleitung 9
Das Geheimnis der Übung:
Von der Natur zur Kultur der Liebe

1 Eine Kultur der Liebe 13

Der Partnertest 16
Fünf Brücken zueinander – die Dialogsäulen des Paares 24
Übungen für den Körperdialog 27
Übungen für den Gefühlsdialog 45
Übungen für den Sprachdialog 67
Übungen für den Sinndialog 89
Übungen für den Zeitdialog 109

2 Kultur des Streitens – Kultur des Versöhnens 121

Streit – Vorbeugung 127
Streitbearbeitung – Im Streit und in der Krise 151
Streitbewältigung – Verzeihen und Versöhnen 169

3 Kultur der Sinnlichkeit, Erotik und Sexualität 189

4 Das Liebes-Wochenende 217

Alphabetische Reihenfolge der Übungen 229

Literaturhinweis 233

Vorbemerkung

Bevor irgendein Paar sich jemals trennt, sollte es unbedingt die Übungen dieses Buches durchführen. Niemals ist es purer Zufall, dass Partner sich wählen. Beide prüfen dabei, was sie jeweils durch das Leben mit dem anderen an sich selbst kritisch erkennen und verändern müssen. Soll die Beziehung bestehen und Trennung nicht als Notlösung für Krisen missbraucht werden, ist dieses *Lernen durch Dich* als Weg zwar beschwerlich, meist aber sehr erfolgreich. Und nach wenigen Jahren sind Sie glücklich darüber, ihn gegangen zu sein.

Dies ist kein Buch, um es von vorne bis hinten durchzulesen. Vielmehr suchen Sie je nach augenblicklichem Stand Ihrer Beziehung eine Übung heraus und schlagen diese dem Partner vor. Sie sollen auch nicht jeden Tag eine davon machen. Das würde kein Mensch durchhalten. Es genügt eine pro Woche; eine im Monat wäre auch noch gut.

Die meisten Übungen sind so gedacht, dass beide Partner sie durchführen. Sie brauchen dabei nicht immer gleichzeitig anwesend zu sein, denn die Übungen können an verschiedenen Orten oder zu verschiedenen Zeiten durchgeführt werden. Die Auswertung erfordert dann aber Gemeinsamkeit.

Will der Partner auf keinen Fall mitmachen, lohnt es sich trotzdem, diese Übungen für sich selbst zu machen. Sie vertiefen Ihre eigene Entwicklung und Ihre Beziehungsfähigkeit. Sie finden dann leichter den Weg des Herzens zum Partner. Manchmal brauchen Sie für diese Übungen etwas zum Schreiben, manchmal eine Decke, manchmal auch nur Phantasie und Mut. Jede Anleitung wird im übrigen aufgeteilt in drei Schritte: Sinn der Übung, Anleitung und Auswertung.

Jede Übung hat einen Namen. Dieser dient dazu, sich später besser über die verschiedenen Übungen unterhalten zu können. Außerdem gibt der Name schon das Wesentliche der Übung bekannt. Im ganzen Buch und in jedem Kapitel sind die Übungen alphabetisch angeordnet, so dass Wiederfinden und erneutes Nachlesen leicht möglich sind.

Das Geheimnis der Übung: Von der Natur zur Kultur der Liebe

Der Titel des Buches musste lauten: Lieben, Streiten und Versöhnen. Denn im Dialog der Liebenden stellt Streit sinnvoll nur eine die Not wendende Variante der Liebe dar. Um den Wechsel von Hoch und Tief besser durchzustehen, stellt dieses Buches konkretes Handwerkszeug für Paare bereit, die natürlich neben den Sternstunden auch schwere Krisen durchleben.

»Es kann nicht schwer sein, unsere Liebe zu erhalten – sie ist doch jetzt so stark. Und wir haben so viel, was uns verbindet. Das Schicksal hat uns für einander bestimmt.«

Viele Paare, die sich finden – Jungverliebte ebenso wie Partner zu Beginn der zweiten und dritten Beziehung, denken und fühlen so. Und sie haben Recht. Es kann, es darf, es muss nicht schwer sein.

Es muss kein Zufall bleiben, ob eine Liebe auf Dauer gelingt. Das ist das Anliegen diese Buches: Ihnen die »Macht der Liebe« wieder nahe zu bringen – dass Sie den Glauben an die Liebe neu finden und die Hoffnung auf dieses Wunder niemals verlieren. Sie sollen Ihren Liebestraum verwirklichen. Resignation und Rückzug sind dabei die schlimmsten Feinde, nicht dagegen Streit und Kampf. Sie gehören unmittelbar zur dunklen Seite der Liebe, sind als Gegenpol zur Harmonie lebens- und liebesnotwendig.

Dieses Buch richtet sich an alle Liebenden und Streitenden. Die Psychologie der Liebe, die Logik der Seelen führt – mit unbewusstem Instinkt und hoher Intuition – meist genau die zusammen, die sich im Mit- und Gegeneinander brauchen, um zu menschlicher Reife zu finden. Die Erfahrung aus der Paartherapie lehrt, dass Liebesbeziehungen nur in wenigen Ausnahmefällen am *falschen* Partner scheitern.

Beziehungen scheitern in aller Regel an fehlender Tiefe im Austausch von Körper, Geist und Seele zwischen Mann und Frau. Fachleute bezeichnen das als fehlende Dialog- und Konfliktkompetenz. Es mangelt den stürmisch Liebenden am richtigen *Handwerkszeug* dafür.

Kein Wunder: Es gibt keine wirklichen Liebesschulen. Unsere Gesellschaft lehrt keine Kultur der Liebe. Seit vielen, vielen Generationen sind alle Paare in der Liebe immer nur aufs Ausprobieren angewiesen.

Damit Worte nicht Theorie bleiben, will ich mit Ihnen gemeinsam an der Umsetzung dieser Gedanken über die Liebe arbeiten. Dazu stelle ich Anleitungen, Übungen, Regeln und Rituale der Liebe vor, für Sie zu Hause. Wir wenden sie seit vielen Jahren effektiv in der Therapie mit Paaren und in Paar-Seminaren an. Dieses *Handwerkszeug* stammt aus dem Verfahren der *Paarsynthese*.

Paarsynthese meint im umfassenden Sinn eine psychologische Beziehungs- und Liebeslehre. Im engeren Sinn ist sie ein dynamisches Therapiekonzept, das seit 1975 aus dem Zusammenwirken verschiedener klassischer Therapiemethoden hohe Effektivität bei der Behandlung und Entwicklung von Beziehungs- und Liebesfähigkeit gewonnen hat. Aus der Verbindung von Psychologie, therapeutischer Praxis und spirituellem Lernen entsteht ein lebendiges Modell für Partnerschaft, Liebe und Erotik. Es umfasst eine Psychologie des Paares, ein paarbezogenes Menschenbild und ein *Lernmodell Liebe* mit wirksamen Dialogtechniken.

Ich will versuchen, Ihnen Wege aufzuzeigen, mit einer so ungeheueren menschlichen Kraft wie der Liebe richtig umzugehen. Hauptziel ist, diese Energie im gemeinsamen Revier von Eigenraum, Partnerraum und Lebensraum gleichwertig auszubalancieren – ein immer schwieriger Kampf zwischen Frauen und Männern. Der Umgang mit einer so hohen Energie will gelernt sein und muss geübt werden. Andernfalls kann die so ersehnte Glückserfüllung in ihr Gegenteil umschlagen und zur tiefen Verwundung und seelischen Verletzung, zur menschlichen Zerstörung führen.

Vergleichbar der Sonne und dem Wasser, kann die Liebe Leben aufbauen und zum Blühen bringen. Bei falschem Umgang damit kann sie aber auch die Seele auffressen, Gefühle zerstören und Leben töten. Die Liebe ist eine Himmelsmacht, die nicht vom Himmel fällt. Sie ist die Urgewalt im Menschen, sie fordert Hingabe und Auseinandersetzung gleichzeitig. Die Liebe vereint nicht nur alle Gegensätze, sie lebt auch durch diese Gegensätze – zwischen höchstem menschlichen Glück und größtem Unglück.

Mittel und Hilfen zum verbesserten und vertieften Austausch zwischen Mann und Frau sind Übungen, Regeln und Rituale. Sie dienen dazu, den Dialog der Partner im *Liebenden Ineinander* zu intensivieren und zu vertiefen. Sie ermöglichen oft, eine bewusste und hilfreiche Haltung einzunehmen. Weiterhin dienen sie dazu, den Gesten und Zeichen der Liebe Bedeutung und Wichtigkeit, Achtung und Aufmerksamkeit zu verleihen.

Leider haben die »*68er*«, zu denen ich selbst gehöre, Rituale, Zeremonien und feierliche Begegnungsformen verächtlich gemieden und dabei das Kind mit dem Bade ausgeschüttet. Die Folge davon: Es fehlt eine Kultur der liebevollen Begegnung und der Zärtlichkeit. Stattdessen wird Liebe im Alltag alltäglich begangen, en passant, im Vorbeigehen, zu selbstverständlich, nur aus dem Moment heraus, ohne besondere Vorbereitung oder Verabredung.

Ich spreche damit nicht gegen spontane und intuitive Liebesbezeugungen, die ebenso lebensnotwendig sind für die Erfüllung der Liebenden. Rituale aber geben dem Austausch der Liebe mehr Gewicht. Dadurch, dass sie vorher besprochen und abgesprochen werden, dadurch auch, dass für sie ein besonderer Zeitpunkt verabredet wird, finden diese Gesten tiefere Bedeutung und mehr Bewusstheit. Größtes Beispiel dafür ist das Hochzeitsritual.

Das Geheimnis der überdauernden Liebe, zumindest eines davon, liegt hier. Es ist auch das Geheimnis dieses Buches, aus der Natur zur Kultur der Liebe zu finden.

Die Liebe gehört zur wesentlichen Natur des Menschen. Sie zu pflegen, zu hüten, zu schützen, dafür zu arbeiten und zu üben und ihre Früchte zu ernten, das macht sie zur Kultur.

Das meint auch Osho (Baghwan) mit seinem Buch: *Liebe beginnt nach den Flitterwochen*. Im Folgenden werden also Übungen für Liebende und Streitende zur Pflege ihrer Liebeskultur dargestellt. Keine Angst: Da es in der Natur des Menschen liegt, zu lieben, wird die Anwendung und Umsetzung dieser Anleitungen lustvoll und herz-erwärmend sein. Der Erfolg ist unmittelbar zu spüren. Es bedarf keiner Schweißtreiberei. Jede Anwendung erfüllt etwas von dem, wonach wir uns alle sehnen: Lieben und Geliebt zu werden ...

Das erste Kapitel konzentriert sich auf die Kultur der Liebe in ihrer heilen und heilenden Form. Das zweite Kapitel stellt dem die Streitkultur gegenüber. Treten Störungen, Konflikte und Krisen auf, wird gutes Handwerkszeug umso dringender gebraucht. *Faires Streiten* und nachhaltiges Versöhnen gehören zusammen. Im dritten Kapitel dann geht es um das Brennpunkt-Thema jeder Liebesbeziehung: Sinnlichkeit, Erotik und Sexualität. Das vierte Kapitel liefert ein Konzentrat für die Liebespraxis: Das Liebes-Wochenende.

1 Eine Kultur der Liebe

Liebe geht unter die Haut und trifft dort in die tiefsten Schichten unserer Persönlichkeit. Sie ergreift uns mit Haut und Haar, denn die Liebe zwischen Partnern erfüllt neben der Liebe der Partner zueinander immer auch wichtige Anteile von elterlicher, kindlicher, geschwisterlicher und freundschaftlicher Liebe. In dieser tiefenpsychologischen Wirkung bestimmt sie unser ganzes Menschsein. Sie macht meist den größten Teil unserer Identität aus.

Jede Verletzung dieser Liebe verletzt daher unsere Identität. Die Liebe ist eine Quelle schier unerschöpflicher Kreativität – solange sie eben sprudelt. Liebe ist erfindungsreich, schöpferisch und vielfältig. Sie lässt uns lachen, tanzen und singen. Manchmal allerdings wird dieser Brunnen durch Alltag, Stress und Beruf verschüttet. Oft versiegt diese Quelle auch durch seelische Verwicklung und Blockierung eines oder beider Partner. Die aus Kindheit und Jugend mitgebrachten *Altlasten* und *Ahnenbotschaften* in Sachen Liebe graben sich als leidbringende Verhaltensmuster ein und werden in der Beziehung unbewusst ebenso Leid bringend auf den Partner angewendet. Der wehrt sich heftigst mit seinen typischen Beziehungsmustern – meist genauso unbewusst. In der Folge kommt es zu beidseitigen Störungen, Konflikten und Krisen bei der notwendigen Versorgung mit Gefühlen. Diesen schmerzhaft blockierten Seelenreichtum gilt es daher immer wieder neu zu heben.

Liebe ist in sich keine vorprogrammierte Lusterfüllung, sondern ein Wechselgeschehen von liebendem Ineinander, Miteinander, Füreinander, Durcheinander und Gegeneinander – die Dynamik intimer Auseinandersetzung. Voraussetzung dafür ist Dialogfähigkeit auf beiden Seiten, die es einzuüben gilt – jeder für sich und beide zusammen.

Ein Grundgedanke zur sinnvollen Vertiefung von Partnerschaft ist also das Einüben. Mag es sich auch fremd anhören, im Zusammenhang mit Liebe führt kein Weg daran vorbei. Gefühle werden auch gelernt. Wie Autofahren in der Fahrschule. In Hamburg gibt es z. B. Elternschulen, die jungen Paaren mit Familienpädagogen auf dem

Weg ins Familienleben hilfreich zur Seite stehen. Partnerschulen in diesem psychologischen Sinn existieren leider nicht. Daher soll dieses Buch so etwas wie ein Handbuch für Liebende sein. Sie können sich je nach seelischem Bedarf ihr Übungsprogramm zusammenstellen.

Der Partnertest

Es ist sicher hilfreich, dass Sie sich und Ihren Partner vor dem Einstieg in die reiche Auswahl der Übungen in Bezug auf Partnerqualitäten einschätzen. Dazu stellen wir einen Partnertest voran. Die Fragen beziehen sich auf drei wesentliche Teilbereiche jeder Paardynamik:

- Persönlichkeitsentwicklung
- Fähigkeit zu Dialog und Konfliktbewältigung
- Seelische Reifung und Schwingungsfähigkeit (Partnerresonanz)

Die Fragen dienen dazu, sich selbst und den Partner zu testen. Dazu füllen Sie einmal den Bogen für sich selbst aus, dann beantworten Sie die Fragen ein zweites Mal. Diesmal allerdings versuchen Sie die Antworten so zu geben, wie Sie Ihren Partner in seinem Verhalten Ihnen gegenüber erleben. Der Test zeigt, auf welche Kriterien es ankommt und was für eine große Liebe zu lernen ist bzw. in welchen Bereichen besondere Fähigkeiten geübt werden können. Die Fragen werden in zufälliger Reihenfolge gestellt, verschieden ausgerichtet nach sozialer Erwünschtheit.

Gedacht ist die Durchführung des Testes so, dass Sie jeweils vier Antwortmöglichkeiten haben:

kaum (5 Punkte) manchmal (10 Punkte)
meist (15 Punkte) immer (20 Punkte)

Lesen Sie erst (!) die Auflösung nach, wenn Sie und ihr Partner beide den Fragebogen je zweimal ausgefüllt haben, für sich selbst und für den Partner. Darüber hinaus können Sie sich auch von Freunden oder Freundinnen Rückmeldung zu Ihrer Partnerfähigkeit holen bzw. auch diese den Test machen lassen. Je mehr Sie über sich und Ihre Persönlichkeit aus dem Munde anderer in Erfahrung bringen, umso tiefer können Sie fortschreiten in Ihrer Persönlichkeitsentwicklung – und damit auch in Ihrer Beziehungsfähigkeit.

Testfragen

Sprechen Sie mehr als 10 Minuten pro Tag mit Ihrem Partner über persönliche Themen zwischen Ihnen?

☐ kaum (5)   ☐ manchmal (10)   ☐ meist (15)   ☐ immer (20)

Verstehen Sie es, die Seele des Partners mit einem Augenblick, einer Geste oder einem Wort so zu berühren, dass er/sie sich genau verstanden und im Herzen erwärmt fühlt?

☐ kaum (5)   ☐ manchmal (10)   ☐ meist (15)   ☐ immer (20)

Sind Sie nach vielen Liebesnächten und langer Verliebtheit immer noch neugierig und gespannt auf Ihren Partner?

☐ kaum (5)   ☐ manchmal (10)   ☐ meist (15)   ☐ immer (20)

Können Sie nach schmerzhaftem Streit um Verzeihung bitten und den ersten Schritt zur Versöhnung tun?

☐ kaum (5)   ☐ manchmal (10)   ☐ meist (15)   ☐ immer (20)

Sind Sie schon durch falsche Gesten, einen Scherz oder winzige Bemerkungen leicht kränkbar und schnell beleidigt?

☐ kaum (5)   ☐ manchmal (10)   ☐ meist (15)   ☐ immer (20)

Punkte: _____ _____ _____ _____

Finden Sie, dass diejenige Arbeit des einen oder anderen Partners mehr wert ist, die mehr Geld bringt?

☐ kaum (5)   ☐ manchmal (10)   ☐ meist (15)   ☐ immer (20)

Bevorzugen Sie es, ordentlich, verantwortungsbewusst, korrekt, zuverlässig und treu zu sein?

☐ kaum (5)   ☐ manchmal (10)   ☐ meist (15)   ☐ immer (20)

Geben Sie bei Streit, Problemen und Widerstand eher nach?

☐ kaum (5)   ☐ manchmal (10)   ☐ meist (15)   ☐ immer (20)

Gehen Sie mit dem Partner respektvoll und achtsam um, auch wenn dieser chaotisch, unklug oder fehlerhaft handelt?

☐ kaum (5)   ☐ manchmal (10)   ☐ meist (15)   ☐ immer (20)

Wünschen Sie sich manchmal statt Geschlechtsverkehr und Orgasmus mehr Zärtlichkeit und Kuschelsex?

☐ nie (5)   ☐ manchmal (10)   ☐ beides gleich (15)   ☐ immer (20)

Gebrauchen Sie beim Sex alle Ihre Sinne (Hören, Sehen, Schmecken, Tasten, Riechen)?

☐ kaum (5)   ☐ manchmal (10)   ☐ meist (15)   ☐ immer (20)

Lieben Sie neben Zärtlichkeit und Sex auch seelischen Kontakt und Gedankenaustausch?

☐ kaum (5)   ☐ manchmal (10)   ☐ meist (15)   ☐ immer (20)

Punkte: _____   _____   _____   _____

Reden Sie mit dem Partner auch über den tieferen Sinn Ihrer Beziehung?

☐ nie (5) ☐ manchmal (10) ☐ oft (15) ☐ immer (20)

Glauben Sie, dass Sie an den Fehlern und Schwächen Ihres Partners lernen und wachsen können?

☐ kaum (5) ☐ manchmal (10) ☐ meist (15) ☐ immer (20)

Achten sie darauf, Ihren Partner auch im Alltag aufmerksam, würdevoll und ehrenvoll zu behandeln?

☐ kaum (5) ☐ manchmal (10) ☐ meist (15) ☐ immer (20)

Bringen Sie viele Ideen, Gefühle, Phantasien und Überraschungen in die Beziehung?

☐ kaum (5) ☐ manchmal (10) ☐ meist (15) ☐ immer (20)

Machen Sie sich auch im Alltag Gedanken, womit Sie Ihrem Partner Freude bereiten könnten?

☐ kaum (5) ☐ manchmal (10) ☐ meist (15) ☐ immer (20)

Karriere, Kinder, Geld, Sport und Fernsehen – nehmen Sie das wichtiger als die Liebe?

☐ nie (20) ☐ manchmal (15) ☐ meist (10) ☐ immer (5)

Investieren Sie Zeit und Kraft in Ihre Liebe?

☐ kaum (5) ☐ manchmal (10) ☐ meist (15) ☐ immer (20)

Punkte: _____ _____ _____ _____

Sind Sie mutig genug, sich dem Partner mit Ihrer Sehnsucht und Ihren geheimen Phantasien anzuvertrauen?

☐ kaum (5) ☐ manchmal (10) ☐ meist (15) ☐ immer (20)

Riskieren Sie Streit, um sich dem Partner mit Ihren Ängsten, Zweifeln, Ansichten und Bedürfnissen verständlich zu machen?

☐ kaum (5) ☐ manchmal (10) ☐ meist (15) ☐ immer (20)

Können Sie sich ganz in die Rolle des Partners, sozusagen in seine Haut versetzen und seine innersten Gedanken fühlen und in Worte fassen?

☐ kaum (5) ☐ manchmal (10) ☐ meist (15) ☐ immer (20)

Loben Sie Ihren Partner gerne?

☐ kaum (5) ☐ manchmal (10) ☐ meist (15) ☐ immer (20)

Werben Sie immer wieder neu mit Liebesgeständnissen um Ihren Partner?

☐ kaum (5) ☐ manchmal (10) ☐ meist (15) ☐ immer (20)

Verführen Sie Ihren Partner ab und zu?

☐ kaum (5) ☐ manchmal (10) ☐ meist (15) ☐ immer (20)

Pflegen und schmücken Sie Ihren Körper für Ihren Partner?

☐ kaum (5) ☐ manchmal (10) ☐ meist (15) ☐ immer (20)

Punkte: _____ _____ _____ _____

Reden Sie mit Ihrem Partner über Ihre eigenen Fehler und Schwächen?

☐ kaum (5)　　☐ manchmal (10)　　☐ meist (15)　　☐ immer (20)

Finden Sie leicht zu einer körperlichen und seelischen Intimität mit Ihrem Partner?

☐ kaum (5)　　☐ manchmal (10)　　☐ meist (15)　　☐ immer (20)

Können Sie gemeinsam mit Ihrem Partner über Ihre eigenen Macken, Fehler und Schwächen reden?

☐ kaum (5)　　☐ manchmal (10)　　☐ meist (15)　　☐ immer (20)

Sind Sie stolz auf Ihren Partner und bewundern Sie ihn?

☐ kaum (5)　　☐ manchmal (10)　　☐ meist (15)　　☐ immer (20)

Fühlen Sie sich (insgeheim) stärker und besser als Ihr Partner?

☐ nie (20)　　☐ manchmal (15)　　☐ meist (10)　　☐ immer (5)

Wünschen Sie sich, Ihren Partner in fünf/zehn/zwanzig/dreißig Jahren immer noch zu lieben?

☐ kaum (5)　　☐ manchmal (10)　　☐ meist (15)　　☐ immer (20)

Finden Sie, dass Streit, Aggression und Herausforderung zu einer normalen Beziehung gehören?

☐ kaum (20)　　☐ manchmal (15)　　☐ meist (10)　　☐ immer (5)

Punkte: _____   _____   _____   _____

Sprechen Sie gemeinsam über Kindheit, Eltern und frühere Erfahrungen bzw. Verletzungen?

☐ kaum (5)   ☐ manchmal (10)   ☐ meist (15)   ☐ immer (20)

Überlegen Sie miteinander und prüfen Sie, wie weit negative Erfahrungen mit der Liebe als Kind, Jugendliche oder Erwachsene Ihre heutige Beziehung belasten?

☐ kaum (5)   ☐ manchmal (10)   ☐ meist (15)   ☐ immer (20)

Werfen Sie Ihrem Partner alte Kränkungen heute noch vor?

☐ kaum (20)   ☐ manchmal (15)   ☐ meist (10)   ☐ immer (5)

Lernen Sie etwas gemeinsam bzw. teilen Sie etwas miteinander, was Sie beide auch seelisch weiterentwickelt?

☐ kaum (5)   ☐ manchmal (10)   ☐ meist (15)   ☐ immer (20)

Ängstigt, nervt oder lähmt Sie es eher, mit Ihrem Partner allein zu sein?

☐ kaum (20)   ☐ manchmal (15)   ☐ meist (10)   ☐ immer (5)

Schieben Sie schlechte Stimmung, unangenehme Spannungen oder Ärger mit dem Partner vor sich her oder schweigen Sie sie tot?

☐ kaum (20)   ☐ manchmal (15)   ☐ meist (10)   ☐ immer (5)

Können Sie sich während eines Streites tief in die Augen sehen?

☐ kaum (5)   ☐ manchmal (10)   ☐ meist (15)   ☐ immer (20)

Punkte: _____   _____   _____   _____

Bringen Sie unerwünschte und beängstigende Gefühle wie Enttäuschung, Langeweile, Verachtung, Enge, Lustlosigkeit oder sogar Hass etc. Ihrem Partner gegenüber zum Ausdruck?

☐ kaum (5)　　☐ manchmal (10)　　☐ meist (15)　　☐ immer (20)

Wie oft verschweigen Sie Ihrem Partner Ihre Wünsche und warten trotzdem auf Ihre Erfüllung?

☐ kaum (20)　　☐ manchmal (15)　　☐ meist (10)　　☐ immer (5)

Üben Sie dem Partner gegenüber auch mütterliche Güte oder väterliche Geduld aus?

☐ kaum (5)　　☐ manchmal (10)　　☐ meist (15)　　☐ immer (20)

Punkte: _____ _____ _____ _____

bis 225 Punkte: schwache Liebesfähigkeit
Sie sind durchaus treu und anhänglich. Es fehlt diesen Partnern aber leider oft an Phantasie, Harmonie, Mut und Ideenreichtum. Sie zeigen nur wenig Bereitschaft zum Dialog und kein Einfühlungsvermögen. Sie brauchen ständig den Anstoß durch den Partner, können nur schwer ihre Gefühle zulassen und vermeiden Eigeninitiative.

bis 450 Punkte: entwicklungsbedürftig
Zwar ist viel Sehnsucht nach Liebe da, aber noch überwiegt die Hoffnung, dass der Partner die »Führung« übernimmt und die ganze »Beziehungsarbeit« leistet. In Sternstunden allerdings blühen diese Partner auf, machen dann wieder gut, was sonst zu wenig an Gefühlen strömt. Die wirklichen Qualitäten dieser Partner liegen eher z.B. in beruflichen Bereichen; sie bevorzugen Sachlichkeit. Romantik und zärtliches Genießen kommen daher zu kurz. Sie zeigen aber hohe Bereitschaft, wenn der Partner eine Bitte äußert oder Hilfe braucht. Sie zeigen ihre Liebe eher im praktischen Tun als in gefühlvollen Worten und Gesten.

bis 675 Punkte: gut entwickelte Liebesfähigkeit
Mit allen menschlichen Stärken und den unvermeidlichen Fehlern ausgestattet, liegt hier die wahre und wirkliche, vielleicht sogar die große Liebe vor. Das bestmögliche Ergebnis. Natürlich gibt es auch hier Schattenseiten, aber diese Partner gehen auch dann noch gut mit dem Gegenüber um, wenn es mal schwierig wird oder gar eine Krise ins Haus steht. Sie wecken die tiefsten Gefühle und schenken einem die beglückende Gewissheit, tatsächlich geliebt zu sein. Und selbst Streit dient nur der Verbesserung der Beziehung, nicht aber dazu, den Partner zu demütigen. Sie bringen mit ihren Ideen und Gefühlen die Liebe zum Blühen, sorgen für Herzklopfen und Schauer auf der Haut.

bis 900 Punkte: Traumpartner?
Nein, auf keinen Fall. Hier muss sich jemand ertappt fühlen, denn es wird beschönigt, selbstgerecht und narzißtisch von sich nur das Beste angenommen. Es fehlt Selbstkritik und Einsicht in eigene Fehler. Das sind die schwierigsten Partner. Sie müssen erst mühsam überzeugt werden, dass sie auch mal Unrecht haben könnten. Wenn sie allerdings gerade in bester Laune sind und sich als King fühlen dürfen, dann, ja dann kann es traumhaft schön werden. Dann sind sie für ein Wochenende zumindest die brilliantesten Liebhaber, strahlen als Ballkönigin oder Supermann. Sie sind wunderbar für einen Urlaub, für Kongresse und Festival-Besuche geeignet, kaum aber für Alltag und Kindererziehung.

Besprechen Sie das Ergebnis dieses Partner-Testes miteinander. Klären Sie zusammen, was in Ihrer Liebe füreinander gut ist und wo es hapert. Dann beginnen Sie mit dem praktischen Teil dieser Ihrer persönlichen Partnerschule. Es wird die lohnendste Arbeit Ihres Lebens. Die Paarsynthese bietet dafür eine Fülle von Möglichkeiten.

Fünf Brücken zueinander – die Dialogsäulen des Paares

Wir teilen das erste Kapitel auf in *die fünf Brücken des Paares*. Sie führen die Partner zueinander über Körper, Gefühl, Sprache, Seele und Zeit. Wir ordnen die Übungen jeweils zu: Körperdialog, Gefühlsdialog, Sprachdialog, Seelendialog und Zeitdialog.

Diese Brücken zu betreten und sie zu überschreiten, bedeutet, den Weg zueinander zu suchen. Je öfter Sie das unternehmen, desto dichter und intensiver wird Ihre Beziehung. Sie gewinnt mit jeder Übung an Tiefe. Richten Sie dazu *Dialogabende* ein. Sie wählen jeweils einen Abend in der Woche, alle 14 Tage oder einmal im Monat. Dann entscheiden Sie, welche der Brücken zueinander sie betreten wollen.

Im Unterschied zu den *Zwiegesprächen* des viel zu früh gestorbenen, bekannten Paarspezialisten Michael Lukas-Möller ist es hier wichtig, jeden Monat eine andere der fünf Brücken zum Partner zu wählen. Ein Paar braucht verschiedene Zugangswege, um sich zu finden und die Liebe zu erfüllen. Miteinander sprechen allein genügt nicht. Nur miteinander zu schlafen, verhindert ebenso, Ihre Gefühle füreinander auf Dauer zu erhalten oder gar zu vertiefen.

Probieren Sie dabei etwas aus: Wenn Sie alle fünf Dialoge gleichzeitig führen, nämlich in zärtlicher Umarmung miteinander über Ihre Gefühle, Träume und Sehnsüchte sprechen, erfahren Sie die größte Nähe und Intimität. Was aber geschieht, wenn Sie nur eine dieser Brücken allein begehen? Von Zeit zu Zeit entsteht dadurch etwas ganz Neues – Sie werden es erleben.

Übungen für den Körperdialog

Alles beginnt mit dem Körperdialog. Er zaubert am Anfang jeder himmelstürmenden Liebesleidenschaft größtes Glücksempfinden und unendliche Verschmelzung herbei. Später kann er in seltsamer Umkehrung zur brutalen Gefahr in der Liebe werden. Hier durchdringen sich die Liebenden am tiefsten – in seliger Ekstase ebenso wie in traumatischer Verletzung. Diese Brücke betreten wir bei unserem folgenden Abenteuer »liebenswichtiger« Übungen deshalb zuerst.

Anvertrauen

Sinn der Übung: Kleinkinder und Kinder haben es schon erfahren und üben sich in Vertrauen zu den Eltern ein – und damit in sich selbst. Kinder verstecken sich, um sich von der Mutter finden zu lassen. Sie freuen sich, vom Vater in die Luft geworfen und wieder sicher aufgefangen zu werden. Sie lassen sich in allen Lagen tragen und durch die Luft wirbeln. Meine Tochter ließ sich aus dem Stand vom Tisch fallen. Aus etlicher Entfernung flogen wir herbei, um sie tatsächlich noch aufzufangen. Als Erwachsene brauchen wir Ähnliches. Sich dem Partner völlig anvertrauen, sich ihm ganz hingeben und ausliefern, das fällt vielen unglaublich schwer. Aber es stärkt die Beziehung und gestaltet sie lebendiger, gerade diese Grenzerfahrungen mit dem Partner zu riskieren. Einige solcher Übungen sind geläufig, manchen noch aus Kindertagen. Da ist die Übung, sich rückwärts in die Arme des Partners fallen zu lassen. Der Eine steht etwa 1,5 Meter mit dem Rücken vor dem Partner, ganz gerade, Füße fest nebeneinander auf dem Boden, schließt die Augen und lässt sich nun kerzengerade mit leicht abgewinkelten Armen rückwärts fallen, ohne die Füße zu bewegen. Der dahinterstehende Partner fängt ihn dann auf, aber erst möglichst kurz vor dem Erdboden.

In der Therapie dazu aufgefordert, erleiden viele mehr Angst dabei als beim Sprung vom Fünfmeterturm ins Wasser.

Eine andere Übung heißt ›Blind-Führen‹: Beim Spaziergang schließt der Eine die Augen und lässt sich vom Partner eine halbe Stunde lang durch den Wald, den Park oder die Wohnung führen. Dabei lässt er sich die Welt zeigen: eine Bank, einen Stuhl, eine Pflanze oder Blume, Hindernisse, Treppen usw. dann Rollentausch. Ein früherer Topmanager sagte danach einmal zu seiner Frau: *Das war die härteste Übung für mich in vielen Jahren. Mich führen lassen – das kenne ich gar nicht. Und dazu noch von einer Frau!*

Anleitung: Hier soll ›*In den Schoß fallen*‹ angeregt werden. Dazu setzen sich beide hintereinander auf den Boden. Der vordere setzt sich dabei zwischen die ausgestreckten Beine des Partners – mit dem Rücken zu ihm. Nun beginnt er, im Zeitlupentempo sich millimeterweise zurückzulehnen und sich ganz, ganz langsam fallen zu lassen, ohne Stütze durch den Partner. Erst scheint es einfach. Nach drei bis fünf Minuten fängt schon ein schnelleres Atmen und Zittern an. Langsam beginnt es auch, weh zu tun. Solange nur irgend möglich, soll er die Schmerzen aushalten, die dabei entstehen – mit Keuchen und Weinen und Schreien. Erst ganz am Ende, nach etwa 15 Minuten, wenn es gar nicht mehr geht, lässt er sich endgültig in den Schoß des Anderen fallen. Und wieder werden die Rollen getauscht.

Auswertung: Die Partner beschreiben sich gegenseitig die verschiedenen Gefühlswellen, die sie bei dieser Übung gespürt, durchlitten und erlebt haben. Sie endet meist in einem Gefühl wohliger Erschöpfung und Geborgenheit – mit gesteigertem Vertrauen in den Partner und in die Beziehung. Miteinander solche Grenzerfahrungen zu machen, auch Schmerzen auszuhalten, einander durch Höhen und Tiefen bewusst zu begleiten, bindet tiefer und tiefer.

Augenblicke

Sinn der Übung: Sich mit den Augen zu entdecken, zärtliche Geschichten zu erzählen und einander zu streicheln, ist wohl die innigste Zwiesprache dieser Welt. Augenblicke sind der allererste und alles entscheidende *Körperkontakt*. Die Partner erfahren darin etwas über ihren permanenten, unbewusst-feinstofflichen und oft gravierenden Austausch im Miteinander. Mehr nämlich als die gesprochenen wiegen meist die unausgesprochenen Worte: winzige Gesten, Impulse, Signale, Berührungen und Mimik. Sie machen 70 % unserer Kommunikation aus. So auch die *Augen-Blicke*, die ausgetauscht – manchmal auch vermieden werden. Viele Partner halten den tiefen Blick in die Augen gar nicht aus; andere verweilen nicht, sondern suchen ständig die Umgebung ab. Im Streit schauen sich sowieso die wenigsten in die Augen. Diese sind aber die Fenster zur Seele des Partners.

Anleitung: Setzen Sie sich mit geringem Abstand einander gegenüber. Halten Sie für den Anfang Ihre Augen geschlossen. Bereiten Sie sich darauf vor, Ihrem Partner gleich für etwa 5–10 Minuten ununterbrochen in die Augen zu schauen. Was geht in Ihnen vor, allein schon bei der Vorstellung dieser Übung? Lassen Sie sich Zeit und spüren Sie Ihren inneren Empfindungen nach.

Jetzt öffnen Sie die Augen und schauen den Partner unverwandt an. Versuchen Sie, erst mal nur zu schauen. Schauen Sie dem Partner bis auf den Grund seiner Seele. Nehmen Sie auch seine Blicke ganz in sich auf. Lassen Sie sich dabei in etwa folgende Gedanken durch den Kopf gehen: Jungverliebte tun das oft – warum wir nicht mehr? Was geschieht in mir, wenn ich Dich so anblicke? Was sehe ich in Deinen Augen, was erkenne ich darin? Von Dir, von mir, von uns? Was macht Dein Blick mit mir? Wie tief lasse ich Dich in mich herein?

Schließen Sie nach etwa zehn Minuten Ihre Augen wieder und verharren Sie noch drei bis fünf Minuten im Nachspüren und -sinnen.

Auswertung: So einfach diese Übung scheint, hat sie doch erstaunliche Wirkung. Den Blick des Anderen so lange auszuhalten, fällt vielen schwer und kostet Mut und Kraft, besonders im Streit. Dann aber kann vor lauter Sinnesrausch auch der Siebte Himmel über einem einstürzen und ozeanische Tiefe erleben lassen. Tauschen Sie sich mit dem Partner jetzt über das Erlebte aus.

Erstaunlich ist oft, was die Partner sich gegenseitig über das Erleben zu berichten haben. Manchen fällt es nicht leicht, die richtigen Worte dafür zu finden. Glück ist meist schwerer zu beschreiben als Unglück. Schwieriger noch wird es bei massiven Störungen zwischen den Partnern. Zum Beispiel kommen dann oft Bemerkungen wie: »*Ich habe in Deinen Augen etwas ganz Kritisches gesehen, Zweifelndes, viel Wut oder gar Hass*«.

Das Erstaunliche daran ist, dass genau solche Feststellungen zum überwiegenden Teil reine Projektionen sind. So sah ein Mann in den Augen seiner Frau nur Misstrauen und nichts, aber auch gar nichts anderes. In Wahrheit war er selbst voller Misstrauen – schon seit der Scheidung von seiner ersten Frau. Auf tieferes Befragen stellte sich heraus, dass er schon als 8-Jähriger misstrauisch wurde, weil alle seine Schulkameraden und selbst die Geschwister seine Naivität ausnutzten. Sogar sein Vater hatte ihn schon dafür ausgelacht.

Somit hat diese Übung, wie viele andere, einen hohen Erkenntniswert. Die Partner können gegenseitige Fehlvermutungen, Ängste und Vorurteile aufklären und abbauen. Sie lernen aber auch, sich mit den Augen zu streicheln und einander zärtlich zu umfassen. Im Dialog der Augen treffen sich die Seelen der Liebenden.

Berühren und Begreifen

Sinn der Übung: Wenn Kinder Schmerzen, Kummer oder Angst haben, brauchen sie nichts mehr auf dieser Welt als die schützenden Hände und Arme von Mutter und Vater. Hände können heilen. Handauflegen spielt in der ganzen Weltgeschichte eine große Rolle.

Jesus segnete auf diese Weise, Buddha stärkte dadurch seine Schüler und viele Reikimeister, Therapeuten und Masseure von heute helfen so. Körpertherapeuten haben eingehend erforscht, wie Körperregionen und Gefühlsregionen miteinander zusammenhängen.

In der Sprache der Volksweisheiten tauchen dafür viele, viele Sätze auf wie: Kloß im Hals, sich zusammenreißen und sich gerade halten, jemanden nicht riechen können, Laus über die Leber gelaufen, weiche Knie bekommen, Schmetterling im Bauch, Druck auf der Brust, es drückt das Herz zusammen, ein beklemmendes Gefühl hier oder dort usw.

Diese *Körpersprache* direkt umzusetzen in den Partnerdialog, ist hier das Ziel. Sich so unmittelbar mitzuteilen, vom Körper direkt zum Herzen des Partners, ist mehr als berührend. Auf diesem Weg werden auch die Seelen ausgetauscht.

Durchführung: Üben Sie selbst *Innere Achtsamkeit*, indem Sie erspüren, wo sich welche Gefühle bei Ihnen festsetzen oder niederschlagen. Was jeder weiß, aber wenige in die Tat umsetzen, sind Verspannungen im Nacken, Rücken oder im Becken. Starke Gefühle haben immer einen für sie eigenen Ort im Körper. Besonders Zorn, Trauer und Angst krallen sich irgendwo fest, spannen die Muskeln an und werden schließlich zum *Muskelpanzer*. Der Organismus schützt sich auf diese Weise vor allzu viel Schmerz. Auf Dauer aber wird es zum gefährlichen Symptom, das in den ganzen Körper ausstrahlt. Tun Sie sich deshalb gegenseitig Gutes an und erproben Sie, dem Partner solche Gefühlsregionen des Körpers zum Behandeln, zum Handauflegen und Heilen anzubieten

Etwa so: *Ich habe in den Schultern Schmerzen. Kannst Du mal Deine Hände dahinlegen? Und jetzt vielleicht mal etwas fester drücken? Jetzt wieder ganz langsam nur etwas streicheln? Ich erzähle Dir dabei, was das für Schmerzen sind und was ich dabei empfinde. Mir lastet so auf den Schultern, dass ich gar nicht mehr genau weiß, wo wir miteinander stehen? Ich bin dann oft traurig, will es Dir aber nicht gern zeigen.*

Oder: *Ich habe so ein Druckgefühl in der Brust und in der Herzgegend. Darf ich mal Deine Hand nehmen und sie dorthin legen. Ich will Deine Wärme spüren. Es beruhigt mich, Dich da zu fühlen und zu wissen, dass Du mir nahe bist.*

Oder: *Kannst Du mir mal meinen Kopf halten? Ich habe so viele Sorgen und er ist schwer davon.*

Jetzt kommt es nicht darauf an, nur kurz die gefragte Stelle zu berühren oder zu streicheln, sondern dort zu verweilen und über die Aussprache tiefer zu dringen. Therapeuten sprechen von der Weisheit des Organismus. Gemeint ist damit, dass der Körper uns ganze Geschichten erzählen und Auskunft darüber geben kann, was wir gerade brauchen für unsere Seele.

Mit den Händen zuhören, ist wohl die schönste Zwiesprache dieser Welt. Sie brauchen dafür allerdings Erfahrung, Übung und Wissen im Anfühlen des Körpers Ihres Partners oder Ihrer Partnerin. Lernen Sie mit der Zeit, wie und wo am Körper des Anderen sich gelöste, angespannte und verkrampfte Muskeln anfühlen. Spüren Sie, wie und wo seine Seele antwortet auf Ihre Berührung. Erleben Sie mit, wenn er oder sie sich weich oder ängstlich, kummervoll oder begehrlich, traurig oder krank anfühlt. Und antworten Sie dann mit Ihren Händen. Sprechen Sie damit Trost, Verständnis, Hilfe, Lust oder Mut und Beistand aus.

Auswertung: Berühren und Begreifen ist hier im doppelten und tiefsten Sinne wörtlich gemeint: Das Handanlegen verstärkt die Begegnung, vertieft die Mitteilung und bringt die *sensorische Datenübermittlung* von Körper, Geist und Seele ins Fließen. Durch das Berühren Deiner körperlichen Empfindungen begreife ich Deine Seele und Du spürst unmittelbar meine Resonanz darauf.

Natürlich braucht es dafür Zeit und keine Flüchtigkeit. Zeit zur Einstimmung ist geboten. Der Andere will auf Empfang gestellt sein. Er will seine inneren Kanäle öffnen für die Mitteilungen seines Partners. Im Dialog der Hände finden und berühren sich die Seelen der Liebenden.

Blütenkelch

Sinn der Übung: Eine innige Begegnungsübung: Sie schafft tiefe Nähe, ist erholsam und empfindsam zugleich. Auch hier findet sich der Weg zur Seele des Partners über den Körper. Es geht darum, einander Gutes zu tun ohne Forderung. Zweckfreie Zärtlichkeit ist der Sinn, ohne zwangsweise jeden Hautkontakt im Geschlechtsverkehr enden zu lassen. Vielmehr soll das Gefühl von wohliger Geborgenheit, Nestwärme und tiefem Sich-Anvertrauen entstehen können. Der Eine erblüht unter den Händen des Anderen.

Anleitung: Sie legt sich wie eine Kugel zusammengerollt auf den Boden. Stellen Sie sich dabei eine Rosenknospe vor. Sie macht sich dabei so klein wie möglich. Er beginnt nun mit großer Behutsamkeit irgendwo am Körper, sie so lange und langsam zu streicheln, bis diese unter der Zärtlichkeit und Wärme seiner Hände in sich den Impuls verspürt, sich langsam zu öffnen. Die Zeit dieser Übung hängt ganz davon ab, wie die Sehnsucht wächst, sich unter den streichelnden Händen des Partners immer mehr zu recken und zu strecken. Der Vorgang lässt sich vergleichen mit dem Sich-Öffnen einer Blütenknospe, die durch die wärmenden Sonnenstrahlen langsam, ganz langsam jedes Blütenblatt entrollt. Es ist wie eine *Reise über die Körperlandschaft*. Nackt fühlt sie sich am schönsten an.

Hat sich die Partnerin auf diese Weise ganz geöffnet und gestreckt, verharren Sie einige Minuten, um dann die Rollen zu tauschen.

Auswertung: Hier braucht es gar nicht viel Worte oder Erklärungen, die Wirkung spricht für sich. Hier findet ein wortloser Austausch von Geben und Nehmen, von Körper und Seele statt. Auf diese Weise lässt sich auch mancher Streit beenden – besser als mit vielen Worten. Diese Übung fördert nicht nur seelische Qualitäten wie Vertrauen, Zuneigung und Hingabe, sondern sogar auch körperliche Gesundheit und die Stärkung der Abwehrkräfte.

Chakren-Reise

Sinn der Übung: Hier geht es um das große Einmaleins der Liebenden. Der Begriff der *Chakren* meint die sieben wichtigsten Energiezentren in jedem menschlichen Organismus, nämlich in aufsteigender Reihenfolge von der Dammgegend an: Wurzelchakra, Genitalchakra, Bauchchakra, Herzchakra, Kehlchakra, Stirnchakra und Krohnchakra. Sie entscheiden nach der Lehre des Tantra über Gesundheit, Fitness, Wohlbehagen, seelisches Wachstum und Energieentfaltung. Damit sind sie aber auch verantwortlich für den Energieaustausch der Partner untereinander. Dieser kann sich nur entfalten, wenn die Liebenden im Gleichgewicht ihrer eigenen Kräfte sind, voll *Innerer Achtsamkeit* und Bewusstheit im Umgang mit sich selbst und mit dem Partner.

Anleitung: Während wir sonst mit Meditation eher eine bewegungslose Stille und völlig ruhige Haltung des Körpers verbinden, spielt hier die *Dynamische Meditation* die entscheidende Rolle. Das Paar stellt sich voreinander auf und beginnt damit, den Körper zu lockern, sich mit den Füßen fest zu erden und durch Vibrieren oder Schütteln alle Muskeln zu entspannen. Es gibt dafür eigene Musik als Begleitung im Hintergrund. Sie können natürlich auch eine eigene wählen.

Jetzt beginnt die eigentliche Übung mit dem ersten von drei Teilen:

Energiestrom:
Zunächst versuchen die Partner, einige Minuten lang heftig in ihrer Vorstellung durch das unterste Chakra, das Wurzelchakra, ein- und auszuatmen bzw. Luft dahin zu schicken. Sie tun dies, indem sie nur

durch die Nase ein- und durch den Mund ausatmen, etwa fünf Minuten lang. Dabei stellen sie sich vor, die Luft ströme unmittelbar durch die Dammgegend. So geht es von Chakra zu Chakra in aufsteigender Folge. Immer ist dabei der ganze Körper in vibrierender Bewegung, aber auf einem Fleck stehend. Zusammen dauert das bis hierhin also etwa fünfunddreißig Minuten. Jetzt sind bei richtiger Anwendung die meisten schon durchgeschwitzt. Das soll so sein. Einige werden auch Schwindel bekommen, was aber nicht schlimm ist und Sie nicht veranlassen sollte, vorzeitig abzubrechen. Wenn Sie meinen, können Sie aber nach dem siebten Chakra fürs erste Mal schon aufhören und duschen gehen.

Dynamische Meditation:
Zur dynamischen Meditation gehört, dass auf diese oben beschriebene Weise alle sieben Zentren durchgepustet sind. Dann steigert sich Heftigkeit und Schnelligkeit: Die Partner schütteln sich jetzt vom Stand aus immer heftiger, rudern mit Armen und Beinen durch die Luft, springen, explodieren, lassen Töne aus sich herausquellen, Lachen, Weinen, Schreien bis zum Schweißausbruch. Laute Töne, Wildheit und Ausbrüche sind dabei gerade das Richtige – bis fast zur Erschöpfung. Wichtig: Nicht frühzeitig aufgeben, sondern mögliche Beschwerden, Atemnot, Schwindel und Schmerzen aushalten. Erstaunlich, aber sie lassen plötzlich nach und gehen in ein Gefühl großer Befreitheit über. Etwa zehn Minuten lang – wie alle folgenden Schritte auch.

Dann gehen die Bewegungen über in ein Gleiten und Tanzen, in Drehen und Kreisen. Hierbei geht es nicht darum, eine feste Schrittfolge mit dem Partner zu finden, sondern im Drehen den eigenen Mittelpunkt zu finden und einen gemeinsamen mit dem Partner.

Nach weiteren zehn Minuten lassen die Partner sich Rücken an Rücken auf den Boden nieder – und spüren schweigend in sich hinein – mit der inneren Achtsamkeit ganz in der eigenen Mitte – und doch in Berührung und Austausch mit dem Partner, wieder zehn Minuten.

Danach ist gemeinsames Duschen angesagt: Einer wäscht den Anderen und trocknet ihn ab.

Für diesen zweiten Teil sind etwa fünfundvierzig Minuten vergangen. Jedes Paar kann nun wieder für sich entscheiden, ob es damit aufhören will. Sonst beginnt der dritte große Teil der Übung:

Das Salben dieser sieben Energiezentren

Beide stellen sich nackt voreinander hin und verneigen sich abwechselnd. Mit duftendem Öl salbt dann erst der Mann in aufsteigender Reihenfolge die Chakren seiner Frau ein, dann die Frau bei ihrem Mann. Dies geschieht ganz feierlich und sehr langsam, konzentriert und ehrfürchtig.

Diese Übung kommt schon einer Zeremonie gleich. Sie sollte für jeden Partner etwa fünfzehn Minuten dauern, zusammen also eine halbe Stunde.

Auswertung: Sie können so einen ganzen Dialogabend der Körper gestalten. Sie tun damit etwas für Ihre Gesundheit, für Ihre Seele und für Ihre Liebe. Diese *Chakren-Reise* wirkt innerlich und äußerlich. Sie bietet Joggen, Sauna, Meditation, gegenseitige Würdigung und erotisches Sinnenfest gleichzeitig.

Familienstreicheln

Sinn der Übung: Etwa ein Drittel aller jungen Ehen gerät nach der Geburt des ersten oder zweiten Kindes in ernsthafte Schwierigkeiten. Der Schutzinstinkt für das kleine Kind wandelt das sexuelle Begehren der Frauen teilweise in ein Bedürfnis nach zweckfreier Zärtlichkeit um. Viele Männer leiden dann unter deren sexuellem Rückzug, missverstehen es als Lieblosigkeit und halten ihre Frauen oft nicht mehr für *normal*. Das Kleinkind wird zum Rivalen, die Mutter zur fauchenden Löwin, die sich schützend vor ihr Kind stellt. Männer als angehende Väter bräuchten jetzt oft Nachhilfeunterricht.

Zusätzlich bringt die Umstellung von der Paardynamik auf die Familiendynamik neben der unendlichen Beglückung unzählige anstrengende Veränderungen mit sich. Und sie hören nicht mehr auf: Kleinkind, Schulkind, Pubertät.

Frau und Mann brauchen jetzt die Mobilisierung aller Bindungskräfte, um diesen Stress heil zu überstehen. Das Familienstreicheln könnte ein Element dafür sein.

Durchführung: Es ist nicht schwer, vielleicht nur ein wenig gewöhnungsbedürftig: Samstag- oder Sonntagmorgen im Bett oder wann und wo auch immer trifft sich die ganze Familie, um sich gegenseitig abwechselnd zu streicheln. Papa streichelt die Mama, die wiederum das Kind und umgekehrt. Oder die Tochter streichelt Papa, der den Sohnemann und der die Mama. Und wieder andersherum aufgeteilt. Das Prinzip dabei ist, dass das Streicheln im Kreis geht und jeder jeden streichelt, mal schön hintereinander, mal alle durcheinander. Hautkontakt, Nestwärme und bergende Zärtlichkeit schenken dann genug Freude und Innigkeit, damit vor allem die junge Mutter sich dann auch wieder dem Mann zuwenden kann. Ihr sinnliches Begehren ihrem Partner gegenüber wächst in dem Maß neu heran, in dem sie ausreichend seelische Geborgenheit und beschützende Körperlichkeit für sich und das Kind erfährt.

Geschichte Deiner Hände auf meinem Körper

Sinn der Übung: Hände haben eine heilende Wirkung. Jesus heilte durch Handauflegen. Der berühmte Arzt Le Boyer hat eine spezielle Babymassage von indischen Müttern und Lehrerinnen übernommen, die er »Sanfte Hände« nennt. Die Heilmethode des Reiki arbeitet nur durch konzentriertes Handauflegen. Jungverliebte *behandeln* und *begreifen* sich unaufhörlich. Die Hände, die die Liebste streicheln, bringen gleichzeitig ihre Seele zum Klingen. Die Hände, die die Partnerin missbrauchen oder gar schlagen, traumatisieren deren Seele.

Hier geht es darum, der vielfältigen Wirkung der Partner-Hände auf Körper, Haut und Seele im eigenen Inneren nachzufühlen. Die Geschichte der gegenseitigen Berührungen, die die Partner miteinander genossen, vielleicht auch erlitten haben, wird aufgerufen. Unzählige Berührungen, Zärtlichkeiten oder Verletzungen haben auf dem Körper des Partners ihre Spuren hinterlassen, wie auf einer Landkarte. Sie haben sich auf *Lebzeiten* ins Körpergedächtnis eingegraben und Furchen, Falten oder auch glatte und schöne Haut hinterlassen.

Anleitung: Die Partner sitzen einander aufrecht gegenüber, konzentrieren sich zuerst mit geschlossenen Augen und stellen sich innerlich auf diese Übung ein. Dann öffnen sie die Augen und betrachten im ersten Schritt zunächst aufmerksam und lange die leicht ausgestreckten Hände des Partners.

Nach etwa zehn Minuten ergreifen die Partner im zweiten Schritt jeweils die beiden Hände des Partners mit den eigenen Händen, aber nur ganz vorsichtig und befühlen gegenseitig ihre Hände. Sie lassen dabei vor dem inneren Auge die ganze Geschichte dieser Begegnungen mit den Händen des Partners Revue passieren. All die Erinnerungen und Bilder und Empfindungen, die damit verbunden sind, sollen aufsteigen und das eigene Herz anfüllen. Gefühlsimpulse wie Freude, Tränen, Angst, Lust und Erregung, Sehnsucht, auch Unverstandensein oder Einsamkeit sollen bewusst ausgelotet werden. Schließlich, wieder etwa nach zehn Minuten, lassen die Hände einander kurz los.

Dann ergreift im dritten Schritt die Frau zunächst eine Hand des Mannes und führt sie langsam an wichtige Zonen ihres eigenen Körpers, die entweder besondere Freude, Lust oder Schmerz und Kummer bereitet haben oder noch bereiten. Wieder nach zehn Minuten nimmt im Wechsel der Mann die Hand seiner Frau und führt sie ebenso über seine gefühlsbeladenen Körperstellen. Die Partner vertrauen sich auf diese Weise ganz einander an, mit allen Schmerzen und allem Glück, ohne alle Worte.

Auswertung: Je nach aktuellem Zustand Ihrer Beziehung wird diese Übung sehr unterschiedliche Impulse in Ihnen wachrufen. Widerstreitende Gefühle mögen mobilisiert werden. Abwehr, Angst und Wut können neben Hoffnung, Sehnsucht, Liebes- und Lustgefühlen hochgespült werden. Nachgespräche zu dieser Übung dürfen deshalb nur dosiert, d. h. auf ein Thema bezogen und jeweils nur auf eine halbe Stunde begrenzt geführt werden. Da so vielfältige und widersprüchliche Gefühle eine Rolle spielen werden, könnte sonst leicht Streit entstehen, der hier aber nicht Ziel sein kann. Vielmehr soll der Austausch zwischen Ihnen über Ihr Befinden im Liebenden Ineinander und Gegeneinander in Gang kommen.

Körperbegegnung

Sinn der Übung: Vielen Lesern mag diese Übung fremd erscheinen. Ich fürchte, dass bei einigen Vorurteile durchschlagen und die Übung als lächerlich oder esoterischer Kram abgetan wird. Tun Sie das nicht! Bedenken Sie, dass Fremdes auch Reichtum und Ergänzung zum Gewohnten bedeuten kann. Hier geht es darum, neue Wege zum Körper des Partners zu beschreiben. Wege der gemeinsamen Lebensfreude und Lust am Körper, ohne deshalb gleich aufs Ganze zuzusteuern, nämlich auf Sex. Unser eigenes Körperempfinden ist eine der fünf Säulen menschlicher Identität. In der Beziehung der Liebenden treffen diese Körper zusammen und ergeben eine Identität – ein Fleisch und Blut. Umso wichtiger ist es, der Begegnung dieser Körper einen besonderen und hohen Stellenwert einzuräumen.

Kinder tun dies schon instinktiv. Sie beschäftigen sich sehr viel mit dem eigenen Körper, um ihn kennen zu lernen. Einfache Naturvölker tun dies ebenfalls. Sie schmücken ihn häufig, bemalen sich gegenseitig, auch die Männer. Für alle möglichen Anlässe wie Tanz, Krieg, Bestattung oder Besuche bemalen sie ihn in besonderer Weise.

Bei uns beschäftigen sich Frauen sehr viel mehr und intensiver, intimer mit ihrem eigenen Körper als wir Männer das tun. Das hat schwerwiegende Folgen. Es wirkt sich als Mangel in der Befähigung zu zärtlicher Intensität aus. Männer sind dann beim Sex schneller fertig, unnötig schnell erregbar, unbedacht oder vor allem einseitig. Sie trainieren ihre Kondition und ihre Muskeln, nicht aber ihre zarte Empfindungsfähigkeit – und spüren deshalb nicht die Resonanz bei der Partnerin.

Hier also ist das Ziel, dem Körper des Partners so zu begegnen, dass dieser sich gewürdigt, begehrt, gefeiert und neu angeregt fühlt. Ideenreichtum ist dabei gefragt.

Anleitung: Dies ist mehr eine Übung zur gegenseitigen Überraschung. Beide lassen sich abwechselnd Ideen einfallen, was sie zur Freude des Anderen mit seinem Körper tun könnten. Da bietet es sich z. B. an, den Körper des Partners mit Fingerfarben zu bemalen. Die sind abwaschbar, sowohl vom Körper als auch von der Unterlage, und sie leuchten kräftig und brauchen einfach nur Fingerfertigkeit. Auf diese Weise den Körper in eine Blumenlandschaft, in ein geschmeidiges Tier, in einen Himmel mit Sonne und Wolken, in feurige Spiralen oder einfach nur in farbige Muster zu verwandeln, ist ganz einfach. Es braucht dazu keinen Künstler.

Eine andere Idee ist, den Körper des Partners zu schmücken, mal nur mit Blumen, mal mit Schmuck, mal mit Tüchern aus Seide, mal mit exotischen Früchten oder Süßigkeiten, mal auch mit dem ganzen Schmuck.

Eine dritte Idee mag sein, dem Partner die Augen zu verbinden und ihn dann mit ganz vielen verschiedenen *Hilfswerkzeugen* endlos lang zu streicheln – mit Federn, mit weichen und harten Bürsten, mit Tüchern, mit Pelz und Fell, mit Blumen usw.

Eine vierte Idee schließlich kann sein, den Partner gemäß den vier Elementen: Feuer, Wasser, Luft und Erde zu streicheln. Oder diesen Körper in einer Sommernacht zu entkleiden, ihn den Sternen und dem Mond zu zeigen und zu beschreiben. Und vieles mehr.

Ohren-Schmaus und Regentropfen

Sinn der Übungen: Erotik und Sexualität entzünden sich lange vor der direkten geschlechtlichen Begegnung. Die Sinnlichkeit dafür soll schon in die Wege geleitet, die Sehnsucht nach Fühlen einfacher und doch intensiver Begegnung der Körper vorbereitet werden. Die Zauberschlüssel zur Öffnung der Sinne sind zärtliche Massagen zweckfreier Art. Zwei Bedingungen sind damit verbunden: Einmal sollen sie begrenzt bleiben und nur in Ausnahmen zur sexuellen Vereinigung führen. Nur so bleibt die gegenseitige Spannung erhalten. Zum anderen braucht es hier immer wieder Abwechslung. Sonst wird auch Massieren monoton. Also seien hier gleich zwei Varianten vom sonstigen Massieren vorgestellt:

Anleitung zum Ohrenschmaus: Die Partner entscheiden, wer aktiv und wer passiv sein soll. Der Passive setzt sich mit dem Rücken zum Aktiven vor ihn auf den Boden zwischen dessen Knie. Der Aktive fühlt, ertastet und liebkost schweigend zehn Minuten lang sehr zart die Ohren des vor ihm Sitzenden. Mit den Fingerspitzen werden die Härchen, die Ohrmuscheln, die vielen Windungen, Rundungen und das Innere des Ohres erkundet. Die Konzentration ganz allein auf diese intime Region steigert die Faszination.

Anleitung zu Regentropfen: Sanftes und wieder heftiges, schnelles und wieder langsames Trommeln oder Klopfen mit den Fingerkuppen über den gesamten Körper des Partners ist angesagt. Beginnen Sie vom Kopf her und hören Sie erst auf bei den Zehenspitzen, unter Einbeziehung auch der erogenen Zonen. Kein Streicheln. Das Trommeln mit den Fingerspitzen soll so kräftig sein, dass der Körper des Partners wie ein Instrument erklingt und deutlich zu hören ist. Der Aktive beginnt mit der Vorderpartie, geht dann zur linken, weiter zur rechten Seite und beendet seine *wortlose Begegnung* mit dem Rücken des Partners. Rhythmus, Tempo und Druck variieren, je nach innerem Dialog und Resonanz. Der Muskelpanzer wird dadurch gelockert, die

Poren öffnen sich, der Atem geht tiefer und die Seele beginnt, sich auszudehnen. Diese Übung eignet sich besonders abends zum Entspannen, möglichst nackt, kurz vor dem Schlafengehen. Oder besser noch morgens, zum Wachwerden, statt einer Dusche.

Auswertung: Diese Übung soll eigentlich nicht im Wechsel vollzogen werden. Der Empfangende versucht, seine Empfindungen dem Gebenden nach Abschluss oder am nächsten Tag zu vermitteln und die Schwingung nachklingen zu lassen.

Portrait zeichnen

Sinn der Übung: Der Körper eines jeden Menschen hat ein lebenslanges Gedächtnis. Er bildet sozusagen eine Landkarte von Spuren jeder Berührung: von Schlägen, Verletzungen und Krankheiten ebenso wie von Zärtlichkeiten, Streicheln und Liebkosungen. Ob ein Mensch schließlich schön wird, hängt mit davon ab, wie liebevoll und zärtlich er gestreichelt wurde. Und am meisten graben sich die Spuren im Gesicht ein. Inniges Berühren und liebevolles Ertasten sind die wirksamsten Schönheitsmittel und sparen viel Kosmetik. Darüber hinaus wächst auf diese Weise Selbstvertrauen und Empfindungstiefe zwischen den Partnern.

Anleitung: Die Partner wählen sich eine störungsfreie halbe Stunde an einem schönen Ort. Sie stellen oder setzen sich voreinander. Dann beginnt er, mit unendlicher Langsamkeit und Zartheit, jede einzelne Linie in ihrem Gesicht nachzuzeichnen. Wie ein Künstler, der ein Portrait zeichnet, mal mit weichen, mal auch mit festeren Strichen, hochkonzentriert und ganz aufmerksam, entsteht so das Antlitz. Die Züge ihres Gesichtes beginnen dabei, auf eigene Weise lebendig zu werden: Diese schmetterlingshaften Berührungen, weich wie Pinselstriche, wecken bei beiden Partnern Erinnerungen, rufen Gefühle wach und lassen mit anderen Augen sehen.

Auswertung: Hierzu bedarf es keiner Worte und Erklärungen. Es ist eine Übung, die aus sich heraus wirkt. Manchmal können Tränen dabei fließen, doch sind sie meist Zeichen von Entspannung und Lösung.

Übungen für den Gefühlsdialog

Gefühle sind der eigentliche Reichtum des Lebens. Durch sie sind wir glücklich, traurig, fühlen uns wohl oder einsam, von ihnen lebt unsere Seele. Unsere Gefühle entscheiden schließlich darüber, ob wir ein sinnvolles Leben führen. Sie sind der letztgültige Bewertungsmaßstab, nach dem wir unser Leben ausrichten. Sie entscheiden, ob wir uns mit unseren Taten, Werken und Erfahrungen in dieser Welt froh, gut, schlecht oder böse fühlen. Und wenn jemand noch so sehr versucht, sachlich zu sein, zeigt er doch gerade damit an, wieviel an Gefühlen er zurückdrängt. Wenn es einem echten Hamburger schlecht geht, beschreibt er dies in der Regel mit den Worten: *Ich fühl mich nich ...*

Gefühle gar auf Dauer zu unterdrücken und zu verdrängen, macht irgendwann krank. Immunschwäche, Infektanfälligkeit, Herzbeschwerden, Schlaf- und Konzentrationsstörungen und viele andere psychosomatische Beschwerden sind die Folge, wenn der Gefühlshaushalt ins Defizit gerät. Gefühle brauchen Pflege, Nahrung und Zeit. Sie sind wie Energie, die auf- und abgebaut wird. Sie brauchen Zeit, zu wachsen und Zeit, auszuklingen. Sie sind wie die Rohstoffe und Bodenschätze dieser Erde: kostbar, nicht unerschöpflich und lebenswichtig. Sie dürfen auf Dauer nicht einseitig fließen, weil das zur Ausbeutung führen würde.

Zwischen Frau und Mann erzeugen sie alle menschlichen Höhen und Tiefen. Der Gefühlsaustausch ist dabei immer auf Gegenseitigkeit angewiesen. Zum Nähren und Erneuern bedürfen sie des Dialoges auf allen menschlichen Ebenen: Körper, Gefühl, Sprache, Seele und Zeit – die Brücken zum Partner.

Hier sei die Wichtigkeit und Bedeutung von Gefühlssprache hervorgehoben. Es genügt eben nicht, zu sagen: *Du weißt doch, dass ich*

Dich liebe. Gefühle brauchen Worte, um sie zu vertiefen, sie anzureichern, sie auch zu korrigieren, Veränderungen zu verstehen usw. Wortloses Verstehen ist natürlich, besonders in den Anfangszeiten der Liebe, das Schönste. So sagt der große Romantiker Novalis: *Das Gespräch der Liebenden wird durch das Schweigen nicht unterbrochen.* – Aber späterhin führt es auch zu größten Missverständnissen. Unglaublich viele Liebesbeziehungen gehen an der Kargheit der Gefühlssprache zugrunde.

Der Tod der Gefühle allerdings tritt überwiegend heimlich ein. Die Glücksgefühle der Liebenden, gepaart mit Lustempfinden und Lebensfreude, verlieren sich im Alltag. Mit Gefühlen ist es wie mit dem Geruchssinn. Halten wir uns für eine gewisse Zeit in einem Raum mit eigentümlichem Geruch oder neben einer Person mit Parfümduft oder Schweißausdünstungen auf, gewöhnen sich die Riechorgane relativ schnell daran und können nun diesen Geruch als solchen gar nicht mehr wahrnehmen und erkennen.

So ist es auch mit den Gefühlen: Gewöhnen wir uns über eine bestimmte Zeit hinweg an einen Glückszustand, können wir das alsbald nicht mehr als Glück empfinden. So kommt es, dass wir gerade auch das Liebesglück in seiner ganzen Intensität nur im Entstehen und im Vergehen der Liebesbeziehung seelisch ganz tief ausloten.

Liebesgefühle trotzdem wach zu halten, zu erneuern und das besondere Glück immer wieder zu würdigen, ist also Sinn der folgenden Übungen. Allzuoft muss es erst zum erbitterten Streit, zum Seitensprung oder gar zur Trennungskrise kommen, um den Liebenden wieder die große Bedeutung und den Wert ihres Miteineinanders ins Herz zu schreiben. Ähnlich geht es ja vielen von uns mit unserer Gesundheit: Erst eine schwere Krankheit, ein Unfall oder gar der Tod eines Nahestehenden lässt uns, meist nur für kurze Zeit, der Kostbarkeit gedenken, die Gesundheit, körperliches und seelisches Wohlergehen bedeuten.

Zum echten Gefühlsdialog, der beidseitiges Glück erzeugt, gehören immer drei Schritte:

Erspüren:
Am Anfang steht, sich all seiner eigenen, oft völlig widersprüchlichen Gefühle bewusst zu werden und sie aufmerksam wahrzunehmen. Erstaunlich daran ist, dass viele Menschen speziell unangenehme Gefühle so sehr verdrängen können, dass sie sie gar nicht mehr spüren, ja von ihrer Existenz im eigenen Inneren keine Ahnung haben. Die so verleugneten und verdrängten Gefühle richten jetzt im Verborgenen ihr Unheil an. Das ist z. B. typisch für alle Machtmenschen: Sie streben so sehr nach Macht, weil sie tief drinnen übergroße Ängste haben. Aber diese sich eingestehen zu müssen, wäre schlimmer für sie als sonst irgendeine Katastrophe. Sie würden dann ihren Job als Top-Manager oder ranghoher Politiker beispielsweise gar nicht mehr ausüben können. Was aber dadurch passiert, ist folgenschwer: Angesprochen darauf, würde ein solcher Mensch immer sagen, er habe gar keine Angst. Diese Verdrängung bewirkt, dass die entsprechende Gefühlsenergie in Form von Adrenalin-Ausschüttung sich im Körper staut, Spannung und Anspannung erzeugt, das Herz belastet und enorme Kraft verbraucht. Diese Höchstbelastung für den gesamten Organismus muss irgendwo ein Ventil finden. Die Folge ist, dass dieser Druck nach außen abgegeben wird, da er im eigenen Inneren nicht verarbeitet werden kann. Mitarbeiter, Untergebene und Schwächere müssen es ausbaden. Am meisten sind davon nahestehende Menschen betroffen, besonders natürlich die eigene Frau und die Kinder. Der Prozess geht immer noch weiter: Am Ende werden seine Ängste unbewusst seiner Frau aufgelastet. Wie in einem Verschiebebahnhof wird sie plötzlich bedrückt, unfroh und ängstlich. Sofort reduzieren sich ihr Unternehmungsgeist, ihre Vitalität und damit auch ihre sexuelle Lust. Sie wird depressiv. Der Mann sagt dann: *»Du bist ja hysterisch »mit Dir stimmt doch was nicht«* ... *»geh mal zum Psychiater«*. So hat eine Klientin drei Selbstmordversuche unternommen, bis dieser Teufelskreis aufgedeckt und unterbrochen wurde. Danach sackte ihr Mann völlig in sich zusammen.

Ausdrücken:
Im zweiten Schritt gilt es, diese Gefühle über das bloße Erspüren hinaus zum Ausdruck zu bringen. Erstaunlich daran ist, dass viele Menschen zwar fühlen und empfinden, aber oft keine richtige Sprache dafür finden, oft nicht einmal Gesten oder Ausdrucksmöglichkeiten zur Verfügung haben, um sich adäquat mitzuteilen. Gründe dafür gibt es viele: Aus Scham für die eigenen Gefühle, aus Angst, vor lauter Gefühlen die Fassung zu verlieren, dafür ausgelacht und zurückgewiesen zu werden, als unmännlich zu gelten. Viele haben schon als Kind gehört: *Beherrsch' Dich doch ..., das gehört sich nicht ...*

Austauschen:
Im dritten und schwierigsten Schritt geht es darum, seine Gefühle in Resonanz mit dem Partner zu bringen und mit ihm einen Dialog darüber zu führen. Gefühle sind Reichtum des Lebens. Diesen Schatz gilt es zu heben und die Welt daran teilhaben zu lassen. Wer geizig auf seinen Gefühlen sitzen bleibt, wird bald einsam sein. Gefühle also sensibel wahrzunehmen, ist das Eine. Sie dann zum Ausdruck zu bringen, ist das Andere. Ein Drittes aber ist es, diese Gefühle in Austausch zu bringen. Das erfordert, sie so zu äußern und zeigen, dass sie beim Anderen richtig ankommen und aufgenommen werden können. Nicht zu laut und nicht zu leise, nicht schüchtern, doch auch nicht fordernd, verlangend und doch weich, die Gefühle des anderen ebenso achtend wie die eigenen.

So werden Ihnen in der Folge Übungen vorgestellt, die Ihnen ihre eigenen Gefühle zunächst bewusst machen sollen. Andere Übungen helfen, dass sie dann in Taten umgesetzt und schließlich dem Partner nahe gebracht und mit ihm ausgetauscht werden.

Abschied für immer

Sinn der Übung: Ohne Zweifel ist dies eine schwere Übung. Sie soll helfen, sich tief auf die eigenen Gefühle und die des Partners einzulassen, wie widersprüchlich sie auch seien. Sie soll helfen, auch im Alltag der Gefühle lebendig zu empfinden und dafür immer wieder wach zu werden. Wie der Sturm das Meer aufpeitscht und bis zum Grund aufwühlt, so soll der Sturm der Gefühle die Tiefe der Seelen aufwühlen. Im Meer der Liebe zu schwimmen, meint Ebbe und Flut, Springflut der Gefühle ebenso wie ruhende See in der Stille des Windes.

Anleitung: Morgens beim Abschied vor dem Weg zur Arbeit, abends vor dem Einschlafen oder mitten im Urlaub, für diese Übung findet sich immer Zeit und immer ein Anlass. Einer der Partner schlägt vor, sich jetzt vom anderen zu verabschieden, als ob, ja, als ob es für immer und ewig sei. Die Partner lassen sich darauf ein und stellen sich jeweils vor, dass dies das allerletzte Mal sei, dass sie sich sehen, berühren, in den Arm nehmen oder küssen können. Dafür braucht es ein wenig die Kraft der Phantasie. Dann aber, wenn Sie sich darauf einlassen, quellen und fließen die Empfindungen. Bilder steigen auf, Erinnerungen werden wach. Ängste, Hoffen und Fürchten, eventuell auch Erleichterung oder Verunsicherung – alles mögliche an Gefühlen mag auftauchen. Für dieses Abschiednehmen sollen die Partner sich dann wenigstens zehn Minuten Zeit lassen. Dann trennen sie sich ohne weitere Worte und jeder geht seines Weges, lässt aber in sich noch die Wirkung nachklingen.

Auswertung: Sprechen Sie erst am nächsten Tag oder am Wochenende mit Ihrem Partner über das Erlebte. Fragen Sie ihn und fragen Sie sich selbst, was Sie daraus für Konsequenzen ziehen wollen. Erst diese Konsequenzen, die Sie miteinander festlegen, zeigen den Gewinn an Zweisamkeit.

Atem tauschen

Sinn der Übung: Gefühle zwischen den Liebenden immer wieder neu zu verdichten, zu vertiefen und zu intensivieren, statt im Alltag dahin zu bröseln, ist das Ziel. Auch einmal etwas zu tun, was aus dem Rahmen fällt, was Risiko bedeutet, das ist der Weg dorthin.

Anleitung: Lassen Sie einen Kuss übergehen in gemeinsames Atmen. Dabei legen Sie Ihre Lippen voll auf die Lippen des Partners und atmen bei seinem Ausatmen nur noch dessen Luft ein. Es wird also nicht mehr durch die Nase geatmet und keine Luft von außen geholt. Sie bilden einen gemeinsamen Atemstrom mit dem Partner. Wenn Sie ausatmen, atmet Ihr Partner diese Luft ein und wieder umgekehrt. Halten Sie solange durch, bis Ihnen fast schwindelig wird und die Luft noch reicht. Schöpfen Sie dann einige Male wieder normal Luft, um diesen Atemtausch dann ein zweites und ein drittes Mal zu wiederholen. Sie brauchen keine Drogen und werden doch high.

Collagen der Liebe

Sinn der Übung: Eine Übung, die sich auch ohne Partner lohnt. Damit Menschen zueinander finden können, brauchen sie selbst ein relativ gutes Ich-Gefühl. Sie müssen fühlen und wissen, was sie wollen und was sie geben können. Selbstbewusstsein im wörtlichen Sinn fehlt aber vielen. Allerdings: Wir erfahren als Kinder und Erwachsene erst, wer wir sind, indem wir anderen begegnen und von anderen gesehen werden.

Ich-Gefühl entsteht also über das Du. Erst im Dialog mit Dir finde ich zu mir. Um aber in einen Dialog und Austausch von Körper, Geist und Seele eintreten zu können, brauche ich zumindest ein Gefühl und Wissen von mir selbst. Frage ich aber einen Klienten in der Praxis, was für ein Partner er denn sei und wie er sich selbst als Mensch sieht, erhalte ich oft zur Antwort, da solle ich besser den

Partner fragen. Der könne das sicher besser sagen. Bestehe ich dann trotzdem auf einer Selbstdarstellung, drucksen viele, wissen nicht recht, was und wie sie es sagen sollen. Etliche stöhnen dann und meinen, das sei aber eine schwere Aufgabe.

Die alten Griechen wussten das schon und haben dafür die berühmte Aufforderung geprägt: *Werde, der Du bist*. Eine wahrhaft gewaltige Aufgabe. Aber gerade in der Liebe ist der richtige Ort dafür, sich an die Arbeit zu machen. Selbstfindung und Partnerfindung hängen eng zusammen. Der Andere liebt mich ja, weil ich so bin, wie ich bin (evtl. auch mit Fehlern). Aber wie bin ich denn? Viele Kinderbücher handeln schon von dieser Suche.

Durchführung: Hier gibt es gleich mehrere Variationen, die am Ende genannt werden. Beginnen Sie mit einer *Collage zum eigenen Ich* bzw. *Selbst* zum Thema: Was bin ich für ein Partner oder für eine Partnerin?

Die Arbeit daran soll sich über Wochen hinziehen. Es ist eine Entwicklungsaufgabe, ein Selbst-Findungsprozess, bei dem die Gestaltung entscheidend ist, nicht das fertige Endprodukt. Es soll auch keinen künstlerischen Maßstäben gerecht werden. Einzig und allein Ihr Wesen soll darin zum Ausdruck kommen. Ihr Innerstes soll sichtbar werden. Versuchen Sie, die vielen Teile, aus denen sich Ihre Persönlichkeit zusammensetzt, wie in einem Mosaik darzustellen. Verwenden Sie dazu eine große Pappe, etwa 1 m x 1 m, als Unterlage. Sammeln Sie fortan über zwei bis vier Wochen aus Zeitungen, Illustrierten, Magazinen und Katalogen alle diejenigen Bilder, die intuitiv irgendeine Seite von Ihnen ansprechen. Es geht darum, sich selbst darzustellen mit allen inneren Impulsen, Bewegungen und Gefühlen. Stellen Sie sich dar mit Ihren Ängsten, Enttäuschungen, Depressionen, Hoffnungen und Wünschen, Ideen, mit all Ihren Stärken und Schwächen, mit Ihrem Geschlecht als Frau oder als Mann und mit Ihrer Lust und Leidenschaft, mit Ihrer ganzen Aggression oder Trauer, mit Ihrer Geschichte seit der Kindheit; mit Körper, Geist und Seele, so wie Sie sich selbst erleben.

Natürlich gäbe es noch vieles aufzuzählen, was noch alles in Ihnen steckt und Ihr Menschsein ausmacht, aber das bleibt dann Ihrer eigenen Phantasie und Einfühlung überlassen.

Haben Sie auf diese Weise Ihr Material über Wochen gesammelt, beginnen Sie, das alles irgendwie auf der Unterlage festzukleben. Sie können dazu natürlich auch noch andere Materialien verwenden: Photos, Briefe, Zeichnungen, Gegenstände, Stoffe usw.

Wie Sie nun diese Dinge anordnen, kleben und zusammenstellen, bleibt ganz Ihnen überlassen. Wenn Sie einen Partner haben, dann machen Sie diese Aufgabe parallel. Arbeiten Sie an dieser Collage aber nur so, dass er sich nicht einmischen oder begutachten kann. Er soll nur das Endprodukt zu sehen bekommen.

Auswertung: Im Endergebnis geht es hier auf keinen Fall um eine therapeutische Auswirkung, wie manche das aus der Psychoarbeit kennen mögen. Hier soll es vielmehr als Möglichkeit dienen, sich mit engen Freunden, vielleicht auch Geschwistern auseinanderzusetzen, besonders aber mit dem eigenen Partner, so vorhanden. Erzählen Sie ihm, wie Sie sich sehen, wie Sie sich fühlen und begreifen, wie Sie sich selbst verstehen.

Tiefenpsychologen gehen davon aus, dass beim Gestalten solch kreativer Arbeiten ganz viel unbewusstes Material vom Grund der Seele nach oben steigt. Damit wird etwas sichtbar, was sonst gar nicht bewusst ausgedrückt werden kann. Um so etwas zu erkennen, braucht es aber wiederholte Gespräche darüber, zu verschiedenen Zeiten. Der Partner soll erst im zweiten oder dritten Gespräch dazu Stellung nehmen, wie er Ihre Collage sieht, versteht und interpretiert.

Die Variationen zu dieser Collage liegen darin, dass Sie jeweils das Thema ändern: Einmal können Sie ebenso gegenseitig eine Collage anfertigen, wie Sie den Partner sehen. Und als dritte Variation können Sie eine gemeinsame Collage gestalten mit dem Thema: Unsere Beziehung (oder wieder jeder für sich allein: Wie sehe ich unsere Beziehung). Eine vierte Variation wäre, dass Sie das Thema eingrenzen z. B. nur: Meine Sexualität.

Energy balancing

Sinn der Übung: Von Yin und Yang, von Adam und Eva, von Dir und Mir in der Liebe ist hier die Rede. Es geht darum, diese ewigen Kräfte von Männlich und Weiblich in Resonanz zu bringen. Das ist manchmal ganz leicht und oft sehr schwer. Alles auf dieser Welt hat seinen Gegenpol: Himmel und Erde, Gott und Teufel, Tag und Nacht, heiß und kalt, Weiblich und Männlich. Vom Gleichgewicht des Energieflusses zwischen diesen Polen hängt unsere Gesundheit ab, unser Wohlbefinden, unser Glücks-Empfinden und unser Sinn in dieser Welt. Teil zu sein in diesem ewigen Kreislauf und für die Erhaltung dieses Kreislaufes zu sorgen, ist Sinn der Menschen. Nach dem Prinzip der Resonanzenergie statt nach dem der Durchsetzungsenergie zu leben, ist das Ziel. Dann wird niemand unterdrückt oder ausgebeutet, sondern gegenseitige Ergänzung sorgt für optimale Erfüllung.

Zwischen Frau und Mann ist es oft schwierig, diese Kräfte und Energien auszutarieren, denn sie sind verschieden. Sie brauchen einander zum Leben und geraten doch in Konflikt darüber. Häufig spielen sie dann die Kräfte gegeneinander aus statt sie fein aufeinander abzustimmen und zusammen wirken zu lassen. Geben und Nehmen gerät dann ins Ungleichgewicht. Paarsynthese meint aber exakt dieses Zusammenwirken der Partnerkräfte im Rhythmus der Seelen.

Durchführung: Hier gibt es kein festgelegtes Vorgehen, sondern nur ein ständiges Sich-neu-aufeinander-Abstimmen. Sie können dazu tanzen, sich in einem Rhythmus wiegen oder einfach ohne Gewalt und Stärkeanwendung Ihre Kräfte gegeneinander in Bewegung bringen.

Beispielsweise: Sie stellen sich zunächst voreinander. Die Frau legt Ihre Arme und Hände etwas abgewinkelt von der Brust zusammen. Der Mann dagegen legt seine Hände von beiden Seiten von außen her gegen ihre Hände. In der Folge soll sie versuchen, gegen den Druck von ihm langsam ihre Hände und Arme weit zu öffnen, bis sie völlig gestreckt sind. Er hält mit seinen Kräften dagegen, ohne sie aber am Öffnen ernsthaft zu hindern, nur soviel genau, dass sie am Widerstand wachsen kann. Beim Wieder-Verschließen dasselbe Spiel, nur umgekehrt: Sie versucht, ihre Arme und Hände weiter nach außen zu drücken, er aber drückt sie mit seiner Kraft langsam zusammen. Dann geschieht das Ganze mit umgekehrten Rollen.

Es darf kein Kräftemessen werden. Es geht nicht um Über- oder Unterlegenheit, sondern um das Verhältnis von Kraft zu finden, das ihr erlaubt, höchste Energie auf ihrem Weg zu entfalten.

Dazu eine weitere Variante: Beide setzen sich voreinander mit hochgezogenen Knien und aneinander gelegten Schenkeln. Dann schließt die Frau mit ihren Schenkeln seine ein. Jetzt beginnt er, langsam die seinen zu öffnen, bis sie möglichst weit auseinanderfallen. Sie dagegen, wie vorhin der Mann, hält mit der Kraft ihrer Schenkel dagegen, ohne ihn ernsthaft zu zwingen. Wieder geht es bis zum äußersten Öffnungspunkt, dann mit umgekehrter Richtung. Sie versucht jetzt, seine Schenkel zusammenzupressen, während er zwar noch nach außen drückt, aber langsam nachgibt, bis sie geschlossen sind. Dann Rollentausch: Jetzt nimmt er mit seinen Schenkeln von außen her ihre in die Zange, drückt diese zusammen, während sie mit ganzer Kraft versucht, ihre Schenkel zu öffnen – bis zum Scheitelpunkt. Dann beginnt er langsam, ihre Schenkel durch seinen Druck zu schließen, während sie sich weiter dagegen stemmt.

Nochmal: Es geht nicht darum, den anderen jeweils zu bezwingen oder der Stärkere zu sein, sondern nur soviel Kraft einzusetzen, dass der andere durch Ihren Widerstand sein Optimum an Kraft findet.

Weitere Varianten sind: Den Partner gegen seinen gezügelten Widerstand durch den Raum schieben oder zu versuchen, gegen seinen Druck vom Erdboden aufzustehen. Dazu legt der eine sich platt auf den Rücken oder Bauch und versucht, hochzukommen, während der andere ihn niederhält.

Auswertung: Besprechen Sie ihren Einsatz der Kräfte und das Ausmaß an gemeinsamer oder gegeneinander gerichteter Anstrengung.

Machen wir diese Übungen in Gruppen, erstaunt daran oft, dass sie mit einem Fremdpartner viel besser und kraftspendender verlaufen. Mit dem eigenen Partner gibt es oft Streit darüber, dass er zu stark, zu heftig, zu gewaltsam sei oder gar nicht mitgemacht habe. Es geht darum, durch Deine Gegenkraft zu meiner Kraft zu finden. Die Herausforderung durch Deine Liebe macht mich stark. Kinder wachsen und entfalten sich sicher nicht nur im Nachgeben, sondern gerade auch im Grenzen-Setzen.

Fünf Blüten

Sinn der Übung: Die Liebe offenbart ihren Reichtum und ihre Unvergänglichkeit nur dem, der lernt, ihre Vielfalt zu entdecken und sie angemessen zu würdigen. Liebe ist nicht nur ein großes Gefühl schlechthin oder ein mehr oder weniger starkes Empfinden. Liebe ist nicht nur Emotion oder Trieb; sie ist auch Wissen, Fühlen, Begreifen, Verstehen. Über das Wahrnehmen, Erkennen, Ausdrücken und Austauschen erst erfährt sie ihre übermenschliche Wirkung. Diese Himmelsmacht teilt sich nur dem in ozeanischer Tiefe mit, der alle seine sechs Sinne öffnet.

Anleitung: Diese Übung können Sie auch wieder für sich allein durchführen. Haben Sie einen Partner, lesen Sie ihm das, was Sie gleich dazu aufschreiben werden, später vor.

In der Beziehung zum Geliebten erleben wir fünf sehr unterschiedliche Qualitäten, wenngleich wir sie für gewöhnlich bewusst nicht voneinander trennen. Diese Qualitäten lassen sich umschreiben und beschreiben mit den Gefühlen von: *Ineinander, Miteinander, Füreinander, Durcheinander* und *Gegeneinander*.

Wenn Sie voller Achtsamkeit in sich hineinhören, werden Sie bei diesen verschiedenen Begriffen sehr Verschiedenes fühlen. Ich weiß nicht, ob eine andere Sprache dieser Welt solche Wortschöpfungen überhaupt besitzt. Wie unterschiedliche Blüten verschiedener Pflanzen duften und leuchten, so führen diese fünf Qualitäten des Aufeinanderbezogenseins zu sehr verschiedenen Empfindungen. Was empfinden Sie, wenn Sie sich Zeit nehmen, diese fünf *Blüten der Liebe* deutlich zu erspüren, sie auszudrücken und schließlich sogar mit dem Partner auszutauschen? Nehmen Sie sich Zeit und schreiben Sie das Wahrgenommene dazu erst einmal auf. Legen Sie es dann beiseite, um es später noch einmal zu überprüfen. Ergänzen Sie eventuell, was Sie vergessen haben.

Auswertung: Sie werden bald spüren, dass jede dieser Blüten tatsächlich ihre eigene Gefühlsqualität besitzt. Das *liebende Ineinander*, das *alltägliche Miteinander*, das *solidarische Füreinander*, das glückvolle und manchmal *verwirrende Durcheinander* und schließlich das immer wieder *notwendige Gegeneinander*.

Geschichte der Rose

Sinn der Übung: Noch gilt dieses größte aller Wunder: Jeder Mensch ist einzigartig auf der Welt. So einzigartig wie die Rose des Kleinen Prinzen. Trotz der sechs Milliarden Erdenbewohner. Und solange Menschen nicht durch Klonen hergestellt werden. Und solange ist auch jedes Paar ein einzigartiges Wunder. Zwei einzigartige Wesen finden sich, werden ein Fleisch und Blut, verbinden sich zu einer Einheit von Körper, Geist und Seele. Jungverliebte beteuern sich immer wieder dieses Wunder. Sie erschauern miteinander und kommen nicht aus dem Staunen darüber. Dieses heilige Empfinden weicht auf Dauer aber dem alltäglichen Nebeneinander. Das Staunen wieder zu erwecken und immer wieder zu erneuern, ist das Ziel dieser Übung. Zu erinnern, dass dieser gemeinsame Weg durchs Leben viele Abenteuer mit sich brachte, ist wichtig. Noch wichtiger ist, die eigenen Sinne neu zu schärfen dafür, dass tatsächlich besondere und tief bewegende Ereignisse *zwischen Dir und mir* stattgefunden haben. Die Kostbarkeit dieser unserer Beziehung wird auf solche Weise gewürdigt.

Anleitung: Diese Übung mag sich über Wochen anbahnen und lange Zeit dauern. Jeder der Partner beginnt in seinem Herzen, sich eine Geschichte auszudenken, die das Besondere und Einzigartige der eigenen Paarentwicklung hervorzaubert: Das Kennenlernen, das erste Blicketauschen, erste zarte Berührungen und der erste Kuss, das erste Ineinanderversinken und weitere Stationen der intensiven Begegnung. Eine Kurzgeschichte, ein Märchen, ein Roman, alles kann daraus werden. Tatsächlich spüren viele Paare den Drang, ihre Geschichte aufzuschreiben. Leider tun es so wenige und lesen stattdessen fremde Romane. Das mag auch gut sein, aber die eigene Liebesgeschichte soll ihren Niederschlag finden. Und später wird es noch für die Kinder und Enkelkinder spannend sein, diese *Ahnenbotschaft* zu lesen. Also wird diese Geschichte von den Partnern aufgeschrieben, jeder für sich, um sie dann irgendwann einander vorzulesen. Das könnte auch im Kreis von Freunden geschehen oder zur Silberhochzeit.

Auswertung: Es geht hier nur darum, das Besondere trotz Alltag nicht aus den Augen zu verlieren. Lernen wir, die Ereignisse zwischen den Liebenden im alltäglichen Geschehen mit tieferer Bedeutung zu belegen, werden wir wieder offener füreinander.

Eine weitere Übung, die nur mit Fühlen und Spüren zu tun hat, weil völlig wortlos, wie eine Meditation zu zweit:

In Deinen Augen

Sinn der Übung: Im Umgang mit dem Partner kommt es wesentlich darauf an, nicht allein die Sprache zur Kommunikation zu verwenden, sondern den Dialog auf allen Ebenen der Begegnung zu führen und zu vertiefen. Dadurch unterscheidet sich die Intim-Beziehung von jeder anderen Form der Beziehung. Jeder Blick, jedes Wort, jede

Berührung oder auch Nicht-Berührung, jedes Ausweichen, jede Stimmung wirkt als Signal auf den Partner ein. Diese Dialogebenen einzeln bewusst zu machen, dort die Empfindungen zu steigern und den Ausdruck zu intensivieren, ist das Ziel. Die Vielfalt der Gefühle und die Vielfalt der Begegnungen in ihren tausendfachen Verschiedenartigkeiten werden dadurch zur intensiven Botschaft für den Partner. Durch die langen Jahre der Zweisamkeit entsteht daraus die Geschichte einer gemeinsamen Identität. Aus zwei Menschen ist ein Paar geworden. Die Geschichte dieses Paares hat lange vor dem ersten Sehen begonnen und wird noch andauern, selbst über Trennung und Tod hinaus.

Durchführung: Bitte, setzen Sie sich in dichtem Abstand einander gegenüber, ohne sich zu berühren. Schließen sie die Augen. Versuchen Sie nur, Ihre Ausstrahlung, Ihre Wärme oder Kälte, Ihre Energie und Ihr Wesen zu spüren. Wie fühlt sich das an in Ihrem eigenen Körper und was löst es in Ihnen aus? Was ist Ihnen vertraut davon, was fremd, was angenehm und was störend?

Bleiben Sie so etwa fünf Minuten sitzen und nehmen Sie über alle Antennen Ihrer inneren Wahrnehmung jetzt Ihren Partner ganz in sich auf. Was bewirkt diese Konzentration auf den Partner, diese Kommunikation auf Abstand bei Ihnen? Verändert sich dadurch etwas in Ihnen, zieht sich etwas zusammen oder öffnen sich die Poren, schlägt das Herz schneller oder wird Ihnen kalt?

Dann öffnen Sie im zweiten Schritt die Augen und sehen in die Augen des Partners, immer noch ohne ihn zu berühren. Versuchen Sie, in diesen Augen zu lesen und zu erkennen. Versuchen Sie, sich selbst in seinen Augen zu erkennen. Sinken Sie in diese Augen! Wie intensiv können Sie dabei seine Seele erkennen und wieviel geben Sie durch Ihre Augen von sich zu erkennen? Sind sie bereit, einen solchen Austausch der Seelen zuzulassen? Was für ein inneres Bild haben Sie von Ihrem Partner und stimmt das mit dem überein, was Sie sehen? Sehen Sie Seelenverwandtschaft oder sehen Sie nur Fremdes?

Und wenn Sie daran denken, wie Ihre Beziehung begonnen hat, wie haben Sie Ihren Partner zum ersten Mal gesehen und wahrgenommen?

Denken Sie daran, dass sie diesen Partner schon ganz lange kennen, ja, sogar bevor Sie sich überhaupt getroffen haben. Und dass diese Beziehung niemals enden wird, selbst, wenn Sie sich scheiden lassen oder einer von Ihnen beiden sterben wird. Immer wird diese Beziehung existieren, in der Erinnerung der Kinder oder der Freunde. Die Kraft der Liebe, die Sie einmal zwischen sich geschaffen haben, wirkt und strahlt auch auf andere aus und wird weiter existieren. Sie ist nicht mehr aus der Welt zu schaffen. Diese Liebe ist Geschichte geworden. Wer bin ich geworden durch Dich – und wer bist Du durch mich?

Dann wagen Sie den dritten Schritt: Sie sehen sich immer noch in die Augen und ergreifen gleichzeitig die Hände des Partners. Weiter ohne Worte tauschen Sie diese Energie zwischen Ihnen aus. Was sehen Sie jetzt in den Augen des Partners, wenn sie gleichzeitig seine Hände spüren? Welche Botschaft senden Ihre Hände oder empfangen Sie? Spüren Sie, dass ein Energiekreis zwischen Ihnen fließt oder wieviel davon ist abgeblockt, voller Widerstand oder gar Angst? Wie gehen Sie damit um, wie gestalten Sie diese Beziehung und ihre Liebe?

Auswertung: Teilen Sie sich mit, was Sie innerlich erlebt haben. Besser noch ist es, vorher Ihre Gedanken und Gefühle dazu aufzuschreiben. Lesen Sie sich diese Texte dann erst in einer Woche gegenseitig vor.

Hier ist noch einmal der Dialog der Augen, der innigste aller Dialoge angesprochen. Aber in einer anderen Einfärbung als in der Übung *Augenblicke*. Während es dort um das Erzählen mit den Augen geht, steht hier die Verdichtung der ganzen Partnergeschichte im Vordergrund.

Sehnsuchtsbrief

Sinn der Übung: So wichtig wie Fehlersuche und Konfliktlösung in einer krisenhaften Partnerbeziehung ist das Wiederfinden, das Vertiefen und Entfalten verschütteter und abgeblockter Gefühle. Oft haben wir im Laufe der Jahre völlig verlernt, unseren Gefühlen in der entsprechenden Stimmigkeit Ausdruck zu geben. Oft ist es uns peinlich oder wir haben seit Kindheitstagen gar nicht gelernt, unser Innerstes zu zeigen. Gefühle im eigenen Inneren als auch in der tiefsten Seele des Partners zu hören und zu spüren, diese dann umzusetzen in Sprechen und danach zu handeln, das muss immer wieder neu geübt, verstärkt, gefördert und entfaltet werden. Unsere Kultur und Gesellschaft leisten dabei wenig Schützenhilfe, denn weder in unseren Schulen noch Kirchen, weder in unserer Politik noch in unseren Gerichten wird direkt mit den Gefühlen gearbeitet.

Vielmehr werden sie als Privat- und Intimsache abgetan, totgeschwiegen oder verdrängt. Aber Gefühle lassen sich nicht töten und sie lassen sich nicht auf Dauer verdrängen. Sie tauchen im schlimmsten Falle an anderer Stelle, meistens als Verzerrung in ungeeigneter Form wieder auf. Oft kehren sie sich dann gar ins Gegenteil: Ungelebte Sehnsucht und Romantik verwandeln sich in Kühle; ungelebte Lust und Leidenschaft wandeln sich in Pornographie; ungelebte Abgrenzung wandelt sich in brutale Aggression, Depression oder Suchtverhalten. Gefühle fordern immer, wie sehr sie auch kontrolliert werden mögen, ihren Tribut. Deshalb ist es von Bedeutung, dafür vielfältigste Ausdrucksmöglichkeiten, Lebendigkeit, Übersetzung und Spontaneität zu finden.

Anleitung: Dies soll in einem Brief geschehen, den die Partner an ihre Sehnsucht richten. Wählen Sie eine Anrede wie z.B. »Liebe Sehnsucht«, wie an eine Person. Sie vereinbaren mit dem Partner dafür einen festen Zeitpunkt: beim Sonntagsfrühstück, im Urlaub, an einem schönen Sommerabend. In dem Brief versuchen sie, Ihre ganzen Gefühlstiefen, die Ozeane ihrer Reichtümer an Gefühlen auszuschütten, natürlich auch die unermesslichen Verletzungen dieser Gefühle. Dabei ist wichtig, dass es nicht um eine besonders elegante Form geht, sondern alles erlaubt ist. Vom Kitsch und der Sentimentalität bis zur Romantik. Es soll das Pulsieren des Herzens, das Atmen der Seele und das Sich-Öffnen der Poren zu spüren sein.

Auswertung: Die Paare lesen sich ihre Briefe zu einem späteren Zeitpunkt gegenseitig vor. Allerdings gerät diese Aufgabe manchmal auch zum Fiasko. Mancher will ihn gar nicht schreiben, weil er keine Sehnsucht mehr spürt oder den Partner nur noch hasst. Andere schämen sich und wieder andere glauben ihren eigenen Gefühlen nicht. Das Paar muss dann nach den Gründen des Widerstandes forschen und sich gegenseitig helfen, Hoffnung und Mut für solche wichtigen menschlichen Regungen neu zu entwickeln. Ich glaube aus der Erfahrung der Paartherapie, dass es doch Scham ist, die uns in unseren Gefühlsäußerungen am meisten blockiert – Scham und Angst nämlich, mit diesen unseren Gefühlen zurückgewiesen und damit bloßgestellt zu werden.

Und hier zeigt es sich, dass Gefühle geübt werden können – und müssen. Je sicherer ich mich in der Äußerung fühle, um so leichter kann ich meine Gefühle zeigen. Desto sicherer erreichen sie aber auch ihren Adressaten, und zwar auf der richtigen Wellenlänge.

Abschließend ist mit dem Partner zu klären, wie jeder mit seiner eigenen Sehnsucht umgeht und sie mutig oder ängstlich, blockiert oder gar nicht in die Welt trägt. Helfen Sie sich gegenseitig, mit Ihrer Sehnsucht erwachsen zu werden. Sie ist wie ein Motor für unser Leben.

Skulptur des Paares

Sinn der Übung: Statt dauernd zu reden und zu diskutieren, woraus dann leicht Streit wird, hier wieder eine wortlose Übung. Sie hilft, sich über die eigenen Gefühle und Wahrnehmungen innerhalb Ihrer

Zweierbeziehung klar zu werden. Die eigene Standortbestimmung in dieser Paardynamik hilft auch dem Partner, klarer zu sehen.

Durchführung: Es gibt verschiedene Herangehensweisen. Fangen Sie damit an, dass Sie sich einander gegenüberstellen. Jeder versucht nun, sich und den anderen in eine Skulptur zu formen, um ihre gemeinsame Paardynamik zum Ausdruck zu bringen. Stellen Sie sich dazu vor, ein Künstler hätte den Auftrag, das Wesen und das Wesentliche Ihrer Partnerschaft darzustellen, so dass andere im Vorbeigehen erkennen können, wie Sie in diesem Paarsein zusammenwirken.

Meistens geht es nicht gleichzeitig, weil Sie sich gegenseitig dabei stören, Ihre Sichtweise der Beziehung auszuformen. Versuchen Sie es deshalb noch einmal, aber nacheinander. Schon wer anfängt, ist bedeutsam.

Bringen Sie in dieser Paar-Figur zum Ausdruck, wie Sie aus Ihrer eigenen Sicht in dieser Beziehung lieben, leiden und genießen, als Zweiergespann. Bleiben Sie dann für einige Minuten in der festen und fertigen Form stehen und spüren Sie, was für Gefühle dabei in Ihnen wach werden. Fangen Sie dann an, langsam in Bewegung überzugehen, um nötige Veränderungen vorzunehmen, damit es stimmt.

Eine Frau stellte nach langem Hin und Her ihren Mann auf einen Tisch und kniete sich dann vor ihm auf den Boden, während er sich auf ihrer Schulter noch abstützte. Eine andere Frau formte die Arme ihres Mannes so, dass er sie mit der Rechten aus seinem Blickfeld nach hinten schob, während er mit der Linken nach vorne und in die Ferne greifend, nach immer neuen Abenteuern gierte.

Zum Schluss der Übung erst stellen Sie sich beide abwechselnd dann so auf, wie Sie es sich erträumen würden.

Auswertung: Machen Sie, wenn möglich, mit einem Selbstauslöser Fotos davon. Reden Sie miteinander darüber, was Sie verbessern könnten. Zeigen Sie den Kindern das Ergebnis und hören sich deren Meinung an. Sie sind Mitbetroffene und sollen teilhaben. Es hilft ihnen sehr, eigene Ängste bezüglich der Elterndynamik kundzutun. Außerdem erleben sie mit, wie die Eltern an ihrer Beziehung arbeiten.

Trauern

Sinn der Übung: Viele Paare können nicht alle Gefühlsbereiche teilen. Je weniger, umso trennender wirkt das. Das gilt besonders für das Trauern. Das betrifft die Trauer um den Verlust eines Kindes während der Schwangerschaft, um ein totgeborenes oder gestorbenes Kind, um das Sterben der Eltern. Es kann aber auch der Schmerz um eine Behinderung oder eine Krankheit sein, der Verlust von Freunden oder einem treuen Tier, auch der Verlust eines Arbeitsplatzes. Merkwürdig: Früher wurde Trauer vor der Gemeinschaft laut ausgetragen, heute wird eher still getrauert, jeder für sich allein. Kinder dagegen, von denen wir immer noch lernen können, teilen ihren Schmerz tränenreich mit und suchen dabei engen Hautkontakt.

Besonders die Männer zeigen in unserer modernen Kultur ihre Trauer kaum noch. Schlimmer noch, sie können sie mit ihren Frauen oft nicht mehr teilen. Dadurch vereinsamen die Partner nebeneinander. Denn ebenso wie die Lust braucht auch die Trauer Mitteilen und Geteiltwerden. Ganz schlimm war das bei einem Vater, dessen Sohn sich mit fünfundzwanzig Jahren auf schreckliche Weise selbst tötete. Für Jahre zog sich der Vater in sein Arbeitszimmer zurück. Beim Essen hüllte er sich in Schweigen. Seine Frau und seine Tochter konnte und mochte er nicht trösten. So endete die Beziehung nach langer Qual im Tod der Gefühle.

Durchführung: Haben Sie Leid oder Kummer, erdulden Sie nicht das einsame Trauern. Durchbrechen Sie die Mauern aus Schweigen, Stummheit, ungeweinten Tränen und innerer elender Not. Zeigen Sie deutlich Ihren Schmerz und holen andere dabei ab.

Wählen Sie zusammen mit Ihrem Partner Ort und Zeit, an dem Sie sich wöchentlich treffen, um wenigstens eine halbe Stunde nur gemeinsam zu trauern. Halten Sie sich dabei an den Händen. Sie brauchen nicht einmal zu reden.

Beginnen Sie irgendwann damit, Ihre Trauer aufzuschreiben. Fertigen Sie ein Tagebuch Ihres Weges durch die dunkle Nacht Ihres Kummers. Kleben Sie Photos dazu. Malen Sie Bilder Ihrer Trauer. Schreiben Sie Gedichte darüber. Suchen Sie Freunde auf und lesen sie das Geschriebene vor. Stellen Sie Kerzen auf. Bitten sie Freunde und Verwandte, Ihren Schmerz zu teilen und Ihnen Kraft zu schicken.

Behandeln Sie Ihre Trauer wie eine ständige Begleiterin, für die Sie sogar einen Stuhl bereitstellen und manchmal am Tisch einen Platz frei halten.

Vor allen Dingen: Lernen Sie, Ihrem Schmerz und Ihrer Trauer Ausdruck zu geben. Weinen Sie laut, brüllen Sie vor Schmerz. Werden Sie zornig vor Kummer. Es tut ja so entsetzlich weh. *Verena Kast (1999)* hat ein ganzes Buch *Trauern* geschrieben. In unserer Spaß-Gesellschaft ein wichtiger Beitrag zu tieferen Werten des Menschseins.

Was ich Dir antue, tue ich mir selbst an

Sinn der Übung: Diese Übung ist eine Einzelübung. Sie brauchen keinen Partner dazu. Sie wirkt allerdings sehr intensiv auf den Partner zurück, genauso auf Verwandte und Freunde. Es ist eine Übung, um über sich selbst und die eigene Außenwirkung nachzufühlen, zu spüren, zu denken und zu erkennen, was Sie in dieser Welt anrichten.

Durchführung: Nehmen Sie sich ein halbe Stunde Zeit und setzen Sie sich an einen ungestörten Ort. Beginnen Sie, erst einmal darüber nachzudenken und im Kopf zu sammeln, was Sie selbst mit Ihrem Verhalten, mit Ihrer Kritik und mit Ihrem Streiten dem Partner antun, welchen Schmerz, welche Demütigung und welche Angst Sie ihm damit zufügen. Tun Sie dies recht schonungslos mit sich selbst.

Versuchen Sie, Ihre eigenen blinden Flecken zu durchleuchten und sich selbst äußerst kritisch zu sehen. Es wird Ihnen eine Menge einfallen.

Im zweiten Schritt versuchen Sie, sich vorzustellen, wie der Partner darunter zu leiden hat und was er bei Ihren Angriffen und Ausfällen empfinden mag. Versetzen Sie sich ganz in seine Haut und spüren Sie die Wirkung.

Im dritten Schritt sinnen Sie darüber nach, wie in der Folge Ihr eigenes negatives Verhalten vom Partner in umgekehrter Richtung auf Sie zurückfällt. »Wie man in den Wald hineinschreit, so kommt es wieder heraus! besagt ein altes Sprichwort. »Was Du nicht willst, das man Dir tu, das füg' auch keinem andern zu« lautet ein zweites.

Auswertung: Probieren Sie gar nicht erst, den Spieß umzudrehen und zu antworten: »Ja, aber mein Partner tut doch auch ....« Klar tut er, aber einer muss ja anfangen, den Teufelskreis zu durchbrechen. Versuchen Sie stattdessen eine Woche lang, Ihr eigenes Verhalten so umzudrehen, wie Sie es sich von Ihrem Partner erwünschten, z. B. so liebevoll kritisiert zu werden, dass Sie es annehmen können. Vor allem: Stellen Sie sich – freiwillig – selbst in Frage. Hinterfragen Sie Ihr Tun und Handeln. Üben Sie Selbstkritik ein. Daraus entsteht wahre Größe.

Was fehlt mir von Dir?

Sinn der Übung: Eine Kunst in der Liebe besteht darin, ihre mögliche Gefährdung rechtzeitig zu erkennen. Sonst passiert manchmal wirklich, was so unwahrscheinlich klingt, dass nämlich einer beim Zigarettenholen für immer verschwindet. Und der zurückgelassene Partner steif und fest behauptet, bis dahin sei tatsächlich in der Beziehung alles bestens gewesen. Ich habe in meiner Praxis erlebt, dass ein Mann so von seiner schlimmsten traumatischen Erfahrung erzählte: *Er sei gemeinsam mit seiner Frau zu einer Party zu Bekannten gegan-*

gen. Gegen morgen sei seine Frau ohne ein weiteres Wort der Erklärung mit einem Fremden nach Hause gegangen, um da zu übernachten und mit ihm zu schlafen. Am nächsten Tag sei sie nur noch gekommen, um zwei Koffer zu packen, ebenfalls ohne weitere Erklärungen.

Auch in weniger krassen Fällen ist es wichtig, rechtzeitig das Unbehagen in der Beziehung wahrzunehmen, bewusst zu machen und miteinander darüber zu reden. Nur so kann überraschenden Krisen vorgebeugt werden. Oder dem überraschenden Vorwurf mitten im Streitgespräch: »Ich habe es endlich satt, schon seit Jahren immer nur nach Deiner Pfeife tanzen zu müssen«.

Innere Vereinsamung und stiller Rückzug in die emotionale Emigration sind gefährliche Beziehungskiller. Deshalb gilt es, zunächst kaum wahrnehmbarem, dumpfem Unbehagen rechtzeitig Worte zu geben. Negative Gefühle gegenüber der Geliebten gilt es, konkret anzusprechen, damit diese eine Chance bekommt, rechtzeitig etwas daran zu ändern.

Anleitung: »Was fehlt mir von Dir?« Hinsetzen, nachdenken und aufschreiben in liebevoller Form – darin besteht die ganze Arbeit. Später vorlesen und darüber diskutieren. Jedes Jahr einmal, kann es die Ehe retten.

Übungen für den Sprachdialog

Diese Säule der Partnerschaft wird neben den Dialogsäulen von Körper, Gefühl, Sinn und Zeit häufig am extremsten gebraucht. Auf der einen Seite leben und leiden viele Paare im ausdruckslosen Schweigen, auf der anderen dagegen wird alles totgeredet. Wichtig ist beides: Schweigen und Reden. Missbraucht wird die Sprache, wenn manche versuchen, den anderen durch ihre Argumente zum Schweigen zu bringen. Der Partner wird einfach niedergeredet.

Im Streit kann die Sprache zur fürchterlichen Waffe, im Liebesgeflüster zur erregenden Verführung werden. Und doch sind viele gehemmt, dem Partner Liebesschwüre ins Ohr zu raunen, ihn mit Worten erregend zu streicheln oder ins Land der Träume zu entführen. Ein Mann erklärte mir einmal, der beste Sex sei der, wobei man nicht zu reden brauche. Die arme Frau dieses Mannes, wie muss sie sich in den erregendsten Momenten allein gelassen fühlen. Und wie arm ist solch ein Mann, der seinem Herzen und seiner Lust keine Worte geben kann. Immer wieder treffe ich Männer, sogar auch Frauen, die nie einen Liebesbrief in ihrem Leben geschrieben haben. Sie sterben, ohne die Sprache des Herzens je verwendet zu haben. Nicht einmal Lob auszusprechen oder die Stärken des anderen zu preisen, gelingt manchen.

Im Alltag allerdings leidet die Sprache der Partner wohl am meisten an der Routine. Wenn überhaupt gesprochen wird, dann eben Alltägliches und Organisatorisches. Verschiedenste Untersuchungen ergeben, dass Paare nach sechs Jahren Ehe durchschnittlich nur noch vier bis sieben Minuten miteinander über sich persönlich sprechen. Viele wissen dann nicht mehr, worüber sie miteinander sprechen könnten. Tatsächlich wäre es wiederum eine Überforderung, jeden Tag Intensivgespräche zu führen. Die folgenden Übungen sind daher auch nicht zur täglichen Anwendung gedacht. Aber einmal in der Woche eine davon zu machen, würde ein gutes Fundament herstellen. Selbst einmal im Monat wäre noch hilfreich.

Austausch über die persönliche Befindlichkeit und seelisch intime Gespräche sind ohne Zweifel *notwendige* Liebesbezeugung – für Frauen meist selbstverständlich, für Männer oft schwer zu erbringen. Mein Vater kommentierte seinen Kummer damit so: *»Ein Mann, ein Wort – eine Frau, ein Wörterbuch«.*

Aber auch für beredte Männer liegt das Drama darin, dass es nicht um Sachgespräche geht, nicht um Arbeit, Beruf, Politik, Gesellschaft oder Sport, sondern um die Philosophie des Menschseins, die Kultur der Gefühle, um das Innenleben. Dort herrscht eine andere Logik, die der Gefühle und der Seele nämlich. Um die Vielfalt dieser inneren Regungen zu beschreiben, braucht es viele Dialoge. Um diesen Reichtum in der Liebe zu genießen, braucht es viele Wege und Mittel, den ganzen Horizont auszumalen.

Deshalb folgt zunächst eine Übung, die noch ohne Sprache beginnt, dann aber viel Material zur Aussprache und zum intimen Dialog liefert.

Brücken zu Dir

Sinn der Übung: Fünf Brücken im Austausch der Liebenden sind es, die sie zueinander führen: Körper, Gefühl, Sprache, Seele und Zeit. Davon scheinen zunächst Körper, Gefühl und Sprache selbstverständlich und keiner Erklärung zu bedürfen. Trotzdem gilt, dass diese Brücken zwischen den Geliebten einstürzen, wenn auf Dauer die tiefe seelische Verbindung nicht dazukommt oder verloren geht. Und alle vier Brücken stürzen ein, wenn für die Liebe keine Zeit bleibt. Sie lebt von der Zeit füreinander und miteinander.

Anleitung: Hier geht es um die Ausgestaltung und um das Einfühlen in diese Formen des fünffachen Dialogs zwischen den Partnern. Deshalb lautet hier die Aufgabe, vor dem inneren Auge ein Bild für diese fünf Brücken entstehen zu lassen und dies dann zu malen oder zu zeichnen. Das Malen bringt dabei die nötige Besinnungszeit mit sich, die Ruhe und kreative Fülle, dem eigenen Empfinden Ausdruck geben zu können. Dabei ist das Bild der Brücken nur symbolhaft gemeint. Selbstverständlich können auch andere Symbole auftauchen, oder nur Farben und Linien, was immer der eigenen Phantasie entspringt. Und genau um den Anstoß dieser Phantasie geht es: Wie gestalte ich die Wege, die Brücken, die Zugänge zum Partner, die Dialoge mit ihm? Wie solide sind sie aufgerichtet oder wie baufällig, wie vielfältig, wie verzweigt oder zielgerichtet? Oder ist es in Wahrheit nur eine Brücke mit fünf Pfeilern, den fünf Dialogsäulen?

Lassen Sie sich in Ihrer Phantasie ein Bild für diese fünf Zugangswege zum Partner einfallen – und dafür, wie Sie sie nutzen. Am besten ist es, wenn Sie sich zwei Wochen Zeit vornehmen, das Bild immer in Etappen weiter zu malen. So kommen neue Einfälle hinzu. Manches mag sich verändern oder deutlicher werden dabei. Die Partner sollen sich aber bis zur Fertigstellung die Bilder nicht gegenseitig zeigen, um sich nicht gegenseitig zu beeinflussen.

Auswertung: Am besten ist es, die Bilder nebeneinander an die Wand zu hängen und sie erst einmal zwei Tage kommentarlos dort zu lassen. Höchstens die Kinder können was dazu sagen. Und jetzt kommt die Sprache ins Spiel: Dann beginnen Sie, sich zu erzählen, wie es Ihnen beim Malen und in der Darstellung gegangen ist. Sie beschreiben, was sie selbst dabei gefühlt haben und welche Einfälle sie dazu hatten. Es kommt dabei nicht darauf an, die Gegenstände auf dem Bild zu beschreiben, sondern vielmehr die Ideen, Gefühle und Botschaften, die in diesem so entstandenen Bild enthalten sind.

Wir wissen, dass Bilder mehr als tausend Worte ausdrücken können. In der Psychotherapie gilt, dass sie vor allem auch sonst unbewusste Gedanken und Gefühle zutage fördern. Das ist hier besonders wichtig, weil ja die Vielfalt der liebenden und auch streitbaren Empfindungen kaum sonst auszudrücken ist.

So hat ein Klient, der solch ein Selbstbild malen sollte, sich keineswegs als aggressionsgehemmt gemalt, wie ich ihn kennen lernte und was er zu sein schien. Er malte sich vielmehr mit vielen Messern bewaffnet. Er trug sie allerdings verborgen in den Innenseiten seines Jacketts.

Dank für Höhepunkte

Sinn der Übung: Kurz und bündig: Wir Menschen neigen dazu, mehr das Unglück, den Schmerz und das Negative zu betonen als Glück und Freude. Die täglichen Nachrichten in den Medien sind Ausdruck davon. Die Kritik am Partner ebenfalls; in der Regel wird sie häufiger ausgesprochen als Lob und Dank. Außerdem werden schöne und wohltuende Erlebnisse leichter vergessen als Verletzungen und Kränkungen. Dem gilt es gegenzusteuern.

Anleitung: Zum Geburtstag, zu Weihnachten oder zum Hochzeitstag – oder auch einfach, weil heute Montag ist, schreibe ich Dir einen Brief, in dem ich Dir Danke sage für all die Höhepunkte im Lauf unserer Beziehung. Ich will sie Dir einzeln aufzählen und beschreiben. Ich will Dir sagen, wie tief sie mich angerührt haben und welches Glück Du mir damit geschenkt hast. Es ist doch erstaunlich, wieviel es davon gibt – und wieviel ich im Alltag vergesse. Ich will voller Ehrfurcht und Würde Dir dafür danken. Und so beginnt die Geschichte meiner Höhepunkte mit Dir ...

Auswertung: Wichtig hierbei ist, diesen und auch ähnliche Briefe nicht einfach dem anderen in die Hand zu drücken oder aufs Kopfkissen zu legen, sondern sie ihm selbst vorzulesen. Dazu gehört ein bisschen mehr an Überwindung und Herzklopfen, aber gerade darauf kommt es auch an. Und es soll nicht zwischen Tür und Angel geschehen. Es braucht Zeit und Stimmung dafür. Sonst werden Perlen vor die Säue geworfen. Die Wirkung ist im Übrigen eine zweifache: Es tut nicht nur der Partnerin gut, sich so gewürdigt und geachtet zu wissen. Dem Schreiber selbst wird durch diese Erinnerungsarbeit auch die Kostbarkeit vieler Stunden wieder gegenwärtig; das Glück verrauscht nicht nur im Zahn der Zeit.

Fremder Partner

Sinn der Übung: Nach vielen gemeinsamen Partnerjahren oder schweren Krisen ist es hilfreich und wichtig, sich als Alternative nicht einen neuen Partner zu suchen, sondern den alten Partner mit neuen Augen sehen zu lernen. In der Psychologie gibt es das *Gesetz von der Konstanz der Wahrnehmung*. Partner haben danach die starke Tendenz, den anderen so zu sehen, wie er früher war – und zu übersehen, dass und wie er sich verändert hat. Unbewusst halten wir fest am alten Bild von ihm. Dann müssten wir nämlich nicht die Mühe auf uns nehmen, uns selbst zu verändern. Diese gewisse Trägheit nimmt aber dem Partner die Chance, sich in meinen Augen in einem neuen Licht zu zeigen. Im Streit können dann bequem die uralten Argumente und Vorwürfe aus dem *Museum der Verletzungen* geholt werden, wie der Aggressionspsychologe George Bach es beschrieben hat.

Anleitung: Diese Übung wird in vielen Büchern und Frauenzeitschriften immer wieder mal vorgeschlagen. Sie verliert dadurch nicht an Wert. Und sie hat auch Witz. Sie verabreden mit Ihrem Partner, sich abends in einem bestimmten Restaurant, in einer Kneipe, im Kino oder sonst wo zu treffen, aber so, als ob Sie sich nicht kennen würden. Treffen Sie Ihre Vorbereitungen dazu für sich allein. Der Andere soll nicht wissen, wie Sie gekleidet sind, wie Sie riechen, was Sie vorhaben, was Sie ansprechen usw. Im Lauf des Abends nähern Sie sich einander an, eröffnen ein Gespräch und verbringen den Abend miteinander – als ob Sie Fremde seien. Erfinden Sie für sich und für sie eine Geschichte, wo Sie herkommen, wer Sie sind und was Ihre Ideen sind. Behalten Sie das Spiel bei – selbst wenn Sie dann gemeinsam nach Hause gehen und in ein Bett klettern.

Herzenssprache

Sinn der Übung: Diese Übung können Sie auch ohne Partner durchführen. Es soll trotzdem ein Brief an den Partner werden. Es lohnt in jedem Fall, da Sie dadurch Ihre Persönlichkeit viel stärker zum Ausdruck bringen können. In unserer Gesellschaft sind wir wenig gewohnt, mit dem Herzen zu sprechen. Vielmehr kontrollieren wir unsere Gefühle, überprüfen sie häufig und kleiden sie in eine distanzierte Sprache. Außerdem verlernen wir durch die Routine des Alltags allmählich, dem Partner gegenüber unser Herz zu öffnen. So schwindet die Gefühlssprache immer mehr aus der Beziehung, immer weniger werden die Schwingungen von Herz zu Herz weitergegeben. Was einmal das Wichtigste und Schönste war, wird mit jedem Jahr Ehe weniger geübt: der Dialog der Herzen.

Anleitung: Bitte schließen Sie kurz die Augen und versuchen Sie, in Ihr eigenes Herz hinein zu fühlen, bis auf seinen Grund. Suchen Sie dort, was sich in der Tiefe Ihres Herzens an Zärtlichkeit, an Sehnsucht, an Liebe, aber auch an Verletzung, Kummer und Zorn aufgespeichert hat. Finden Sie jetzt Worte dafür, ohne lange darüber nachzudenken, ohne viel zu prüfen oder aus Angst vor Konsequenzen zu schweigen. Finden Sie den Mut, Ihrem Herzen Luft zu machen. Finden Sie den Mut, sich wieder in Ihre Gefühle einzuüben, das Klopfen Ihres Herzens ernst zu nehmen und seine Botschaft dem Partner kundzutun. Um diese Aufgabe konkret zu gestalten, nehmen Sie sich jetzt eine halbe Stunde Zeit, suchen einen angenehmen und ruhigen Platz, um das, was Sie spüren und empfinden, zunächst aufzuschreiben, daraus einen Brief Ihres Herzens an den Partner zu formulieren.

Auswertung: Im weiteren Verlauf sind die Partner dazu aufgefordert, diese Briefe einander vorzulesen. Es macht immer sehr tiefen Sinn, solche Besinnung schriftlich zu formulieren. Das trägt wesentlich zu einer Konzentration und Bündelung der Empfindungen bei. Die Gefühle werden prägnanter und die Partner sind gezwungen, sich intensiv mit dem eignen Innenleben auseinanderzusetzen. Sie können nicht mehr ausweichen. Sie müssen sich entscheiden und den Mut finden, Stellung zu ihren eigenen Gefühlen zu beziehen.

Kraft der Frage

Sinn der Übung: Michael Lukas-Möller hat als Grundlage seiner ›Zwiegespräche‹ die Neugierde auf den Partner angenommen. Jungverliebte sind sehr gespannt aufeinander, fragen einander endlos viel und wollen noch mehr voneinander wissen. Und sie hören sich gegenseitig endlos lange zu, ohne Ablenkung, voller Konzentration auf den Anderen. Sie wollen begreifen, wie er die Welt begreift. Sie sind begierig, möglichst viel vom anderen zu hören und zu erfahren. Und genau darum geht es hier, nämlich immer wieder Neugier füreinander zu entwickeln, um sich immer besser zu verstehen.

Anleitung: Ganz einfach: Ohne lange Vorbereitung, auf einem Spaziergang, nach dem Essen, am Sonntagmorgen im Bett oder am Strand – wo und wann immer – sagen Sie zu ihrem Partner:»Du, ich möchte Dir mal eine Frage stellen … ich möchte Dich mal was fragen … ich bin neugierig, von Dir zu wissen …«

Wichtig ist nur, dass Sie sich vorher überlegt haben, was Sie eigentlich fragen wollen. Was könnte es sein, das Sie schon längst hätten fragen müssen oder wollen? Hier sind ja nicht unbedeutende Alltäglichkeiten gemeint, sondern das, was den Partner im Innersten bewegt. So könnte eine Frage lauten: *»Was ist Dir das Wichtigste im Leben?«*

Liebesbrief

Sinn der Übung: Hier noch etwas erklären zu wollen, wirkt befremdlich. Jeder, aber auch jeder weiß, was damit gemeint ist. Trotzdem möchte ich etwas vermitteln, was im Zeitalter der emails und der SMS-Kommunikation nicht mehr selbstverständlich ist. In der Praxis treffe ich immer wieder Leute, die noch nie in ihrem Leben einen Liebesbrief geschrieben haben. Und durch die SMS-Kultur nimmt diese Zahl erschreckend zu.

Zu sterben, ohne je einen solchen geschrieben oder erhalten zu haben, ich finde das neben Kriegen und tödlichen Krankheiten oder Unfällen das Schlimmste, was einem Menschen passieren kann.

Oder ist das nur eine veraltete Kultur, die zu erhalten sich gar nicht lohnt?

Ich kämpfe auf jeden Fall dafür, dass die vielen, vielen Empfindungen, Bilder, Erinnerungen, die beim Schreiben eines solchen Briefes entstehen, erinnert werden oder neu auftauchen, nicht in der elektronischen Datenübermittlung verloren gehen. Zur Liebe gehört nun mal auch die Romantik. Allerdings verstand ein zerstrittenes Paar gar nicht, was ich damit meine, sie würden sich ihre Nachrichten doch regelmäßig per email zukommen lassen. Dabei haben Sie beide unter der Fühllosigkeit und Nüchternheit der Beziehung enorm gelitten.

Durchführung: Eigentlich dürfte es hierfür keine Anleitung brauchen. Trotzdem gebe ich doch noch einige Hinweise. Kaufen Sie sich zwei, drei oder vier Seiten kostbares Japan- oder China-Papier. Manche besorgen sich sogar Papyrus dafür. Nehmen Sie sich einen freien Vormittag oder einen dunklen Abend dafür Zeit. Suchen Sie sich einen schönen Platz und Ihr Lieblingsgetränk. Beginnen Sie zu träumen und lassen Bilder des Geliebten aufsteigen. Erinnern Sie irgendwelche Ereignisse mit ihm? Und was wollten Sie ihn schon immer mal fragen? Oder sagen? Suchen Sie in Ihrer Umgebung ein kleines Symbol, das Ihre Liebe ausdrücken könnte – und beschreiben Sie das dem Partner. Suchen Sie eine Blüte, die sie mitschicken wollen. Erzählen Sie, was Sie besonders beschäftigt. Und wie wichtig der Andere für Ihr Leben ist.

Nur um eines klar zu stellen: Einen solchen Brief zu schreiben, ist keine Frage der Bildung oder Ausbildung, sondern eine Frage der Herzenstiefe. Vielleicht aber scheuen so viele Menschen Liebesgeständnisse und -briefe, weil sie sich am allermeisten davor fürchten, sich bloßzustellen. Aber gerade darin liegt der Wert dieser Form von Austausch: Mut zu zeigen und Gefühle zu riskieren.

Auswertung: Auszuwerten gibt es da nicht viel, außer, dass Sie überlegen, ob Sie den Brief mit der Post schicken oder lieber selbst vorlesen. Gedacht ist dabei allerdings, dass der Brief dann nicht einfach irgendwo verschwindet, sondern dass Sie mit Ihrem Partner – und sei es nach Wochen – noch einmal darüber sprechen. Dieser Austausch schließt erst den Kreis der liebevollen Geste ab und führt ihn zum gemeinsamen Erleben.

Liebe? – Was verstehe ich darunter?

Sinn der Übung: Diese Übung mit den drei Sternen sollte erst zu Ende ausgeführt sein, bevor der Abschnitt über die Auswertung gelesen wird. Die Überraschung spielt dabei eine wichtige Rolle.

Weiter unten erkläre ich, was ich als Autor unter Liebe verstehe. Dabei kann es um keine endgültige Definition gehen, denn diese die Menschheit bewegende Kraft kann nicht in eine allgemeingültige Formel gepresst werden. Ich versuche nur das Wesentliche zusammenzutragen, das im Lauf der Jahre von Paaren genannt wurde. Vorher aber probieren Sie und Ihr Partner es, dazu Stellung zu nehmen. Wenn zwei Menschen über lange Zeit so eng zusammenleben wollen – und noch liebevoll – dann ist eine Abklärung darüber, was jeder der beiden unter Liebe versteht, durchaus sehr hilfreich und nützlich. Und es lohnt nicht, einfach stillschweigend und für selbstverständlich hinzunehmen, dass man eben zusammenlebt wie alle anderen Paare

– einfach so. Außerdem ist es doch spannend, wirklich zu erfahren, was der Partner denn mit Liebe meint.

Anleitung: Auch diese Übung kann natürlich für sich allein gemacht werden. Spannend wird sie allerdings erst durch den Austausch und Vergleich mit einem Partner. Also verabreden sich beide, dass jeder für sich erst einmal aufschreibt, was er mit Liebe meint. Und hier ist es wichtig, dass Sie nicht einfach nur Stichworte aufzählen und aneinander reihen. Es geht hier darum, Ihre Überzeugung und Ihr Empfinden aufzuschreiben, dass Sie selbst berührt sind von dem, was Sie dazu meinen. Dann verabreden Sie einen Zeitpunkt, an dem Sie sich das gegenseitig vorlesen und darüber in einen Gedankenaustausch treten.***

Auswertung: Der wichtigste Schritt kommt jetzt: Sie prüfen nun miteinander und gegenseitig, ob jeder von Ihnen auch das selbst erfüllt und *tatsächlich* in die Tat umsetzt, was er unter Liebe versteht und aufgeschrieben hat. Viele Menschen erwarten nämlich insgeheim, dass der Partner zwar die eigenen Vorstellungen und Erwartungen von Liebe erfüllen soll – denken aber nicht daran, dass sie selbst erst einmal damit in Vorleistung treten.

Der zweite Schritt, die weitaus folgenreichere Auswertung kommt jetzt: Sie besteht darin, dass jeder der Partner eine Woche lang versucht, das genau dem Partner angedeihen zu lassen, was er selbst als Vorstellung von Liebe aufgeschrieben hat. Machen Sie keine Tricks dabei. Versuchen Sie es wirklich: Ihre eigenen Vorstellungen von Liebe aktiv für den Partner so zu gestalten, dass er Ihre Liebe intensiv fühlen kann. Und sprechen Sie immer weiter darüber. Prüfen Sie, probieren Sie es aus und verändern Sie Ihr Geschriebenes, bis Sie spüren, dass Sie tatsächlich davon etwas in die Beziehung hinein tragen. Es wird beiden zur Freude gereichen.

*** Achtung: Der obigen Anleitung folgen und Ihre Meinung aufschreiben, dann erst weiterlesen!

Loben – wie ich es mir von Dir wünsche

Sinn der Übung: Lieben und Loben gehören eng zusammen. Unser Teuerstes, unsere Kinder, loben wir gern und häufig. Zumindest in der heutigen Zeit – und manchmal schon zuviel. Auch das Pferd oder der Hund wird oft für sein Apportieren gelobt. *»Braver Hund«* heißt es dann. Ganz anders aber mit der Partnerin. Sie zu loben, fällt oft schwer. Manchem ist es peinlich zu loben; manchem eher, selbst gelobt zu werden. Viele sind zu geizig, zu loben; den meisten fällt es leichter, zu kritisieren als zu loben.

Im Gegensatz dazu wissen wir aus Untersuchungen, dass Lob effektiver wirkt als Tadel, um gewünschtes Verhalten zu erreichen. Junge Liebende loben und bewundern alles am anderen. Selbst am Arbeitsplatz spielt Lob und Anerkennung eine wichtige Rolle für die Motivation der Mitarbeiter. Warum nur fällt es dann zu Hause so schwer?

Anleitung: Es ist nicht schwer. Loben Sie ihre Partnerin einfach so, wie Sie es sich wünschen, dass sie es mit Ihnen auch tut. Wir brauchen alle diese Anerkennung zur Selbstbestätigung, genauso wie die Kinder. Da ist nichts Schlechtes dran. Im Gegenteil: Es öffnet das Herz für neue Taten. Sie schaffen damit eine gute Atmosphäre und bekommen selbst gute Laune zurück.

Verwechseln Sie Loben nicht mit Komplimenten. Die sind hier nicht gefragt. Loben meint Realität und steht durchaus neben kritischen Kommentaren. Beginnen Sie damit, dass Sie auch alltägliche Handgriffe Ihrer Partnerin überhaupt registrieren und wohlwollend kommentieren. Loben Sie immer wieder mal auch Kleinigkeiten. Die großen Dinge kommen dann von allein.

Partnerwahl

Sinn der Übung: Diese Übung erfordert viel Mut zur Wahrheit, sonst nützt sie keinem. Sich fünf, zehn oder gar zwanzig Jahre später klar zu machen, was mich damals bewusst und unbewusst bewogen hat, genau diesen und keinen anderen Partner zu wählen, ist nicht nur spannend. Vielmehr hilft es, zu verstehen, welche Motive im Hintergrund Glück und Leid dieser Beziehung ausmachen. Es entwickelt sich eine Bilanz der Veränderungen, aber auch der Verletzungen, der Projektionen und der Konfliktvernetzungen. Jungverliebte sehen zunächst nur die guten Seiten und *lieben so das Optimum aus dem Partner heraus*, wie die große Dame der Psychologie der Liebe, Verena Kast, sagt. Unerbittlich folgt aber auch die Ent-Täuschung. Die negativen Seiten des Geliebten treten ans Tageslicht.

Doch seltsam: Gerade auch deshalb wurde der Partner (unbewusst) gewählt. Sogar mehr noch deshalb als seiner guten Seiten wegen. Instinktiv nur, aber um so sicherer ahnen wir, dass gerade die negativen Seiten des Partners uns mit unseren eigenen Fehlern herausfordern und zu einer Bearbeitung zwingen, soll die Beziehung überleben.

Und erst, wenn die Ent-Täuschung gelungen ist, dann erst beginnt die Liebe. »*Liebe beginnt nach den Flitterwochen*« sagt Baghwan (Osho). Jetzt erst können wir aneinander wachsen – durch Verzeihen und Versöhnen – durch Aussöhnung mit Deinen, aber auch mit meinen Fehlern.

Anleitung: Beide sitzen sich gegenüber und hören abwechselnd einander zu. Sie sagen sich, worin die damalige Anziehung bestand. Dann erzählen sie sich den Beginn ihrer Enttäuschungen und worüber sie enttäuscht sind –, vielleicht heute noch. Und weiter versuchen Sie sich zu sagen, wie sie jeweils mit diesen Fehlern des Anderen umgehen. Das Wichtigste kommt jetzt: Suchen und verstehen Sie und gestehen Sie dem Partner, was davon Spiegel für das eigene Selbst ist – und was deshalb einer vom anderen zu lernen hat. Zum Abschluss erläutern sie, warum Sie sich heute noch einmal oder wieder wählen würden – oder warum nicht.

Auswertung: Achtung: Natürlich kann es hier Streit geben. Dann sollten Sie die Übung sofort abbrechen; dafür ist sie zu schade. Die Partner sollen sich deshalb in der Auswertung darauf beschränken, einander mitzuteilen, wie sich Stärken und Schwächen ergänzen. Unsere Fehler sind ja gerade Anstoß zu gegenseitiger Reifung und menschlichem Wachstum. Partner werden so *Entwicklungshelfer* füreinander. Nicht Bestrafung und Verurteilung, sondern im Solidarpakt gemeinsame Aufbauarbeit zu leisten, ist das Ziel jeder Liebe.

Rollentausch

Sinn der Übung: Häufig besteht dieser Übung gegenüber eine gewisse Scheu oder Hemmung, im Krisenfall auch innere Abwehr. Gelingt sie aber, entsteht eine Identifikation mit dem Partner, die tieferes Verständnis füreinander ermöglicht und viele Fehler verzeihen lässt. Gleichzeitig befähigt die Übung beide Partner, sich jeweils in das Gegengeschlecht hineinzuversetzen. Partner können und dürfen nicht nur die eigenen Pole ausleben. Sie sollen auch einen bestimmten Anteil der gegengeschlechtlichen Identität in sich zulassen und weiterentwickeln. Dies ist für gleichberechtigtes und intensives intimes Zusammenleben absolut erforderlich, da die extreme Polarisierung der Geschlechter nur zum Grabenkrieg führt. Als Mann kann ich meine Frau nur befriedigen, wenn ich die weiblichen Anteile in mir selbst zulasse, sie wertschätze und wenigstens in gewissem Umfang selbst entfalte. Umgekehrt muss auch jede Frau in sich den männlichen Pol akzeptieren und zur Anwendung bringen, um die Männlichkeit ihres Partners verstehen und als Frau erwidern zu können.

Wird dieser *Rollentausch* blockiert oder nur mit größtem Widerstand eingegangen, ist das immer auch Zeichen dafür, dass der Partner zutiefst und bis ins Innerste hinein abgelehnt wird. Dann bestehen wenig Chancen für die Weiterentwicklung der Beziehung.

Anleitung: Die Partner vereinbaren z. B. nach dem Abendessen, die Plätze zu tauschen und mit dem Tausch der Plätze auch die eigene Identität mit der des Partners zu tauschen. Sie führen ab jetzt das Gespräch über Ihre Beziehung oder zentrale Beziehungskonflikte, die gerade akut sind so, als ob sie jeweils die Identität des Anderen angenommen hätten. Wie fühlt es sich an, in der Haut des Partners zu stecken, seine Worte zu finden, seine Argumente wiederzugeben, seine Haltung, seine Gestik, seine Mimik anzunehmen und sich ganz in sein Innerstes hineinzuversetzen?

Je besser es Ihnen gelingt, nicht nur die Standardsätze Ihres Partners wiederzugeben, sondern möglichst seine innere Haltung und sein sinngemäßes Auftreten, umso tiefer werden Sie sich später als Frau und Mann verständigen können.

Diese Übung gar noch vor den Kindern durchzuführen, ist doppelt wirksam.

Auswertung: Diese Übung gelingt nur selten auf Anhieb. Sie ist ein Härtetest für ehrliche und eheliche Kommunikation. Außerdem entsteht leicht Streit dadurch. Sie ist also eher für Fortgeschrittene geeignet. Sie sollte unbedingt regelmäßig angewandt werden, denn sie wirkt wie ein Medikament. Einmal im Monat durchgeführt, festigt sie sehr die gegenseitige Einfühlung, Offenheit und Akzeptanz. Außerdem beugt sie auf diese Weise weiteren Streitigkeiten vor.

Verbotene Liebe

Sinn der Übung: Auch dies eine schwierige, eine wichtige und intensive Übung für Fortgeschrittene. Untersuchungen zeigen immer wieder, dass weit über die Hälfte aller Partner wenigstens einmal in der Beziehung fremdgehen. Noch mehr träumen von einem fremden

Partner, schauen anderen Frauen heimlich hinterher oder stellen sich beim Sex mit dem eigenen fremde Partner vor. Geschieht dies alles heimlich und damit aus der Realität verdrängt, wird die Weiterentwicklung der eigenen Beziehung und beider Persönlichkeiten blockiert. Schwieriger noch sind langdauernde Seitenbeziehungen. Am schwierigsten aber sind gewaltsam abgebrochene, daher innerlich nicht abgeschlossene Beziehungen. Das gilt auch für Beziehungen, die in früherer Zeit, durch die Einwirkung der Eltern oder andere Ereignisse, nicht ausgelebt wurden.

Sie binden viel an innerer Energie, an Gefühlstiefe und seelischer Kraft, die dem angestammten Partner entzogen werden. Somit gehen sie als gemeinsames Potential verloren. Im Verständnis der Paarsynthese steht hier also nicht ein moralisches, sondern das psychologische Problem im Vordergrund. Daran zu arbeiten, ist Sinn dieser Übung.

Sonst bleibt ungelebtes Leben zurück. Ich habe ein Paar erlebt, das bis zum Tod des Mannes in Verbitterung miteinander dahinlebte, nur, weil sie beide nicht über seine Außenbeziehung von vor 20 Jahren hinwegkamen. Eine Frau hatte seit der Verlobung schon eine Außenbeziehung – zeit ihrer Ehe. Ohne, dass der Mann es gewusst hätte, vegetierten die beiden in ihrer Liebe mühsam dahin. Keiner der Drei lebte so sein volles Leben – welche Trauer.

Anleitung: Sich diesem Problem zu stellen, gilt natürlich für jeden von uns, egal ob der Partner mitmacht oder nicht. Auch Frauen oder Männer, die jetzt allein leben, aber früher so etwas erlebt haben, sollten diese Aufgabe mitmachen. Dabei gibt es mehrere Schritte im Vorgehen. Zunächst soll ein Brief an diese verbotene, verlorene, nicht vollendete oder unterdrückte Liebe geschrieben werden. Konkret wird dazu diese Frau oder dieser Mann angeschrieben. Alles Herzklopfen, alle unterdrückten oder erschreckten Gefühle werden darin angeführt. Dies ist eine Art Bekennerschreiben, das ohne Rücksicht auf Konvention der anderen Liebe Auskunft über die wahren Motive im Beziehungsgeschehen gibt. Nichts wird geschönt oder geschminkt, vertuscht oder verheimlicht. Es ist eine Bilanz auch vor sich selbst. Entstehung, Verlauf und vorläufiges Ende dieser Beziehung sind Inhalt.

Im nächsten Schritt wird dieser Brief dem eigenen Partner vorgelesen. Ab jetzt laufen die Uhren anders. Eine neue Wahrheit entsteht. Die Kraft der Auseinandersetzung mit sich selbst und mit dem eigenen Partner bringt Leben in Ihre jetzige Beziehung zurück. Fragen werden gestellt und Antworten gefunden. Gemeinsame Bilanz wird gezogen. Kursänderung und Neuorientierung werden gesucht.

Im dritten Schritt sollte – das ist wohl das schwierigste Unterfangen – dieser Außenpartner eingeladen werden zu einem direkten Treffen, um Klärung und Abschluss herbeizuführen. Das kann idealerweise zusammen mit dem eigenen Partner geschehen, notfalls auch allein mit dem Außenpartner.

Auswertung: Die Auswertung findet hier in den vorgeschlagenen drei Schritten selbst statt. Intensiver kann die psychologische Bearbeitung der eigenen und der Fremdbeziehung gar nicht ausgeführt werden. Hier ist das praktische Leben selbst die beste Form der Psychotherapie. Daran können die betroffenen Persönlichkeiten nur wachsen.

Vergiss die Rose nicht

Sinn der Übung: Dies soll ein gesprochener Liebesbrief werden – von Angesicht zu Angesicht. Es wird eine Liebeserklärung zwischen reiferen Partnern sein. Die Rose hat eine wunderschöne Blüte, edle Blätter und einen schlanken Wuchs, aber sie hat auch scharfe Dornen. Diese führen leicht zu Schmerzen bei Unachtsamkeit. Übertragen meint das, dass Sie jetzt den Partner nicht mehr idealisieren und das Stadium: *Liebe macht blind* hinter sich gelassen haben. Sie sehen die guten und die schlechten Seiten Ihres Partners. Und trotzdem teilen Sie Ihr Leben mit ihm, lieben ihn reiflich und suchen nach tiefer Verständigung mit ihm. Im Gegensatz zur oben angeführten Übung: *Liebesbrief* sollen Sie ganz im Hier und Jetzt spontan dem Partner Ihre Liebe neu beschreiben, allerdings unter Benennung auch der Fehler und Probleme, die Sie mit ihm haben.

Die wohlwollend kritische Liebe ist die wahre Liebe, nicht die beschönigende, harmonisierende und blinde.

Durchführung: Verabreden Sie mit dem Partner einen Zeitpunkt für dieses Ritual. Besorgen Sie sich eine Rose dafür. Setzen Sie sich einander gegenüber. Stellen Sie die Rose in einer schönen Vase zwischen sich. Betrachten Sie diese Rose schweigend etwa zehn Minuten lang und vergleichen Sie sie mit Ihrer Liebe zum Partner. Und wenn Sie ihr dann die eigenen Gefühle eingestehen, sprechen Sie von den guten und den schlechten. Gestehen Sie Ihre tiefe Liebe und Ihre Kritik. Aber tun Sie es so, dass letztere liebevoll ankommt. Diese Dornen gehören zum Partner und machen erst seine ganz besondere Eigenart aus. Versuchen Sie sich deshalb so auszudrücken, dass Ihr Partner fühlen kann, dass Sie auch seine dunklen Seiten liebevoll mittragen. Es geht auf keinen Fall darum, die Fehler wegzureden oder einfach zu verniedlichen oder sie gar nicht sehen zu wollen, sondern sie reell zu benennen. Aber werten Sie deshalb Ihren Partner nicht ab. Reden Sie ihm keine Schuldgefühle ein. Versuchen Sie lieber zu sagen, was Sie daran schmerzt und wie sie darunter leiden. Nochmal: Machen Sie keine Anklage oder Abrechnung daraus, sondern ein Geständnis: ›*Ich sehe Dich, wie Du bist – und liebe Dich gerade dafür*‹.

Auswertung: Diese Übung ist nicht leicht, weil sie keine falschen Töne und leere Komplimente verkraftet. Beim ersten Mal geht sie nicht immer gut vonstatten. Lassen Sie sich deshalb nicht entmutigen. Probieren Sie es in einem halben Jahr nocheinmal. Es gibt sonst sowieso keinen Menschen auf der Welt, der einem so hilfreich, verständnisvoll und gleichzeitig liebend die zur Weiterentwicklung nötige Kritik nahebringen kann.

Wunsch – Umkehrung

Sinn der Übung: Eine fast magische Übung. Sie spiegelt das reale Partnererleben. Wird sie gelöst, werden Beziehungen immer besser. Bleibt sie auf Dauer ungelöst, spitzt sich die Krise immer mehr zu. Auch diese Übung mit den drei Sternen sollte wieder erst zu Ende ausgeführt sein, bevor der Abschnitt über die Auswertung gelesen wird. Die Überraschung spielt dabei eine wichtige Rolle. Sie ähnelt der Übung: Liebe – was verstehe ich darunter? Sie greift aber tiefer und packt konkreter zu.

Frauen und Männer tendieren unbewusst dazu, die Lösung der Beziehungsprobleme vom Partner zu erwarten. Mehr noch: Auch die Lösung ureigener Fehler und Schwächen wird insgeheim von ihm erhofft, statt von sich selbst. Jeweils der andere soll Abhilfe, Konfliktlösung, Heilung und Erlösung von Liebesleid, Bedürftigkeit, Angst und Kummer bringen. Nur: Der andere sehnt sich nach derselben Erlösung für seine Person. Einer fordert vom anderen, was er selbst nicht kann (oder mag).

Grund dafür ist selten Egoismus oder böser Wille. Für diese Seelendynamik ist der *Mechanismus der Projektion* verantwortlich: Unser eigenes Unvermögen delegieren wir an den Partner. Wie Kinder, die müde sind und getragen werden wollen; die sich schämen, die Angst haben und unsicher sind und jetzt von den Eltern erwarten, dass sie es richten. Die Folgen einer solchen Partnereinstellung sind Anspruchsdenken, mangelnde Selbstreflektion oder überholte Rollenvorstellungen, die das *Recht auf Bedürfnisbefriedigung* durch den Partner vorgaukeln. Letztendlich sind es eigene Minderwertigkeiten, die der Partner durch seine Liebe ausgleichen soll.

Aber es kommt noch viel paradoxer: Die Erlösung, die der Partner bringen soll, darf gar nicht stattfinden. Ein wieder unbewusst-widersprüchlicher Impuls liegt zugrunde: *»Erlöse mich, aber es wird Dir nie gelingen«.* Der Wünschende verhindert unbegreiflicherweise oft selbst die Erfüllung seiner Sehnsüchte. Die gegenseitige Verstrickung wird so immer verwirrender.

Beispiele dafür gibt es zahllose: Eigene Unsicherheit und Angst werden beispielsweise durch pausenloses Rückversichern: *Liebst Du mich wirklich?* beschwichtigt. Ein Teufelskreis entsteht: *»Erlöse mich von meiner Ängstlichkeit; wenn Du es aber tust, werde ich endlich frei – auch von Dir.«* Würde also eine Befreiung von dieser beschützenden Abhängigkeit eintreten, würde die Beziehung möglicherweise zerbrechen. Der Partner wird dann ja nicht mehr gebraucht. Eine neue Partnerwahl wäre möglich und diesmal keine Angstwahl zweiter Ordnung unter dem Druck der eigenen Minderwertigkeitsgefühle.

Oft wird dann eine andere, weniger Angst erzeugende Variante als Ausweg gewählt, nämlich der Wunsch nach Anpassung: Der Partner möge so werden, wie ich es bin. Der Andere soll meine Ängste teilen. Aber auch das ist kein Ausweg. Ist dieser oder wird dieser nämlich tatsächlich genauso ängstlich, beginnt der Eine den Anderen dafür zu verachten, denn so sein eigenes Spiegelbild zu erleben – und erleiden, ist wenig attraktiv.

Ein weiteres Beispiel liegt in der Hoffnung auf Erfüllung geheimer sexueller Phantasien durch den Partner. Versucht er es endlich, werden diese dann doch aus eigener Scham heftig und für den Partner demütigend abgewehrt. Oder der Partner soll den ganzen Reichtum und die Tiefe seiner Gefühle liefern, da *man* selbst zu steif, zu kontrolliert und zu isoliert ist. Gerade Männer erwarten das häufig von ihren Frauen. Tun diese es wirklich, werden sie dann von den Männern oft als hysterisch tituliert und abgewehrt. *So wünschte ein Mann sich nichts sehnlicher, als dass seine Frau ihn gelegentlich sexuell verführen möchte. Sie wusste genau, dass er damit hauptsächlich heiße*

Dessous meinte. Als sie sich schließlich überwand und ihn eines nachts damit überraschte, konnte er sich gar nicht dazu bekennen und wehrte sie stocksteif ab. Peinlich entblößt, verzog sie sich in ihr Zimmer. Fortan herrschte Funkstille.

Die »Wunsch-Umkehrung« wird deshalb so etwas wie Prüfstein und Wegweiser für die Liebe überhaupt. Sie ermöglicht, die jeweilige Konfliktvernetzung der Partner aufzuzeigen und zu entknoten. Im übrigen können daran nicht nur gute und schlechte Partner erkannt werden, sondern genauso gute und schlechte Politiker, Parteienvertreter, Therapeuten, Lehrer oder Moralisten. Wenn mit lauter Stimme und viel Autorität von anderen etwas erwartet oder gefordert wird, kann es sich nur dann um gute Taten handeln, wenn der Fordernde selbst diese Taten mit vollbringt. Die Kinder anderer Leute in den Krieg zu schicken, kann nicht gut sein.

Anleitung: Es ist entscheidend, die einzelnen Schritte dieser Übung genau einzuhalten und nicht voraus zu lesen. Zunächst gilt es, die folgende Frage schriftlich zu beantworten. Das Aufschreiben zwingt zur Konzentration auf das Wesentliche und zu vertieften Bewusstmachung, auch für den Partner. Außerdem lohnt es, die Übung in einem Zeitabstand von etwa drei Monaten zu wiederholen:

1. Welche drei Wünsche habe ich an Dich, damit unsere Beziehung heil und ich mit Dir glücklich werden kann?***

Jetzt erst lesen Sie weiter und schreiben Sie dann die Antwort zur nächsten Frage auf:

*** Ihre drei Wünsche sollen jetzt, bevor Sie hier im Buch weiterlesen, genau aufgeschrieben werden. Nach Beendigung des Aufschreibens lesen Sie diese drei Wünsche jeweils vor und lassen sie einwirken. Erläutern Sie dem Partner kurz, was Sie damit meinen. Aber diskutieren Sie noch nicht darüber. Sonst könnten Sie leicht in Streit geraten.

2. Bin ich selber bereit, Dir die von mir an Dich gestellten Wünsche zu erfüllen?

Ziehen Sie dazu unter die von Ihnen oben an den Partner gerichteten drei Wünsche einen Strich und schreiben darunter die Umkehrung: *»Ich gebe und will Dir genau das schenken, was ich mir von Dir wünsche. Ich warte nicht darauf, dass ich es von Dir bekomme, sondern beginne selbst damit.«*

Das Ergebnis ist oft ein Zögern, ein Staunen dann – und oft genug der Versuch, etwas davon wieder rückgängig zu machen. Auf jeden Fall wird den Partnern in ihrem Anspruchsdenken aneinander wie von selbst klar, wie verwoben sie sind und wie mitverantwortlich an der Erfüllung ihrer eigenen Wünsche.

Und nun die zentrale Frage drei:

3. Was sind meine eigenen Anteile daran, dass Du mir diese von mir gestellten Wünsche gar nicht erfüllen kannst? Wie verhindere ich in paradoxer Weise selbst deren Erfüllung? Wenn ich ganz ehrlich mit mir bin und tief in mich hinein horche, welche Antwort finde ich auf diese Frage?

Auswertung: In Beispielen lässt sich leicht nachvollziehen, wie diese Dynamik der Wunschumkehrung wirkt. Besonders einfach geht es bei Wünschen nach mehr Zuwendung, Anerkennung, Respekt, Zärtlichkeit, Aufmerksamkeit und würdiger Behandlung. Besonders einsichtig wirkt diese Dynamik bei der leider so oft missbrauchten Formel: *»Akzeptiere mich, wie ich bin!«* In der Psychologie des Paares hat sie nur sehr begrenzte Gültigkeit. Sie sagt nur die halbe Wahrheit. In der Umkehrung fangen die meisten schnell zu stottern an: *»Ich akzeptiere Dich, wie Du bist.«* Die Dynamik der Wunschumkehrung ist einleuchtend. Dennoch wird der kritische Blick auf den Eigenanteil ungern in Angriff genommen.

Manchmal ist auch eine Abwandlung nötig, besonders, wenn es um mehr Sex und Geschlechtsverkehr geht. Genau das will ja der andere Partner oft nicht mehr. Hier kommt es auf die Feinabstimmung an: Jede Bedürfnisbefriedigung bedarf auch der angemessenen Form. Durchaus wollen beide Partner Erotik und Sinnlichkeit, nur in unterschiedlicher Form: Der eine will dies im Geschlechtsverkehr und Orgasmus, der andere sucht dies in liebevoller Zärtlichkeit und erotischer Sinnlichkeit, gerade ohne den Zwang zum Geschlechtsverkehr. Diese Sehnsucht schließt sich nicht gegenseitig aus. Sie entstammt ein und demselben Verlangen. Sie sucht nur die Befriedigung in jeweils anderer Ausdrucksform, um sich dann wiederum zu ergänzen.

Wer mehr Geschlechtsverkehr wünscht, muss seinerseits mehr seelische und erotische Qualität liefern, um den Partner zu öffnen. Dieser Wechsel zwischen sexueller Befriedigung und erotischem Spiel ist zugleich Voraussetzung für dauerhafte Lust am Partner.

Wie handgreiflich das funktioniert, bewies ein Mann, der seiner Frau ein Buch über *Tantra* auf das Kopfkissen legte. Es wirkte wie ein Wink mit dem Zaunpfahl. Er selbst hatte das Buch gar nicht gelesen. Instinktiv hatte er recht. Die darin beschriebene, eher *weibliche Befriedigung* von Sexualität war gerade das, das zu geben er nicht bereit war: Statt Orgasmus-Fixierung zärtliche Zeit, seelische Berührung und innige Hautbegegnung zu schenken. Auf diese Weise verhinderte er selbst die Erfüllung seines innigen Wunsches nach mehr Sex.

Statt abzufordern, kommt es darauf an, die eigenen Wünsche an den Partner in *Partnergeschenke*, in Zugeständnisse an diesen umzuformen. Dann wird es möglich, dass die Partner ihre Bedürfnisse und Wünsche miteinander und füreinander befriedigen.

Übungen für den Sinndialog

Jede Liebe hat ihren eigenen Sinn. Und alles Lieben ist sinnvoll. Und jeder von uns hat Sehnsucht danach, lieben zu können und geliebt zu werden. Staatsoberhaupt oder Hafenarbeiter, Sängerin oder Näherin, Hebamme oder Politikerin, Theologe oder Playboy – wir alle wissen, was Lieben heißt. Aber wer könnte Liebe definieren und wirklich sagen, was Liebe ist und welchen Sinn sie hat?

Um den tieferen Sinn unserer Beziehung zu finden, müssen wir zusammen klären, was Du und was ich, was wir unter Liebe verstehen.

Was bedeutet Liebe also?

Und wann geht der Sinn unserer Liebe verloren? Ab wann ist es sinnlos, noch in derselben Wohnung, in derselben Familie zu leben, trotz Dauerstreit?

Wann stirbt der Sinn einer Liebe?

Ab wann wird es sinnlos, auf eine Veränderung oder eine Verbesserung der Beziehung, der Liebe zu hoffen?

Wenn Schläge ausgeteilt werden? Wenn es keinen Sex mehr gibt? Wenn einer trinkt? Oder unheilbar krank wird?

Frauen ziehen sich oft aus der Sexualität zurück, wenn sie zu spüren glauben, dass der einzige Zweck und Sinn des Zusammenschlafens die schlichte Befriedigung irgendeines Triebstaues ist. Wenn der Partner nur ins Fleisch greift und eindringt, ohne überhaupt die Seele der Partnerin in ihrer Tiefe zu berühren, geht irgendwann auch die größte Leidenschaft zugrunde. Geht dann auch der Sinn verloren?

Männer glauben oft, dass die Liebe dann zu Ende ist. Auch die Ehe?

Wird dagegen mit der Vereinigung der Körper auch eine Vereinigung der Seelen im Taumel der Lust erlebt, wächst die Sehnsucht nach solch einer ganzheitlichen Verschmelzung immer wieder neu. Dann erfüllt sich auch der Sinn einer Beziehung, sich vom anderen nämlich gesehen und erkannt zu fühlen in der größten Tiefe.

Dann wächst auch die Bereitschaft, in dieser umfassenden Geborgenheit dem anderen immer mehr zu vertrauen, sich auch seiner Kritik zu stellen und selbst im Streit miteinander das Gute zu sehen. So erfüllt sich der Sinn einer liebenden Partnerschaft insgesamt, nämlich aneinander zu wachsen.

Sinn und Seele hängen ganz eng zusammen. Den Weg zur Seele des Partners zu finden, ist allerdings schwieriger als den zu seinem Körper. Die Seele liegt eher im Verborgenen – unter der Haut. Sie ist dem bloßen Auge nicht sichtbar. Deshalb beginnen wir diesen Sinndialog mit Übungen zur Partnerseele.

Aura spüren

Sinn der Übung: Es gilt erst einmal, überhaupt eine Ahnung zu bekommen, ein Gefühl davon, ein Gespür dafür, was es heißt und wie es sich anfühlt, die Seele des Partners zu berühren. Manche reden einfach so darüber, andere tun nicht einmal das, auf jeden Fall fällt es vielen sehr schwer, direkt mit der Seele des Partners in Dialog zu treten. Hier soll eine Idee dazu entstehen, denn mit der Seele des Partners findet sich auch der Sinn der Beziehung.

Anleitung: Wie viele andere Übungen, braucht auch diese einen ruhigen, ungestörten Raum. Sie dauert etwa 20 bis 30 Minuten. Solange sollen auch möglichst die Kinder draußen bleiben. Die Partner stellen sich voreinander auf, in leichter Bekleidung oder nackt. Sie schließen erst einmal die Augen und sammeln sich innerlich. Dann beginnt der eine, während der andere passiv bleibt und die Augen schließt, mit seinen Händen die Ausstrahlung, das Fluidum, die Aura des Partners zu fühlen. Er tut dies, indem er mit seinen ausgestreckten, in einer Fläche aneinander gehaltenen Händen auf keinen Fall den Körper des anderen berührt, sondern im ungefähren Abstand von fünf bis zehn Zentimetern von Kopf bis Fuß tastend entlang gleitet. Die Bewegungen sind dabei ganz langsam und die Hände gleiten vorsichtig wie an einer Lufthülle entlang. Es ist bald eine Wärme und Energie zu spüren, die mal dichter, mal schwächer fühlbar ist, unterschiedlich an den einzelnen Körperregionen. Es ist auch möglich, mit den Händen eine Art Druck auszuüben, als ob Luft zusammen gepresst würde. Gegen Ende von etwa zehn Minuten kehrt der aktive Partner mit seinen Händen zum Kopf des Partners zurück. Er beginnt dann, die Rückenpartie auf gleiche Weise zu erforschen, schließlich auch noch die linke und die rechte Seite, immer vom Kopf bis zu den Fußspitzen.

Dann beginnt der andere mit der gleichen Übung.

Es ist übrigens möglich, sich auf diese Weise gegenseitig zu massieren. Der Kinderarzt Le Boyer hat dies in die Säuglingsmassage eingeführt.

Auswertung: Nach dem Abschluss des aktiven Teils bleiben die Partner noch einige Minuten mit geschlossenen Augen schweigend voreinander stehen – um der Wirkung nachzuspüren. Dann tauschen sie sich darüber aus, was jeder dabei empfunden und wahrgenommen hat. Anfänger erleben oft Irritationen oder fühlen gar nichts Besonderes. Andere spüren die Wärme, Kraft und Energie, die von der Hülle ausgeht, die den Partner umgibt. Und es zeigt sich dann, dass die Seele des Partners, die wir meist irgendwo im Körperinnern ansiedeln, in Wirklichkeit uns Menschen umgibt wie eine unsichtbare Ausstrahlung. Wir lernen dadurch, achtsam und aufmerksam mit dem Zugriff auf den Körper des Partners zu werden. Gerade für die sexuelle Annäherung gilt dann, dass wir ehrfürchtig und sensibel die Haut, das Fleisch des Partners durch seine Seele hindurch berühren. Der zu direkte und unerotische Zugriff auf die erogenen Zonen verwehrt sich dann von selbst.

Bild Deiner Seele

Sinn der Übung: Diese Übung gehört schon in die zentrale Reihe von Übungen zum sogenannten *Seelendialog der Partner*. Die Seele des Partners zu malen, wird vielen schwer fallen. Aber das ist auch gut so. Es soll nämlich ein sehr bewusster und durchdachter Prozess werden. Mit jedem Strich an diesem Bild gilt es, der Partnerseele näher zu kommen, sie tiefer zu begreifen, inniger und achtsamer zu berühren, ihre Würde zu erspüren.

Anleitung: Beide Partner setzen sich einander gegenüber – dicht voreinander, allerdings ohne sich zu berühren. Sie sehen sich in die Augen – für etwa fünf Minuten. Sie versuchen dabei, vor dem inneren Auge ein Bild für die Seele des Partners entstehen zu lassen. Dies kann ein Symbol, ein Gegenstand, eine Landschaft oder irgendein Phantasiegebilde, Himmel und Meer oder einfach Farbe sein. Ist das Bild vor dem inneren Auge deutlich geworden, versucht jeder die Kraft und Wirkung zu spüren, die von diesem Bild ausgeht – oder eben auch nicht.

Danach gehen beide Partner in getrennte Räume und beginnen, dieses Bild zu malen. Papier und Stifte oder Farben sind schon vorbereitet worden. Das Malen selbst sollte jetzt etwa eine Stunde dauern.

Achten Sie darauf, dass jeder Strich und jede Farbe zur Berührung mit der Partnerseele wird: Ahnen, Fühlen, Spüren, in die Tiefe der eigenen und der Partnerseele tauchen. Erkennen Sie dort die Sehnsucht und Bedürftigkeit, hören Sie den Schrei nach zärtlicher Geborgenheit und finden Sie Mut zur lustvollen Leidenschaft. Lassen Sie sich ein auf das Wesen und den Sinn dieser Liebe ...

Dann sollten beide zum Alltag zurückkehren, aber etwa eine Woche lang das Bild im Herzen mit herumtragen. Solange sprechen Sie nicht mit dem Partner darüber. Prüfen Sie nur innerlich das Seelenbild für den Partner immer wieder und fühlen Sie nach, was noch zu verändern oder zu ergänzen sein mag.

Auswertung: Die Partner werden auf diese ganz eigene Weise hingeführt zu einem Austausch ihrer Seelen, der den Austausch von Körper und Geist notwendig abrundet. Es entsteht so ein Boden dafür, sich gegenseitig auch in der Tiefe zu erfassen und nicht in den Alltagsgesten von Küsschen, Geschlechtsverkehr und Abwasch stecken zu bleiben.

Erkennen Sie im Gespräch mit Ihrem Partner die hohe Symbolkraft, die in den meisten dieser Bilder zu finden ist. In der Praxis waren es ein brennender Dornbusch in der Wüste für ihn, während der Partner in ihr einen Wüstenfuchs sah. Ein Iraner sah für die Seele seiner Frau einen blühenden exotischen Garten, den er aber selbst nie mit Wasser versorgte. Andere Paare – andere Bilder: Ein Beute suchender Adler, eine geheimnisvolle Quelle mit dem Wasser des Lebens –, eine detonierende Kugel für seine und eine Schutz bietende Mauer für ihre Seele.

Sie können auf diese Weise viel vom Wesentlichen ihrer gemeinsamen Liebesbeziehung erfahren.

Der Weg ist das Ziel

Sinn der Übung: Dieser berühmte Satz stammt von Laotse, dem legendären Begründer des Taoismus. Diese Übung verkörpert im Eigentlichen den Sinndialog des Paares. Ein wesentlicher Sinn der Liebe liegt einfach darin, miteinander zu sein – und beieinander und ineinander – den Weg durchs Leben zu gehen. Entscheidend ist dabei nicht das (Irgendwo-)Ankommen oder das Erreichen besonderer Ziele. Nicht Reichtum, nicht Macht, nicht Bildung erfüllen den Sinn der Liebe. Befriedigung und Glückserfüllung finden die Liebenden im Zusammensein, im Austausch von Körper, Geist und Seele. Es kommt also darauf an, den Weg miteinander zu gehen und nicht ein fernes Ziel anzustreben.

Anleitung: Die Durchführung ist denkbar einfach. Das Paar sucht sich einen Wanderweg. Nicht irgendeinen Weg, nicht dem Zufall überlassen, sondern einen Weg, den es von nun an mindestens einmal im Monat geht. Sie halten sich dabei an der Hand, lassen auch mal los, gehen mal im gleichen Schritt, mal einige Meter getrennt voneinander. Die einzige Regel dabei: Die ganze Zeit des Weges sprechen Sie nur über sich und Ihre Beziehung. Keine anderen Themen sind zugelassen.

Ein Paar kenne ich, das steigt immer am Sonntag auf einen in der Nähe gelegenen Berg. Der Weg dauert nur zwei Stunden. Es ist eine Art Meditation. Beide bedenken dabei ihre Beziehung miteinander. Jeder weiß, dass der Andere auch daran denkt.

Dieser gemeinsame Weg-Gang soll zum festen Ritual des Paares werden. Auch bei Streit, auch bei Regen oder Hitze oder Kälte. Im Frühling, im Sommer, im Herbst und im Winter des Lebens miteinander und füreinander.

Auswertung: Viele Gedanken und Gefühle tauchen auf bei diesem Weg, auch dann, wenn wenig gesprochen wird. Es ist nicht daran gedacht, unbedingt Probleme zu klären. Die Wirkung ist auch ohne große Aktion da. Der Weg formt das Paar.

Erntedankfest

Sinn der Übung: Eine Übung für alte Paare. Anhalten, Innehalten und Rückschau halten – im Fluss der Zeit. Viele, sehr viele Jahre gemeinsamen Lebens sind vergangen, viele Höhe und Tiefen durchschritten, viele Prüfungen überstanden. Nun kommt es darauf an, Bilanz zu ziehen.

Anleitung: Auf einem Spaziergang, an einem geweihten Ort, in einer Kirche, wo immer Sie die nötige Stille finden, diese Betrachtung anzustellen, ist es gut. Schreiben Sie es auf, bevor Sie sich gemeinsam darüber austauschen. Worüber freuen wir uns, wofür danken wir, worauf sind wir stolz? Was hat sich nicht erfüllt an Träumen? Von unserer Sehnsucht? Auch diese Lücken gehören zu solch einem Fest – nicht alle Samen sind aufgegangen, nicht alle Früchte gereift.

Trauer darf sich in die Freude mischen.

Fünf Würden

Sinn der Übung: Fünf Würden hat der Mensch nach taoistischem Verständnis. Und nach dem Verständnis der Paarsynthese hat das Paar ebenfalls fünf Würden. Sie heißen: Erregung (Stimulation), Herausforderung (Konfrontation), Schöpfung (Kreation), Erweckung (Evokation) und Versöhnung (Absolution). *Erregung* meint lustvolles Anregen, sinnlichen Anreiz, Ermunterung und Unterstützung des Partners zu seiner Freude am Leben überhaupt. *Herausforderung* sucht die kritische, prüfende und auch heftige Auseinandersetzung als Gegenpol zur Anpassung und Harmonie mit dem Partner. *Schöpfung* gestaltet, erschafft, erfindet, verwirklicht Ideen und Impulse, im Drang der Gefühle, um die Beziehung zu bereichern. *Erweckung* stellt väterliche und mütterliche Eigenschaften wie Geduld, Langmut, Großzügigkeit und Güte bereit, um achtsam die Entfaltung des Partners wachzurufen und gedeihen zu lassen. Versöhnung schließlich sorgt sich, trotz aller Gegensätze die Verbindung zu halten, die verschiedenen Pole miteinander zu verknüpfen und zugefügtes Unrecht zu verzeihen.

Die Umsetzung dieser seelischen Strebungen am Partner, mit ihm, durch ihn und für ihn, bringt die Fülle unserer Lebenskräfte zum Blühen. Darin liegt ein weiterer Sinn der Liebe: die sinnvolle Erfüllung unseres Lebens, indem wir uns gegenseitig beflügeln, unsere Talente zu entfalten. So füllen wir unseren Platz im kosmischen Kreislauf und tragen zu dessen Erhalt bei. Die Liebe würdigt auf diese Weise das Leben; sie gibt dem Leben die Würde.

Anleitung: Diese Aufgabe braucht Besinnungszeit. Sie ist eine kleine philosophische Betrachtung über den Sinn des Lebens. Die Liebe erfüllt diesen Sinn. Wie weit gelingt mir das im Zusammensein mit Dir und durch Dich?

Setzen Sie sich hin und schreiben Sie dazu Ihrem Geliebten einen Brief. Anhaltspunkte dafür sind die Erfahrungen, die Sie in Bezug auf diese *Fünf Würden* mit und durch ihren Partner erlebt haben und noch erleben. Jede davon hat ihre ureigene Gefühlsqualität. Sicherlich treten sie im Lauf der Jahre, gemäß den verschiedenen Partnerzyklen, verschieden in den Vordergrund, mit jeweils unterschiedlichem Gewicht. Keineswegs geht es dabei um Zustände von Harmonie, Ausgeglichenheit und Frieden allein. Vielmehr bedeutet es das Auf und Ab der Gefühle, den ganzen Horizont von Ekstase bis zur Verzweiflung. Es zählt, wieviel davon Sie dem Partner geben und von ihm erhalten.

Auswertung: Wenn Sie beim Niederschreiben etwas von diesen fünf Würden verwirklicht sehen, versuchen Sie, Ihrem Partner dafür zu danken. Es bedeutet kostbares Glück, die Wirkung dieser Würden erleben zu dürfen. Es ist keine Selbstverständlichkeit. Sie bewirken das Heraustreten aus dem alltäglichen Gleichmaß, machen das Leben zu eben jenem einzigartigen, das nur in dieser Verbindung möglich ist. Es erfüllt einen Teil des Göttlichen Prinzips im Schöpfungsplan.

Hochzeit des Erkennens

Sinn der Übung: Das Paar, das sich nach großer Krise, nach einer Paartherapie oder nach tiefgreifenden Veränderungen und Schicksalsschlägen für eine neue gemeinsame Zukunft entschieden hat, begeht im Familien- und Freundeskreis eine mit tiefstem Wissen verbundene zweite Hochzeit. Diese Übung entstand, als ein Mann nach der erlösenden gegenseitigen Verzeihung in der Fehleranalyse voll

Freude zu seiner Frau sagte: *»Jetzt erst können wir Hochzeit feiern; jetzt habe ich begriffen, worum es geht!«* In der Übersetzung lautet ja der biblische Begriff für sexuelle Vereinigung des Paares: *Und sie erkannten sich.* Das ist mit dieser neuerlichen Hochzeit gemeint. Jetzt ist es ein Fest des Wissens umeinander. Im Bewusstsein Deiner wirklichen Stärken und Schwächen heirate ich Dich erneut. Jetzt ist nicht mehr der Schleier der rosa Wolken dazwischen, sondern intime Kenntnis auch der Abgründe in Dir. Das ist große Liebe.

Durchführung: Vorher werden gemeinsam Ritual und Festverlauf geklärt. Mit den Freunden wird der tiefere Sinn dieses Rituals erörtert. Ein Paar nahm die Silberhochzeit zum Anlass, jetzt kirchlich zu heiraten. Sie hatten nur eine standesamtliche Trauung. Es war ergreifend, mitzuerleben, wie die fast erwachsenen Kinder mitfeierten und die Liebe ihrer Eltern so gewürdigt sahen.

Lernen durch Dich

Sinn der Übung: Die Liebe macht es möglich, das *»Optimum aus dem Partner heraus-zu-lieben«*, sagt Verena Kast. In der gegenseitigen Zerrüttung können die Partner allerdings auch das Schlimmste herausholen. Andererseits beleuchten die Partner in ihrer engen Intimität gegenseitig jede Schattenseite besonders grell. So betrachtet, helfen sie sich, konfrontieren und zwingen sich, die ganze Bandbreite ihrer Wesenszüge von positiv bis negativ sichtbar zu machen und eigene Fehler zu bearbeiten.

Deshalb die zentrale Fragestellung an jeden der Partner: »Wozu hat das Leben Dir ausgerechnet diesen Partner gegeben? Warum hast Du ausgerechnet ihn gewählt und welch tiefere Bedeutung steht dahinter? Das Leben stellt Dir mit diesem Partner eine besondere Entwicklungs-Aufgabe. Kannst Du sie für Dich erkennen?

Mit *Lernen durch Dich* ist also nicht gemeint, den Anderen als Vorbild zu nehmen und ihm nachzueifern. Vielmehr werden durch die Eigenarten und Fehler des Partners meine eigenen Fehler erst prägnant hervorgehoben. Die Charakter- und Wesenszüge von mir, die besonders zu Streit und Krise führen, werden erst in dieser speziellen Intimbeziehung sichtbar.

Diese Frage nach dem tieferen Sinn Ihrer Beziehung mit der eigenen Entwicklungsarbeit zu beantworten, macht in sich Sinn. Dies umso mehr, da die Entwicklung sich mit der des Partners wechselseitig ergänzt und so ein Lernprozess bis ins hohe Alter stattfindet.

Anleitung: Bevor ein Paar sich jemals trennt, sollte es unbedingt diese Übung durchführen. Niemals ist es Zufall, dass sich Partner wählen. Beide schreiben also auf, was sie jeweils durch das Leben mit dem Anderen an sich selbst kritisch erkennen und verändern müssen. Instinktiv werden wir alle diese Übung scheuen, weil sie einem *Gang nach Canossa* gleichkommt. Es verlangt Demut und Größe, statt auf die Fehler des Partners auf seine eigenen hinzuweisen. Soll die Beziehung weiter bestehen und nicht einfach Trennung als Notlösung für Krisen missbraucht werden, ist dieses *Lernen durch Dich* als Weg zwar beschwerlich, aber meist sehr erfolgreich. Und nach wenigen Jahren sind Sie glücklich darüber, ihn gegangen zu sein.

Auswertung: Diese Übung setzt vertieftes und selbstkritisches Bewusstsein voraus. Zur Zeit schlimmster Auseinandersetzung und aggressiver Abwehr wird sie deshalb kaum funktionieren. Zuviel Bereitschaft wird vorausgesetzt, statt Anklage Selbstkritik zu üben und Einsicht zu zeigen. Noch schwieriger: Viele entlasten sich bei solchen Partnerstreitigkeiten mit einem Scheinargument. Sie behaupten nämlich, dass sie bei Freunden, Kollegen und Mitarbeitern doch gut ankommen und niemals in solche Streitigkeiten geraten würden. Deshalb könne es nur am Partner liegen. Falsch: Andere soziale Bindungen können nicht als Entlastungsargument herangezogen werden, da dort die Ausweich- und Abgrenzmöglichkeiten erheblich größer und in der Qualität nicht mit einer Intimbeziehung vergleichbar sind.

Pilgerreise

Sinn der Übung: Planen Sie einmal in Ihrem Leben, zusammen mit Ihrem Partner auf Pilgerfahrt zu gehen. In vielen großen Religionen ist solch ein Ritual angesiedelt. Und auch wenn Sie gar nicht religiös sind, bergen diese Religionen doch viele Weisheiten und Hinweise auf menschliches Handeln, die für jeden Sterblichen Bedeutung haben. Pilgerfahrten sind Reisen der inneren Läuterung, des freiwilligen Verzichtes auf Luxus und Konsum, der inneren Einkehr und der Suche nach dem rechten Weg.

Durchführung: Wählen Sie sich ein besonderes Jahr, z.B. das der Silberhochzeit. Entscheiden Sie sich zusammen mit Ihrem Partner schon zwei, drei oder fünf Jahre vorher, wohin Sie reisen und wann Sie fahren wollen. Sie können einfach einen Ihrer Jahresurlaube dafür nehmen. Es wird sicher auch eine Erholung – der anderen Art. Ohne Alkohol, ohne Strandfeten, ohne Einkausbummel.

Es gibt quer durch Europa traditionsreiche Pilgerrouten und energiereiche Pfade wie den Jakobsweg oder den St.-Michaels-Pfad. Sie können stattdessen aber genauso wichtige Orte Ihrer Kindheit oder Ihrer Vorfahren wählen.

Schatten überspringen

Sinn der Übung: Ich bin zutiefst überzeugt davon, dass Paare sich finden, um durch das Feuer ihrer gegenseitigen Liebe die Kraft zur höchstmöglichen Entfaltung zu finden. Wie die Liebe der Eltern das Kind gedeihen lässt und ermöglicht, dass es im elterlichen Schutz alle Kräfte entfaltet, so sind die Liebenden füreinander da als *Entwicklungshelfer*. Zu Beginn einer aufflammenden Liebe werden vorher Schüchterne und Stille oft mutig, schreiben Gedichte und Briefe, überwinden alle möglichen Hindernisse, um zueinander zu finden. Ein Junge bat die ganze 12. Klasse, nach dem Unterricht dazubleiben, um der staunenden Zuhörerschaft dann seine Eigenkomposition für seine neue Liebe zu einer Mitschülerin vorzutragen. Die Glut der Begierde weckt in uns die ganze Vitalität und entfaltet die schlummernden Talente. Darüber hinaus hilft sie uns, durch die liebevolle Kritik des Partners, leichter unsere eigenen Fehler zu erkennen und an ihnen zu arbeiten. Der Sturm der Gefühle erweckt also unsere Lebenskraft und hilft uns, unsere Ängste, Hemmungen und Blockierungen durch den Drang der Leidenschaft zu überwinden.

Anleitung: Diese Übung verläuft in mehreren Schritten, die aufeinander aufbauen sollen.

- Zunächst besinnen sich die Partner jeder für sich auf eigene innere Hindernisse, Hemmungen und Ängste, sich in der Welt und dem Partner gegenüber frei zu entfalten. Das gilt für alle wichtigen Partner- und Lebensbereiche wie Sexualität, Beruf, Freizeit- und Beziehungsgestaltung generell. Dann verabreden sich die Partner, sich gegenseitig diese seelischen Behinderungen anzuvertrauen. Schon das Eingeständnis solcher Schwierigkeiten ist ein Gewinn, ein Schritt in Richtung Bewältigung.
- Jetzt verabreden die Partner, welche dieser Behinderungen sie konkret und mit Unterstützung des Partners in den nächsten Wochen besonders angehen können. Sie stellen also eine Art Übungsprogramm zusammen für jeden Partner. Sie planen darin Aufgaben, die persönlichen Mut kosten, die Ihnen sonst peinlich sind und die Ihnen Angst machen. *Die Angst als Wegweiser zu verwenden, immer der Angst entlang zu gehen,* ist eine wichtige Erkenntnis der Gestalttherapie. Geben Sie Ihrem Herzen einen Stoß und überspringen Sie Ihren eigenen Schatten. Hier wird der *Solidarpakt* des Paares besonders wirksam, indem der Partner zusätzlichen Anstoß gibt.
- Im dritten und letzten Schritt geht es darum, sich auch Freunden gegenüber, evtl. einem Berufskollegen oder gar dem Chef gegenüber mit diesen persönlichen Behinderungen zu offenbaren. Dass

das nur vorsichtig und begrenzt möglich ist, ist klar. Andererseits vertuschen viele Menschen ihre Schwächen und verdrängen sie auf diese Weise. Daher kann daran nicht mehr weitergearbeitet werden. Die seelische Blockierung bleibt nicht nur bestehen, sondern häuft sich an und wächst weiter. Schaden für die persönliche Entwicklung und die tiefe Gestaltung der Paarbeziehung lässt sich nur abwenden, wenn seelische Wunden, Ängste und Verletzungen aufgedeckt werden. Dann ist Fehlerbeseitigung möglich und Training eines neuen Beziehungsverhaltens.

Auswertung: Wichtig ist, dass diese Übung immer wieder neu in Angriff genommen wird. Seelische Weiterentwicklung ist nicht einfach mal abgeschlossen, sondern dauert ein Leben lang. Wichtig ist aber auch, dass dies keine Streit- oder Kritikübung am Partner ist. Auch darf das Eingeständnis des einen durch den anderen nicht ausgenutzt und missbraucht werden. Es darf also nicht heißen: »Aha, Du hast doch selbst zugegeben, dass Du … usw.«

Seelendialog

Sinn der Übung: Die Einführung des *Seelendialoges* als eine Form von Partner-Meditation ist von so ausschlaggebender Bedeutung für die Paarbeziehung, dass sie im folgenden ausführlich dargestellt wird. Alle Hinweise sind bei dieser Aufgabenstellung wörtlich und ganz präzise zu bedenken, da sonst allzuleicht die spezifische Wirkung des Seelendialogs durch blinde Flecken, durch Fremdheit und Unkenntnis verflacht oder verdreht wird.

Die Aufforderung, einen Dialog mit der eigenen Seele in Form eines Briefes zu beginnen, mag bei vielen ungläubiges Staunen auslösen. Zwar sehen die meisten Sinn und Zusammenhang ganz intensiv, dennoch empfinden viele eine gewaltige Sperre, Unverständnis und Peinlichkeit. Widerstände tauchen auf: »Das geht doch gar nicht, ich bin doch selbst meine Seele.« Oder noch extremer: »Seele, was soll das konkret sein?« »Das kann ich nicht, das habe ich noch nie getan.« »Warum soll ich denn mit meiner Seele sprechen, es geht hier doch um unsere Beziehung?«

Durchführung: Die Aufgabe lautet, einen Brief an die eigene Seele zu schreiben mit der Frage: Wie habe ich Dich, meine Seele, bisher in meinem Leben behandelt? Als lebenslanger Träger und Besitzer habe ich Verantwortung für Dich. Wie habe ich diese wahrgenommen? Wie habe ich für Dich gesorgt?

Dazu mag die Vorstellung helfen, dass die eigene Seele auf einem leeren Stuhl gegenüber sitzt. Sprechen Sie sie an wie eine vertraute Gefährtin auf dem Weg Ihres Lebens. Verfallen sie nicht in den Fehler, die Seele zu beschreiben oder diese etwas sagen zu lassen. Sie sollen ihr erklären, was Sie für sie alles getan oder nicht getan und versäumt haben.

Schreiben Sie diesen Brief mit tiefem Ernst. Dann lesen Sie sich die beiden Briefe vor.***

Jetzt kommt das Überraschende: Lesen Sie sich die Briefe nun ein zweites Mal vor, nur mit einer entscheidenden Änderung: Setzen Sie oben in der Anrede des Briefes statt der Seele den Vornamen Ihres Partners ein.

Erstaunlich: Sie werden merken, dass der Brieftext genauso gut auf den Umgang mit Ihrer Partnerin, mit Ihrem Partner zutrifft.

Oft können ganze Passagen wörtlich übernommen, oft müssen nur geringfügige Veränderungen der Wortwahl oder der Bedeutungen eingefügt werden. In der Unbeholfenheit, in der Unsicherheit und Unfähigkeit, mit der eigenen Seele zu sprechen und in deren Tiefe zu sehen, wird blitzartig klar, wie ausgehungert, vernachlässigt und vertrocknet die Beziehung zum Partner sein muss. Und auf eindrucksvolle Art wird fühlbar, dass jeder der Partner spätestens jetzt anfan-

---

*** **Achtung:** Erst die Aufgabe des Briefes erfüllen und vorlesen, dann erst hier im Buch weiterlesen!

gen sollte, seine Lebensführung zu überprüfen, seine Beziehung neu zu gestalten – mit mehr Tiefe, mit mehr Wahrheit.

Auswertung: In Wirklichkeit führt diese Übung zu einer erstaunlichen Entdeckung, die auch ihren Sinn erklärt: Der Umgang mit der eigenen Seele ist identisch mit dem Umgang gegenüber dem Partner. Ich behandle Dich so gut oder so schlecht, wie ich meine eigene Seele behandle. Die Analogie zwischen Paardynamik und eigener Seelendynamik wird offensichtlich.

Mit seiner eigenen Seele auf diese Weise in Verbindung zu treten, hat spirituellen Gehalt. Dementsprechend gehen die meisten trotz Zögern schließlich doch mit tiefem Ernst an diese Aufgabe heran. Sie wirkt lange und tief in den Alltag hinein. Ein Gefühl dafür taucht auf, wie achtsam mit der eigenen Seele, aber auch mit dem Partner in Wirklichkeit umzugehen ist. Es wird deutlich, wieviel Aufmerksamkeit, Respekt und Würde diese Beziehung verdient und wieviel im Alltag davon verloren gegangen ist. Die nachhaltige Bereitschaft wird wach, sich auf neue Weise mit sich selbst und dem Partner zu vereinen.

Um eine noch intensivere und dauerhaftere Verankerung dieser durch den Seelendialog eintretenden Veränderungsbereitschaft zu erreichen, werden diese *Zwiegespräche mit der Seele* immer wieder fortgesetzt. Zusätzlich erhalten die Partner den Auftrag, sich abends zu Hause vor einen Spiegel zu stellen und sich lange durch die Augen in die eigene Seele zu schauen. Erfassen Sie, was für ein Mensch da steht und wie dieser mit der Liebe zu sich selbst und der Liebe zum Partner umgeht.

Was tue ich für die Liebe?

Sinn der Übung: Keine Philosophie, keine Moral und keine Theorie ersetzen die Praxis – so auch in der Liebe. Taten entscheiden hier mehr als Worte. Millionen Bücher zur Liebe sind geschrieben. Trotzdem muss jedes Paar für sich neu die Praxis der Liebe entfalten und üben. Leere Versprechungen töten die Liebe. Den Worten müssen Taten folgen. Noch schwieriger: Es genügt oft eine Riesentat, das Herz der Angebeteten zu erobern, aber es braucht viele Taten, das Herz der Angetrauten zu erhalten.

Durchführung: Schreiben Sie der eigenen Überprüfung wegen auf, was Sie in jeder Woche konkret, praktisch und aktiv für Ihre Liebe getan haben. Was für Pfadfinder als Losung gilt: *Jeden Tag eine gute Tat*, beflügelt auch eine Liebesbeziehung. Es genügen kleine Taten, aber werden Sie aktiv.

Gehen Sie in Vorleistung. Vor allem aber: Rechnen Sie nicht auf. Ihre Partnerin soll und muss gar nicht bewusst mitkriegen, dass Sie etwas besonderes für Sie getan haben. George Bach nennt dieses Erbsenzählen und Aufrechnen zwischen Partnern, wer von beiden nun mehr geleistet habe, schlicht und einfach *Kuhhandel*.

Auswertung: Um kein Missverständnis aufkommen zu lassen: Die Liebe braucht zärtliche Worte ebenso wie zärtliches Tun. Hier geht es um das konkrete Handeln. Warten sie nicht, dass der andere aktiv wird, sondern beginnen Sie selbst. Hier – und das ist anders als in vielen Übungen – sollen Sie nichts mit dem Partner besprechen, sondern schweigend und bescheiden handeln. Liebe blüht auch und vielfach im Verborgenen.

Werben und Verführen

Sinn der Übung: Zu Beginn fast aller Liebesbeziehungen steht das Werben, Flirten, Anhimmeln und auch das Verführen. Warum nur geben wir das so schnell auf, kaum das wir in einer festen Beziehung angekommen sind?

In der Paartherapie dazu aufgefordert, es doch mal mit dem Partner wieder auszuprobieren, reagieren die meisten verschämt abwehrend. Angst und Peinlichkeit, sich lächerlich zu machen, vom Partner darin abgewertet zu werden, sind der Hauptgrund. Aber auch Müdigkeit, Routine und Bequemlichkeit.

In einem seriösen Buch Ratschläge für erotisch-animierende Auftritte zu geben, wirkt schnell völlig fehl am Platz. Und doch gehört hier wie dort etwas Risiko dazu. Außerdem meint hier Werben und Verführen ja nicht nur allein die sexuelle Annäherung, sondern das Locken und Hinführen des Partners zu ihm sonst fremden oder angstbesetzten Aktivitäten.

Anleitung: Erfindungsreich zu sein, ist hier gefordert. Jungverliebte sind es, Altverliebte können es wieder werden.

Eine Frau stellte für ihren Mann, der spät von der Arbeit kam, vom Treppenhaus bis ins Schlafzimmer lauter Teelichter auf. Dort wartete sie einfach mit Imbiss, Wein, Duft und Wärme. Ein Paar nahm am Hochzeitstag zuhause ein feierliches Menü ein, mit Kerzen, Musik und völlig nackt. Andere gehen ohne Slip in die Oper oder zum Einkaufsbummel auf den Wochenmarkt. Er kann sie unter einem Vorwand im Foyer eines Hotels ausrufen lassen – oder am Hauptbahnhof oder im Schwimmbad und sie an einen bestimmten Tisch oder Treffpunkt schicken lassen. Er kann ihr ein Taxi schicken, das sie von der Arbeit abholt und nach Hause bringt. *Tausend und eine Nacht* kennt keine Grenzen, um die Prinzessin oder den Prinzen zu erobern.

Yin-Yang-Bild

Sinn der Übung: Ähnlich wie in der oben beschriebenen Übung *energy balancing* sollen auch hier weibliche und männliche Kräfte in ein ausgewogenes Zusammenspiel münden. Sie zusammen bedingen den Sinn und die Freude im Leben. Jedes Paar hat die Möglichkeiten zur Erfüllung dieses Lebensplans. Dazu bedarf es aber vielerlei Verständigung, damit aus dem Miteinander und liebenden Ineinander kein Gegeneinander wird.

Ein Weg dazu liegt in dem gemeinsamen Ausmalen bzw. Ausfüllen des berühmten taoistischen Mandala von Yin und Yang. Es symbolisiert einen Weg der Partnerfindung im Prozess von Verschmelzung und Abgrenzung dieser gegensätzlichen Pole. Die schwarz-weiß geschwungenen Felder vereinen sich zu einem Kreis und bleiben doch eigene Form.

Durchführung: Zunächst besteht für beide die Aufgabe, von sich selbst ein Bild zu malen mit dem Thema: *Ich als Partner mit Körper, Geist und Seele.* Es soll wie ein Mosaik die eigene Vielschichtigkeit mit Stärken, Schwächen, Aggressionen und Ängsten, Wünschen, Phantasien, Alltagsbedürfnissen und den Realitäten meines Lebens wie Kinder, Beruf, Finanzen usw. darstellen (vergl. Collage). Natürlich ist es schwierig, die ganze persönliche Einheit auf einem großen Blatt Papier zeichnerisch darzustellen. Aber es soll ja kein Kunstwerk werden, sondern eine intuitive Komposition meiner selbst. Alle wichtigen Merkmale von mir in einem Bild zu einer Einheit zu formen, das ist doch spannend.

Nach dieser Vorarbeit folgt jetzt der zweite, der eigentliche Schritt der Partnerübung: Beide haben nun die Aufgabe, ihre eigenen Partnerbilder zu einem gemeinsamen zu gestalten, diesmal auf einem einzigen großen Papier und in den Grundformen des Yin-Yang-Mandalas. Das vorher gemalte Einzel-Partnerbild dient dabei als Ausgangsmaterial und Grundlage. Dieses kann zerschnitten und stückweise mit eingearbeitet werden; es kann überzeichnet oder neu gezeichnet werden. Es können Elemente hinzukommen oder weggenommen werden. Dazu zeichnen sich die Beiden die Mandala-Form auf das Papier vor und beginnen dann mit der Gestaltung ihrer gemeinsamen Zusammenfügung der Einzelbilder zu einem Mandala.

Die Bedeutung dieses Partnerbildes beginnt schon bei der ersten Bewegung der beiden am noch leeren Blatt. Wie sie das Projekt angehen und sich darüber verständigen, wer die Initiative ergreift und die Strukturen setzt, wie sie sich einigen über Größe und Grenzführungen, das alles ist von Bedeutung. Es ist oft atemberaubend, was da alles passiert.

Schnell zeigt sich, wie der Einzelne die Arbeit angeht: zögernd, vorsichtig, ängstlich, intuitiv oder planend oder einfach vom ganzen Blatt besitzergreifend. Alle Partnerstile spiegeln sich dabei. Die Art der Strichführung, die Wahl der Farben, die Geschwindigkeit des Malens, vor allem auch die Raumausfüllung und die Besetzung von Fläche machen deutlich, mit welchen Kräften da jemand bei der Arbeit ist und sich im Leben ausbreitet.

Der Inhalt des Gemalten zeigt auf, welche Ziele jeder der beiden Partner betont oder auch auslässt, dem Partner anbietet, ganz innen an der Kontaktgrenze oder weit außen an der Raumgrenze. Das Segelschiff für Freizeit, die Aktenordner für Arbeit oder welche Kennzeichen auch immer für Seele und Triebstärke, für Aggression und Furcht an welche Stelle im Bildganzen gesetzt werden, sagt letztendlich viel aus über Gefühlsreichtum, Seelentiefe und Wohlergehen des Paares. Noch mehr: Lebensthemen und -inhalte, die überhaupt nicht vorkommen, sagen oft das Entscheidende aus. So hat ein Familienvater von drei Kindern wohl die Gemeindekirche und sein schnelles Motorrad, nicht aber seine Kinder eingearbeitet.

Aus den vielen Einzelelementen formt sich die Paardynamik deutlich heraus. Was und wie das Material zu einem Ganzen zusammengefügt wurde, die Verwandtschaft der dargestellten Themen im Kreis oder deren Gegensätzlichkeit kennzeichnen das Paar. Besonders die unterteilende S-Linie wird häufig zum Schauplatz ehelicher Harmonie oder Dramatik. Wieweit die Partner diese Grenze füreinander öffnen, sich von der Grenze zurückziehen, sie doppelt und dreifach markieren oder einfach überschreiten, sogar in dessen Feld verlegen, es symbolisiert unbewusst die Dynamik des Paares. So hatte ein Teilnehmer die S-Linie als Stacheldraht gemalt.

Auswertung: Erstaunliches wird deutlich: Viele Paare zeigen bereits in ihren Einzelbildern, aber noch deutlicher im Partnerbild eine große Harmonie und Übereinstimmung. Sie sind auch in ihrem Inneren tatsächlich ein Paar. Manchmal gleichen sich die Bilder so sehr, dass ein Außenstehender glauben würde, es sei von einem Maler allein. Frauen malen häufiger ein kreisförmiges Zentrum, Männer dagegen eher expandierende Linien. Auch Konflikte zeigen sich klar: Wer den Ton angibt und den Anderen dominiert, wo Kreativität fehlt, wo ängstlich dem Partner das Feld überlassen wird. Die Partner können sichtbar die verschiedenen Kräftepotentiale diskutieren. Eventuell spielen sie die Auseinandersetzung oder die Kräftekonstellation in einer Pantomime nach, proben Veränderungen, Selbstbehauptung oder Ausdruck von Hilflosigkeit in stummer Zwiesprache der Körper. Die Bewegungen im Partnerbild werden umgesetzt in Körperbewegungen miteinander.

Übungen für den Zeitdialog

In der heutigen Zeit hat niemand mehr Zeit. Der Puls der Zeit schlägt mit fortschreitender Zivilisation immer schneller. Für uns technikgetriebene und elektronisch gesteuerte Menschen ist es das Schwerste, Zeit für uns selbst – und für die Liebe zu finden. Zeitnot ist die Suchtkrankheit Nummer eins in unserer Gesellschaft geworden. Verena Kast spricht deshalb vom Zeitnotstand der Liebenden. Von den fünf Brücken der Partner zueinander ist deshalb die der Zeit die alles entscheidende. Ohne *leibhaftige* Zeit füreinander stirbt die Liebe.

Gefühle brauchen Zeit – Zeit zum Wachsen, Zeit zum Klingen, Zeit, um nachzuhallen, vor allem aber viel Zeit, um sie auszutauschen.

Zeit ist nichts Abstraktes: Hören Sie dem Ton einer Klangschale oder einer Glocke nach – und Sie spüren Zeit. Sie wissen, dass Sie eine dringende Arbeit zu Ende bringen oder unbedingt einen Zug erreichen müssen, dann fühlen sie Zeit. Kurz vor Weihnachten wird alles hektisch, dann vermissen sie Zeit. Zerstrittene Nächte rauben die Zeit für notwendigen Schlaf. Jungverliebte haben alle Zeit füreinander. Sie schwelgen in der Zeit. Und viele, die fremdgehen, schaffen erstaunlich viele Termine beiseite, um Zeit für die Geliebte zu finden.

Zeit ist kostbar.

Dann aber ist erstaunlich, wie viele ihre Zeit vergeuden. Sie verschleudern Minuten, Stunden, Nächte, Wochen und Monate vor dem Fernseher oder am PC und klagen dann darüber, dass ihre Frau nicht mit ihnen schlafen will. Tatsächlich ist das TV der eigentliche und reale *Herzensbrecher*. Obwohl völlig entnervt von der harten Terminarbeit im Büro hauen sich Topmanager, Politiker und Angestellte gleichermaßen abends permanent vor den Bildschirm. Manche setzen sich auch zuerst noch vor den heimischen Computer, um anschließend noch zu zappen. Dass das Gehirn durch die Mikrowellen zusätzlich enorm beansprucht wird und absolut keine Erholung bekommt, verdrängen sie meist. Die Sucht hat sie voll im Griff.

Dass Männer von dieser Sucht sehr viel mehr betroffen sind als Frauen, hat eine Untersuchung gezeigt. Warum das so ist, wurde bisher nicht schlüssig belegt.

Und tatsächlich würde es der hohen Wichtigkeit von Liebe gerecht werden, wenn wir den bekannten Satz umdrehen würden: Statt müde von der Arbeit zur Liebe nach Hause zu kommen, sollten wir müde von der Liebe zur Arbeit gehen. Zeit investieren, in die Liebe ebenso wie in die Arbeit, das würde viele Männer vor dem Herzinfarkt bewahren. Das würde aber viele Ehen auch vor der Zerrüttung bewahren und manchem Seitensprung einer Ehefrau vorbeugen.

Inzwischen sind natürlich auch Frauen von der Zeitplage erfasst. Es scheint kein Entrinnen zu geben. Das *timing* zwischen Kinderstube, Haushalt, Beruf und letztendlicher Selbstverwirklichung trifft sie vielleicht noch härter als den karrieregeplagten Mann. Trotz aller guten und notwendigen Emanzipation bei Frauen – und Männern – ist für sie in der Rolle als Frau, Mutter, Geliebte und noch beste Freundin die Zeitzerstückelung ein kaum lösbares Problem. Die Männer müssten nur etwas von ihrer Karriere sausen lassen, die Frauen dagegen von ihrer Identität.

Da hilft, so paradox es klingt, nur das *timing für die Liebe*: Feste Zeitabsprachen für die Zweisamkeit. Sie müssen in den übrigen Terminplan einbezogen werden, am Tag, in der Woche, im Monat und im Jahr. Wie in der Homöopathie, kann hier nur Gleiches mit Gleichem geheilt werden: Zeitpläne gegen die Zeitnot in der Liebe.

Warum nicht? Wenn wir mit Geschäftsfreunden Termine verabreden, mit Freunden Kinobesuche, mit Verwandten Familientreffen und im Sportclub Meisterschaften planen, dann ist es doch sinnvoll, mit Frau und Kindern ebenso feste Termine abzusprechen. Es erleichtert das Vorgehen für alle Beteiligten.

Im Übrigen wird es auch für den Gewinn aus diesem Buch ganz entscheidend sein, ob es Ihnen gelingt, solche zeitlichen Verabredungen zu treffen. Sie sind einfach die Vorraussetzung, die Zeitbrücke, um miteinander in Dialog treten zu können. Die teuerste Medizin kann nicht wirken, wenn Sie nicht die Zeit finden, sie einzunehmen.

Es geht darum, Zeitinseln zu schaffen für die Liebe. Inseln, auf denen wir träumen, dem Lied der Sehnsucht lauschen und dem Rhythmus der Herzen gehorchen. Zeit zu finden, das Streicheln des Windes auf Deiner Haut zu spüren, das Rauschen der Bäume mit Deinen Ohren zu hören, den Duft des Wassers gemeinsam zu riechen und dem Plätschern des Baches in Deinem Lachen zu folgen. So bedeutet Zeit schenken gleichzeitig auch Liebe schenken.

Später im Leben wird sich für viele die Frage stellen: Habe ich es sinnvoll verbracht? Hier hängen die Zeitbrücke und die Sinnbrücke eng zusammen. Was im Leben ist mir eigentlich wichtig? Wofür will ich meine Lebenszeit einsetzen?

Für die Liebe?

Gibt es denn Wichtigeres im Leben?

Geben und Nehmen

Sinn der Übung: In der Liebe kommt es weniger darauf an, alles gleichzeitig zu zweit zu erleben und zu machen. Aber es ist von größter Wichtigkeit, dass es im Wechsel von Geben und Nehmen einen fließenden Ausgleich gibt. Sonst führt das zur Ausbeutung der Gefühle. Und die gehen irgendwann zu Ende wie die Bodenschätze dieser Erde, die permanent ausgebeutet werden.

So ist es mit guten Taten und mit Geschenken. So ist es auch in der Liebe, mit den Gefühlen und geradeso mit Zärtlichkeiten. Sie müssen nicht immer gleich erwidert werden.

Durchführung: Verbringen Sie einen Abend miteinander, an dem Sie sich abwechselnd, auf keinen Fall gleichzeitig, Zärtlichkeiten schenken. Mal ist der eine aktiv, mal der andere. Der Passive schließt jeweils die Augen dabei. Lassen Sie sich überraschen, verwöhnen und liebkosen. Warten Sie geduldig, wenn der andere nicht gleich nach dem Wechsel aktiv wird. Lassen Sie sich vor allem Zeit dabei, unendlich viel Zeit: für jede Liebkosung, jeden Kuss, jede Berührung, jede Verführung. Vielleicht bekommen Sie etwas Gutes zu essen, zu trinken oder zu riechen.

Das Warten auf die nächste Geste gehört richtig dazu. Es erhöht den Reiz. Das Gefühl dafür bleibt länger wach und wird nicht schon durch den nächsten Schritt übertönt. Sie haben Zeit für neue Einfälle und spüren den Nachklang.

Wenn der Erste genug hat vom Geben, teilt er es dem Partner mit und der übernimmt die aktive Rolle.

Meditation für Paare

Sinn der Übung: Meditation ist ein Weg zur *Inneren Achtsamkeit*. Sie ist ein zentraler Begriff östlicher Weisheitslehren. Wer sie praktiziert, gewinnt Gelassenheit, Ausgeglichenheit, inneren Frieden und seine Mitte. Nach außen zeigt sich dies in einer Haltung voller Güte, Mitempfinden und Achtung vor der Würde der Natur und der Menschen.

In seiner Absicht ist das Meditieren dem *Seelendialog* vergleichbar. Allerdings ist hier das Praktizieren bereits als tägliche Anwendung mitenthalten. Dadurch entsteht eine nachhaltige Übereinstimmung zwischen Wollen, Fühlen und Tun. Diese veränderte Geisteshaltung, die so zustande kommt, geht über in eine selbstverständliche menschliche Haltung auch im Alltag. Während der Seelendialog mehr ein evidentes Erkennen im Sinne eines Aha-Erlebnisses vermittelt, ist im Meditieren die tägliche Umsetzung schon enthalten.

Die klassische Meditation ist trotzdem als singuläres Geschehen konzipiert. Sie wird in Einzelsitzung vollzogen, oft auch in Gruppen durchgeführt, aber ohne Dialog zwischen den Praktizierenden.

Wirkliche Paarmeditation gibt es bis heute nicht. Hier sei ein Vorschlag dazu:

Anleitung: Frau und Mann setzen sich in meditativer Haltung voreinander. Der Abstand beträgt etwa zwei Meter. Die Haltung drückt wache Konzentration aus. Deshalb ist der Rücken gerade, der Kopf aufgerichtet. Das braucht etwas Übung. Die Hände liegen nach oben geöffnet auf den Knien. In der Mitte zwischen den beiden steht eine Kerze. Beginnen Sie mit zehn Minuten pro Tag, später dehnen Sie die Praxis auf eine halbe Stunde aus.

Verneigen Sie sich zu Anfang langsam voreinander, abwechselnd, mit vor der Brust gefalteten Händen. Beginnen Sie jetzt damit, dass Sie beide zunächst in die Kerze schauen, während Sie gleichmäßig atmen. Lassen Sie alle anderen Gedanken beiseite. Sehen Sie nur das Licht der Kerze. Dann lassen Sie Bilder Ihrer Liebe zueinander aufsteigen: Erinnerungen, Szenen, Begebenheiten, Empfindungen und Gefühle. Welcher Glanz geht davon aus? Erinnern Sie noch den Glanz in den Augen Ihres Partners?

Dann, nach etwa zehn Minuten, schauen Sie in die Augen des Partners. Sehen Sie darin den Glanz und vergleichen Sie ihn mit dem Licht der Kerze. Tauchen Sie ein in dieses Licht. Schicken Sie selbst Ihre Wärme vom Herzen durch die Augen zum Partner.

Nach zehn weiteren Minuten schließen Sie wieder Ihre Augen. Versuchen sie jetzt, innerlich ganz leer zu werden. Aufkommende andere Gedanken lassen Sie einfach vorbei ziehen, um sich dann wieder ins Nichts zu versenken.

Sind auf diese Weise dreißig Minuten vergangen, falten Sie jetzt wieder die Hände vor Ihrer Brust, um sich abwechselnd langsam voreinander zu verneigen und damit zu verabschieden.

Auswertung: Bewahren Sie im Anschluss noch fünf Minuten Stille, bevor Sie wieder miteinander sprechen oder in den Alltag zurückkehren. Teilen Sie irgenwann einander mit, was Sie bei der Meditation empfunden haben und was Sie möglicherweise gestört hat. Auch hier gilt, wenn die tägliche Praxis nicht klappt, dass zweimal oder auch nur einmal pro Woche besser ist als keinmal. Die halbe Stunde Zeit, die Sie dafür verbrauchen, wird Ihr ganzes Leben und Ihre Liebe in tiefere Dimensionen führen.

Sterben in einem halben Jahr

Sinn der Übung: Was würde ich an meinem Verhalten ändern, wenn ich wüsste, dass mein Partner in einem halben Jahr sterben muss?

Diese Aufgabe vertieft immer neu die eigene Besinnung über den Wert des Partners, über den Wert und die Kostbarkeit, ihm zu begegnen, mit ihm zu verschmelzen. Spontan entsteht der Impuls, mein Zeitbudget für die Liebe im eigenen Leben zu überdenken. Was ist eigentlich wichtig und was ist das wirklich Wesentliche in Deinem und meinem Leben? Was haben wir bisher eigentlich nicht erfüllt in unserer Beziehung? Was habe ich versäumt, für Dich zu tun?

Natürlich kann es dabei auch vorkommen, dass sich jemand an dieser Stelle insgeheim den Tod des Partners als Erlösung von den fürchterlichen Auseinandersetzungen mit ihm wünscht. Dann ist es Zeit, die Kraft zur Ehrlichkeit zu finden und sich vom Partner zu trennen.

Durchführung: Beide haben den Auftrag, sich eine Woche lang mit diesen Gedanken auseinander zu setzen und das Ergebnis aufzuschreiben. Unter dem Einfluss dieser Gedanken verändert sich die Wahrnehmung des alltäglichen Umgangs mit dem Partner. Die Frage nach dem Wichtigsten im Leben taucht auf, die Zeitverteilung wird überprüft und die eigene Bereitschaft, sich auf den Partner wirklich einzustellen. Jeder Partner schreibt auf, was er an Wünschen verwirklichen, an Veränderungen und Initiativen unternehmen würde, wenn der andere in einem halben Jahr sterben müsste.

Auswertung: Verblüffend ist das häufige Ergebnis, dass beide Partner sehr genau wissen, was dem anderen gut täte, für ihn wichtig wäre und wie das gemeinsame Partnerleben umzugestalten sei, damit sie oder er die letzten Wochen und Monate noch glücklich sein könnte. Dann taucht natürlich schnell die Frage auf, warum dies nicht genauso ohne den drohenden Tod des Partners vor Augen möglich sein sollte? Hier steht der Versuch eines neuen Sinn- und Zieldialogs im Vordergrund. Die eigenen Hindernisse, diese so offensichtlich wichtigen Verhaltensänderungen durchzuführen, werden besprochen. Hier wird der Spagat zwischen Abwasch und Kosmos besonders deutlich, den die Liebe zu überwinden sucht.

Vater sein, Mutter sein

Sinn der Übung: Diesmal eine andere Art von Zeitdialog. Die Liebe braucht nämlich verschiedene Arten von Zeit entsprechend ihrer verschiedenen Qualitäten. Liebe besteht aus vielen sich ergänzenden Komponenten. Zur sexuellen, seelischen und geistigen Partner-Liebe kommen andere notwendige Gefühle und Haltungen dem Partner gegenüber hinzu. Die brauchen auch Zeit für sich.

Einmal ist es von ungeheurer Bedeutung, in der Partnerschaft auch sein inneres Kind leben zu dürfen und zu können. Auch als Erwachsene tragen wir bis zum Tod kindliche Anteile in uns mit, die ihre Befriedigung immer wieder aufs Neue brauchen. Wir brauchen ebenso wie die Kinder Hautkontakt, Nestwärme, Spielzeiten und Gefüttertwerden. Wir können nicht darauf verzichten, ohne an Menschlichkeit zu verlieren.

Im Wechsel dazu ist es wichtig, auch väterliche und mütterliche Liebesqualitäten für den Partner zur Verfügung zu stellen. Jeder von uns braucht mal Schonzeit, braucht Zeit, in der er unterkriechen kann, sich geborgen und geschützt fühlen kann, ohne dafür etwas leisten zu müssen. Sich fallen lassen und anvertrauen, hilflos sein, alle Kontrolle aufgeben und sich schutzlos dem anderen überlassen, das entspannt bis auf den tiefsten Grund der Seele. Gleichzeitig wird dadurch die Basis für neues Urvertrauen geschaffen. Dankbarkeit gegenüber dem Partner wächst. Das Gefühl der Zugehörigkeit und die Sicherheit, seine Heimat gefunden zu haben, vertiefen sich.

Anleitung: Eine richtige Anleitung dafür gibt es nicht. Der spontane Impuls dazu kann z. B. mitten im Liebesakt aufkommen: Der Mann wünscht plötzlich, seinen Kopf zwischen den Brüsten seiner Frau wie bei einer Mutter zu bergen oder an ihren Warzen zu saugen, nicht wie ein Liebhaber, sondern wie ein Säugling. Die Frau sehnt sich plötzlich danach, weinen zu dürfen und nur noch gehalten zu werden. Oder sie wünscht sich, gestreichelt und gekrault zu werden, stundenlang am Rücken rauf und runter. Brabbeln, Grunzen, Schmatzen, sich an ihren oder seinen Haaren festhalten und kichern, alles gehört dazu. Der andere spricht dazu ermunternde und beruhigende Worte und geht auf dieses Zwischenspiel ein. Es kann auch mal eine ganze Stunde dauern und bis zum Einschlafen führen, ohne weiteren Sex.

Auswertung: Am nächsten Tag oder in der nächsten Woche bedankt sich der kindliche Teil beim Ersatzvater oder bei der Ersatzmutter. Es geht ja hier nicht darum, sich ewig von anderen versorgen zu lassen. Vielmehr handelt es sich um einen zeitweiligen Ausflug in andere Teile unserer Persönlichkeit. Das stärkt Leib und Seele.

Dazu gehören auch solche Qualitäten wie Geschwisterliebe. Ich stehe zu Dir unverrückbar und solidarisch. Egal, was geschieht, einen Bruder oder eine Schwester hat man für immer, ein Leben lang.

Will ich mit Dir alt werden?

Sinn der Übung: Diese Übung versucht einen Bogen zu schlagen um das Werden und Vergehen nicht nur jedes Menschen, sondern auch um seine Beziehungen. Mitbedacht werden seine damit verbundenen Träume und Ängste, die verschiedenen Partnerzyklen, die ich mit Dir durchlaufen habe und noch zu durchwandern habe. Es ist wie eine kurze Besinnung im sonst geschäftigen Getriebe des Alltags, im beruflichen Stress und im Dahingleiten unserer Liebe.

Durchführung: Beide Partner sitzen sich gegenüber, die Knie berühren sich eben. Lesen Sie sich dann zur inneren Zentrierung abwechselnd denselben folgenden Text einander vor:

»*Bitte, schaut euch in die Augen, in die Seelen, in die Herzen! Lasst euch Zeit dafür ... Wieviel Leben habt ihr geteilt? Wieviel Feuer, wieviel Leidenschaft und Ekstase? ... Was an Trauer, an Schmerzen, was an Schrecken und Entsetzen habt ihr gemeinsam getragen? Welche Partnerphasen habt ihr durchwandert? ... Wie sehr habt ihr euch gegenseitig geformt? ...*

Versucht dann auch, die äußere Form voneinander zu erfassen, die Landschaft des Partnerkörpers in euch aufzunehmen. Seht alle Spuren eurer Liebe ... Dann schließt die Augen und beginnt euch vorzustellen, wie dieses Gesicht und dieser Körper eures Partners, den jeder von euch mitmodelliert und gezeichnet hat, langsam alt wird. Die Augen, die Haare, die Haut. Spürt, wie eure Hände beginnen, die Falten und Runzeln beim anderen wahrzunehmen, erst nur wenig, dann immer mehr. Mögt ihr das? Jetzt öffnet die inneren Augen und versucht, den Partner auf diese Weise zu sehen ... Geht in eurer Phantasie eine Phase weiter. Müdigkeit, Rückzug und Krankheit kommen hinzu. Will ich dich pflegen? Schließlich steht ihr als Greise voreinander, und der Tod wählt sich einen von euch aus. Will ich dich dann halten?«

Nach dem zweimaligen Vorlesen blicken Sie sich nun schweigend in die Augen, schließen sie zwischendurch und öffnen sie wieder – immer wieder. Jedesmal versuchen Sie dabei, Ihren Partner etwas älter zu sehen. Bleiben Sie in etwa fünfzehn Minuten dabei.

Auswertung: Tauschen Sie miteinander aus, was Sie jeweils empfunden, gedacht und gefühlt haben. Es ist eine Übung, so wie manche Menschen zwischendurch mal in eine Kirche gehen, um für kurze

Zeit Einkehr zu halten. Es gibt Ruhe, Besinnung und Fundament füreinander.

Zeitinseln

Sinn der Übung: Von der Wichtigkeit der Zeit und der Zeitinseln für die Liebe wurde oben schon gesprochen. Hier kommt es nun darauf an, dass Zeit nicht nur quantitativ gemeint ist, nämlich in Minuten, Stunden und Tagen gemessen. Es muss also nicht unbedingt immer viel sein, was jeweils zur Verfügung gestellt wird, dafür aber intensiv. Wichtig dafür ist es, in diesem Moment ganz präsent zu sein. Oft ist die Klage zu hören: »Du bist zwar mit Deinem Körper anwesend, aber mit Deinen Gedanken bist Du ganz woanders«. Wenig Zeit dicht und nah zu gestalten, ist ebenso wichtig. Ein himmelsstürmender *Quicky* zur rechten Zeit beflügelt ebenso wie eine zärtliche blaue Stunde.

Die alten Griechen hatten deshalb eigens verschiedene Worte für den Begriff Zeit, um diese in ihrer Qualität zu treffen. Während wir nur das Wort *Zeit* kennen, sprechen sie beispielsweise von *chronos* und *kairos*. Vom ersten kommt unser Fremdwort *Chronometer* und meint Zeitmesser; das zweite besagt soviel wie der rechte Moment für schöpferisches Tun. Darum geht es jetzt.

Anleitung: Es geht um fünf Minuten. Irgendwann. Mitten im Alltag halten Sie Ihren Partner fest und gestehen ihm, wie lieb Sie ihn haben. Zögern Sie nicht, planen Sie nicht lange. Belassen Sie es nicht bei einer Geste oder einer Bemerkung oder einem Satz, sondern bestehen Sie auf fünf Minuten Zeit für Ihre Liebe und Ihr Leben. Erzählen Sie ihm oder ihr, wie wichtig es Ihnen ist, ihr Leben mit ihm zu teilen. Sagen Sie, was Sie auch heute noch, auch noch nach zwanzig Jahren, für ihn empfinden. Finden Sie für zwei Minuten eine wortlose Geste der Zärtlichkeit, einen Kuss, ein Streicheln mit den Augen, einen Moment, den Atem auszutauschen.

Die Bedeutung liegt hier im bewussten Aushalten im Gegensatz

zur spontanen und flüchtigen Geste. Fünf Minuten sind dann mehr als nur im Vorbeigehen sich zu umarmen. Fünf Minuten können dann Teil der Ewigkeit werden.
Dann gehen Sie wieder Ihrer Wege.

Auswertung: Diese Zeitinsel soll natürlich nicht zur Gewohnheit werden und die ausgedehnte Liebeszeit ersetzen. Sie darf auch nicht zur Ausrede und zum Alibi für den zeitgeplagten Manager werden. Sie sind nur Mosaiksteine im ganzen Bild der Liebe.

Zeitkiller

Sinn der Übung: In jedem System, auch in dem System der Zweierbeziehung gibt es Schwachstellen und Verschleiß. In Industriebetrieben gibt es daher eigens Zeitfachleute, die Arbeitsgänge auf Zeitoptimierung hin überprüfen. So etwas lohnt sich auch in der Ehe.

Anleitung: Setzen Sie sich zusammen, um miteinander zu besprechen, was in Ihrer Beziehung die meiste unsinnige Zeit verschlingt. Dabei finden sich in der Regel das Fernsehen, der heimische PC, Einkaufen, ständiges Aufräumen, Verlorenes suchen usw. Beschließen Sie, was davon Sie verändern können und wollen. Oft helfen dabei nur Radikalkuren und Disziplin. Beides würde nicht nur Ihnen selbst, sondern in der Regel auch Ihren Kindern gut tun.
Verbannen Sie den Fernseher in den Keller, auf den Speicher oder zumindest in das ungemütlichste Zimmer, das sie haben. Die unsinnigste Zeit Ihres Lebens verbringen Sie davor. Nach Untersuchungen sind es beim durchschnittlichen Menschen unserer westlichen Kultur etwa zwei Stunden täglich, Kinder meist mehr. Umgerechnet auf eine ungefähre Lebenszeit von 84 Jahren bedeutet das, dass Sie ca. ein 12tel Ihres Lebens dafür opfern, nämlich etwa 7 Jahre. Selbst die Hälfte davon wäre bei weitem noch zuviel. Und Ihren Kindern tun Sie den größten Gefallen mit der Kelleraktion.

Auswertung: Wenn Sie sonst eine Stunde pro Tag woanders Zeit verloren haben, nehmen Sie jetzt eine Viertel Stunde davon, um mit Ihrem Partner ins Gespräch zu kommen. Lesen Sie ihm etwas vor, was Sie selbst interessiert. Erklären Sie ihm, was Sie selbst gerade bewegt. Oder fragen Sie ihn, wie es heute seiner Seele geht.

Zeit schenken

Sinn der Übung: Eine Klage überall: Moderne Rentner haben keine Zeit mehr, auf ihre Enkel aufzupassen vor lauter Terminen; Schulkinder müssen ständig zu Hobbies transportiert werden, Jugendliche und Arbeitslose sind selbst verplant, besonders aber dynamische Manager, Pastoren, Therapeuten und andere Berufstätige – alle haben sie Termine und nochmal Termine. Und sollte tatsächlich noch Zeit übrig bleiben, wird sie vor dem Fernseher oder PC verbracht. Von dieser Sucht sind besonders die Männer betroffen.

Durchführung: Die ist hier besonders einfach: Der Mann oder auch die Frau macht ihrem Partner ein Zeit-Geschenk. Er oder sie kündigt einfach an: »Ich schenke Dir ein Wochenende mit mir oder einen Tag oder einen ganzen Abend oder eine Nacht. Du bestimmst ganz allein, was wir damit anfangen. Ich lasse mich ganz auf Deine Vorschläge ein, ohne Wenn und Aber. Wir müssen nur gemeinsam den Zeitpunkt festlegen«.

Auswertung: Eine solche braucht es hier nicht. Diese Übung funktioniert von allein. Nur die Rollen sollen irgendwann getauscht werden.

2 Kultur des Streitens – Kultur des Versöhnens

Unfriedlichkeit ist eine seelische Störung, sagt der große Philosoph Carl Friedrich von Weizäcker. Das kann aus psychologischer Sicht und psychotherapeutischer Erfahrung nur bestätigt werden.

Und was ist mit den Paaren, die jahrelang in Unfrieden leben? Sind die auch seelisch gestört? Viele davon sind es sicherlich. Aber diese Diagnose will keiner hören, da ja immer der Partner angeblich daran schuld ist. Außerdem bezahlt normalerweise die Krankenkasse die Therapie von seelischen Störungen, nicht aber die Therapie von Paaren. Hier allerdings hat die Unfriedlichkeit besonders weitreichende Folgen, da die Kinder ihrerseits durch den Dauerstreit seelische Störungen davontragen.

Seit etwa fünf Jahren arbeiten wir in der *Deutschen Gesellschaft für Paartherapie und Paarsynthese (GIPP e.V.)* deshalb intensiv am Aufbau einer wirksamen Streitkultur. Sie ist ebenso lebensnotwendig wie eine Liebeskultur. Aber schon Kain und Abel, die Kinder von Adam und Eva, hatten keine. Stattdessen kam es zu Mord und Totschlag. Und seither fehlt uns eine solche. Es wird also höchste Zeit dafür. Leitgedanke dabei ist: Effektiver Streit dient der Optimierung des menschlichen Zusammenlebens.

Unsere Thesen dazu:
1. Streit gehört zur Grundausstattung der Menschen ebenso wie Liebe.
2. Nicht Streiten selbst ist das Übel, sondern die Art, wie gestritten wird.
3. Streit ist zu 80% die Folge eigener, sich wider-streitender Bedürftigkeiten. Streit ist die kurzsichtige Veräußerung innerer Konflikte.
4. Streit ist Teil des kreativen und psychologisch notwendigen Reifungsprozesses aller Menschen.
5. Voraussetzung für das Gelingen dieses Prozesses ist Selbstkritik, Konfliktfähigkeit und Streitkompetenz.

Nur, wer hat die schon?

Das größte Problem dabei sind die Menschen selbst: Ob US-Präsident, Papst, Bosse, Regierende oder wir gewöhnlich Sterbliche, kaum einer hat je richtig streiten gelernt. Wir haben keine Kultur, keine Schulen und keine Lehrer dafür.

Und den Mächtigen, die uns sagen wollen, was richtig ist und was wir zu tun haben, misstraue ich am meisten. Keiner kann und darf sie wirklich kritisieren. Schreckliche Gewissheit: Auch die Kriege dieser Weltgeschichte, die sie führten und heute noch führen lassen, sind zu 80% die grauenhafte Folge ihrer eigenen, inneren Unausgewogenheit. Solange die Achse des Bösen nur bei den anderen *Schurkenstaaten* gesehen wird, solange Mafia-Politiker das eigene Volk betrügen und Parteispenden gegen Ehrenwort über die staatlichen Gesetze stellen, solange Ölgesellschaften ganze Landstriche und ihre Menschen vergiften usw. ... herrscht natürlich auch wenig Interesse an einer wirksamen Streitkultur. Von oben ist also keine Besserung zu erwarten.

In der Paarsynthese beginnen wir deshalb unten beim Volk, an der Basis, bei den Frauen und Männern, bei den Paaren, bei Dir und mir.

Liebesbeziehung, Lebensgemeinschaft, Ehe und Familie sind dabei nämlich eine auf dieser Welt einzigartige Einrichtung. Niemand, aber auch niemand sagt uns derart die Wahrheit über uns selbst wie der eigene Partner. Er wirkt wie ein *Nebelscheinwerfer*, der sich durch meine Schleier von blinden Flecken und Selbsttäuschungen frisst. Erst in seinem Licht kann ich mich richtig sehen.

Natürlich geht das nicht ohne Streit ab, wenn er versucht, mir seine Wahrheit über mich zu sagen. Er stellt mich damit bloß, er kränkt meine narzißtische Seite in mir. Aber er hilft mir damit auch. Sein Feedback gibt mir die Möglichkeit, über meine eigenen Selbsttäuschungen hinwegzukommen, darüber hinaus zu wachsen.

Wenn ich meinen Partner wirklich liebe und an seine Liebe glaube, muss ich seine Kritik ernst nehmen. Er hilft mir, meine dunklen Seiten zu beleuchten. Ich kann sie auf diese Weise in mein Bewusstsein aufnehmen, statt damit im Dunkeln und Verborgenen zerstörend zu handeln.

Fachleute nennen das Integration statt Destruktion. Statt Durchsetzung gegen den Partner geht es um Resonanz mit ihm, um Zuhören, Aufnehmen und miteinander Abwägen. Frieden ist ein Produkt des Dialogs und nicht der Unterdrückung und Verdrängung – in der Liebe ebenso wie in der Politik.

Eine ganz einfache Philosophie ist uns dabei wegweisend: Richtig allein ist das Prinzip des ›Sowohl als Auch‹ statt des ›Entweder-Oder‹. Im Volk heißt das: *Leben und Lebenlassen.*

Das ist einfach zu erklären: Das Zusammenwirken statt das Unterdrücken auch der widersprüchlichsten Kräfte in mir selbst, zwischen Partnern, Menschen und Völkern, zwischen Mensch und Natur ist der Weg. Alle Widersprüche und Gegensätze dieser Welt bilden erst die Einheit und Ganzheit des Lebens. Ziel jeder Streitkultur ist daher Synthese statt Ausgrenzung.

In der *Deutschen Gesellschaft für Paartherapie und Paarsynthese* haben wir für eine solche Streitkultur theoretische Grundlagen erarbeitet. Außerdem haben wir mit einem »*Experiment für Friedfertigkeit*« (Cöllen/Jung 2002) begonnen, das wir mit unseren Mitgliedern und anderen Gruppen und Gemeinschaften durchführen. Es baut darauf auf, dass wir Menschen Regeln brauchen für unser Zusammenleben –, in der Politik ebenso wie in der Liebe und gerade auch im Streit. Wir haben dazu fünfzehn Regeln aufgestellt, die sich in der Paartherapie bewährt haben. Diese sind aufgeteilt in Streitvorbeugung, Streitbewältigung und Streitbeendigung. Entsprechend finden Sie hier Übungen, Rituale und Hinweise zur rechtzeitigen *Verhütung*, zur direkten *Streitbearbeitung* und zum *Verzeihen und Versöhnen*.

Jedem Abschnitt sind kurze Erläuterungen und allgemeingültige Erkenntnisse vorangestellt.

Streit-Vorbeugung

Natürlich gilt auch für den Streit der Liebenden die sonst gültige Erkenntnis, dass Vorbeugung immer noch das beste Krisenmanagement ist. Nicht Streit als solchen zu vermeiden, ist wichtig, sondern sinnlose Eskalation, gegenseitige Entwürdigung und ziellose Zerstörung. Unkontrolliertes Toben und Wüten, trotziges Erstarren, schweigsamer Rückzug, ständiges Jammern und Nörgeln sind wahre Liebestöter.

Die hier anschließenden Übungen greifen allerdings tiefer. Sie dienen dazu, die seelischen Ursachen zu bearbeiten, die hinter all diesen Streitigkeiten stecken. Die von Sigmund Freud entwickelte Tiefenpsychologie lehrt seit hundert Jahren, dass wir eigene Probleme unbewusst auf den Partner abwälzen. Fachleute nennen das *Projektion*. Wir entlasten uns selbst, indem wir andere belasten. Statt uns zu entschuldigen, beschuldigen wir lieber. Statt Fehler einzugestehen, greifen wir an.

Dem soll mit den folgenden Übungen vorgebeugt werden:

Altlast

Sinn der Übung: Diese Übung sollte jedes Paar schon vor dem Zusammenziehen oder Heiraten durchführen. Sie dient in erheblichem Maß der Streitvorbeugung. Früher war es üblich, eine *Mitgift* in die Ehe einzubringen. Ein guter Begriff mit seelischer Doppelbedeutung für das, was neben der bewussten Hochzeitsgabe unbewusst noch mitgeliefert wurde. Und diese Gabe wurde und wird in späteren Jahren für das Paar oft zur erdrückenden Last, an der beide schwer zu tragen und zu schleppen haben.

Die Rede ist hier davon, was jeder der Partner aus seiner Ahnenkette und seinem Elternhaus an Liebeserfahrung und *Liebesmustern* bzw. an Störung und Destruktion mitbringt. Dazu gehören die *Partnerstile* von den Urahnen bis zu den Eltern, die wichtigsten Botschaften zur Liebe und die elterlichen Liebesbezeugungen untereinander und den Kindern gegenüber. Hierher gehören aber auch alle traumatischen Erlebnisse wie z. B. sexueller Missbrauch, Verlust eines Elternteils, Alkohol-Missbrauch, Alleingelassensein mit Ängsten, Lieblosigkeit, Krieg, unerwünschtes Kindsein. *Ahnenbotschaft und Altlast* meinen die seelische Bürde der eigenen Vergangenheit, von den Tagen der Kindheit bis zur vorangegangenen Partnerbeziehung: Erfahrung von Liebe, Trauer, Schmerz und Verletzung. Solches Wissen und Fühlen von der Schattenseite der Liebe hat sich in Seele und Körper eingegraben. Das so Gelernte wie z. B. Umgang mit Streit, mit Gefühlen von Zuneigung, Wärme und Liebe, die Sprache für Gefühle, das Urvertrauen, Lebensgefühle wie Freude, Optimismus oder Angst, Misstrauen und Leistungsdruck formen und meißeln den Charakter eines Menschen und damit seine Liebesbeziehungen. Da gibt es kein Entrinnen. Unsere Zukunft hängt sehr entscheidend von unserer Vergangenheit als Kind ab. Wie in einem Rucksack wird diese *Altlast* mittransportiert und jedem neuen Partner aufgeladen.

Mit dem Partner darüber eine, besser noch viele Aussprachen zu führen, ermöglicht mehr Verständnis füreinander und konfliktfreieres Umgehen damit. Je mehr nämlich diese Vermächtnisse dem eigenen Bewusstsein und dem des Partners zugänglich werden, um so besser können sie gehandelt werden. So kann extrem viel Streit vermieden werden. Andernfalls tut *das verletzte Kind in mir* dem Partner das an, was ihm selbst angetan wurde. Solange solche *Altlasten* unbewusst bleiben, können sie nicht entschärft, bearbeitet oder verbessert werden.

Anleitung: Dies ist eine lebenslange Übung. Sie darf nie aufhören. Es gilt, ständig an der eigenen Persönlichkeit, gerade unter Mithilfe des Partners, weiter zu arbeiten. Die Partner beschließen dazu eine Art *Solidarpakt*, in dem sie *Entwicklungshelfer* füreinander werden. Zu diesem Zweck sprechen sie gemeinsam mit den jeweiligen Eltern oder Schwiegereltern und suchen Klärung über solche Themen, Vermächtnisse und Botschaften. Sie besuchen gemeinsam Orte der Kindheit und unternehmen so die wichtige *Reise zu den Wurzeln*.

Aber diese Übung hat noch einen zweiten und konkreten Teil: Schreiben Sie bitte nach einiger Besinnungszeit auf, was jeder von Ihnen an Altlast mitbringt: Belastungen, Kummer, Kränkungen, Ängste und Minderwertigkeitsgefühle, Depression und Leistungsdruck, Rechthaberei und Dominanz, Nörgelei und Gefühlskälte – das alles und mehr noch hat letztendlich seine Wurzeln eben in den Erlebnissen aus Kindheit und Jugend.

Es gehört natürlich eine große Fähigkeit zu selbstkritischer Einsicht dazu, dieses aufzuschreiben. Ich offenbare dem Partner, aber vor allem mir selbst, vielleicht zum ersten Mal – meine dunkle Seite, meine Schattenseite. Sie ins Licht zu holen, ist menschliche Entwicklungs- und Aufbauarbeit. Dann brauchen wir nicht mehr auf die Fehler der anderen zu starren, sondern erkennen, was wir selbst Schädliches anrichten.

Wichtig: Dieses Prinzip gilt überall, sowohl für den einzelnen Menschen und das Paar wie für gesellschaftliche und weltpolitischen Zusammenhänge. Die *Achse des Bösen* oder das *Reich des Bösen* ist genauso bei uns selbst zu suchen, und dort zuerst, bevor wir es bei fremden Völkern suchen. Sonst kann nur Krieg entstehen – in der Liebe wie in der Politik.

Seien sie also mutig und offen, das braucht die Liebe: Schreiben Sie für Ihren Partner auf, welche Altlast Sie mit in die Beziehung bringen – und bitten ihn schriftlich um Verzeihung dafür.

Dann lesen Sie ihm diesen Text vor.

Auswertung: Das ist Seelenarbeit auf Gegenseitigkeit. Damit darf kein Missbrauch getrieben werden. Eine solche Selbstoffenbarung macht schutzlos, angreifbar und dadurch sehr verletzlich. Werfen Sie danach Ihrer Partnerin oder Ihrem Partner niemals Fehler oder Schwächen vor, die er auf diese Weise gestanden hat

Angst besprechen

Sinn der Übung: Angst ist die Hauptursache für Streit. Das wurde in der Einleitung zu diesem Kapitel schon dargestellt. Angst, nicht geliebt zu sein, ins Unrecht gesetzt zu werden, gedemütigt zu werden, zu verlieren, zu kurz zu kommen, schuld zu haben, verlacht zu werden, ausgenutzt zu werden, verletzt zu werden, zu versagen, ... sich zu blamieren, zu verarmen. Endlos lang ist die Liste der Ängste, die uns Menschen umtreibt. Lebensängste, partnerbezogene Ängste, neurotische Ängste, Krankheitsängste und viele mehr – wir müssen lernen, damit umzugehen.

Kinder sprechen mit ihren Eltern viel, sehr viel über ihre Ängste – und gewinnen dadurch an Sicherheit. Als Erwachsene aber schämen wir uns für unsere Ängste. So sehr, dass wir nur selten und nur in schwachen Stunden mit jemand Vertrautem darüber sprechen können. Viele leugnen ihre Ängste, vertuschen und verdrängen sie. Andere kontrollieren sich durch eine steife Haltung; wieder andere sind ständig angespannt dadurch. Manche versuchen, durch dauerndes Aktivsein ihre Angst zu beherrschen nach dem Motto: *Leistung oder Depression*. Viele Manager leben so. Auf jeden Fall sprechen wir in unserer Gesellschaft öffentlich kaum über diese unsere schwächste Seite.

Angst, die derart verdrängt wird, wirkt aber im Untergrund wie ein Krebsgeschwür. Es kommt zu Körpersymptomen, Depressionen, Leistungsstörungen. Lange davor aber und viel schwerer davon betroffen wird unsere Liebesfähigkeit. Angst blockiert die Entfaltung der Liebe, frisst die Seele auf, verhindert den Fluss der Gefühle.

Im wesentlichen sind es zwei Hauptreaktionen, wie Menschen mit ihrer Angst umgehen. Diese unterscheiden sich in der Regel nach den Geschlechtern.

Frauen neigen unter dem Druck von Angst dazu, in Tränen auszubrechen, zu weinen und zu schluchzen oder einfach still vor sich hin zu leiden. Oft werden sie stumm und kriegen gar kein Wort mehr heraus.

Männer reagieren – und das ist leider in der Mehrheit so – eher mit Zorn und Aggression. Sie werden laut und schreien, greifen an und versuchen, das Gegenüber zum Schweigen zu bringen. Auf jeden Fall wird das Gefühl geschürt, dass Nachgeben gleichbedeutend mit Niederlage wäre.

Diesen verheerenden Folgen von wuchernder Angst gilt es frühzeitig zu begegnen. Die Zerstörungskraft der Angst verhindert allzusehr das gesunde Ausleben freier Liebe. Angst macht unfrei. Aber: *Die Liebe ist ein Kind der Freiheit* – hieß es schon zur Zeit der Troubadoure in Frankreich. Und es ist gar nicht so schwer, gegen die Angst vorzugehen.

Anleitung: Wir können von den Kindern lernen. Wie sie es tun, müssen auch wir Erwachsene gerade mit dem Partner möglichst viel über die verschiedenen eigenen Ängste reden. Sich ihm anvertrauen und ihm Einblick in die Tiefen dieser Ängste zu geben, ist wirklich Arbeit für die Liebe. Das simple Rezept lautet: Besprechen. Die Kinder reden sich die Angst vom Leib. Naturvölker arbeiten ganz viel mit dieser Methode. Und wir wissen, dass sogar Warzen und Hautkrankheiten wie Gürtelrose durch Besprechen besser als durch den Facharzt geheilt werden können. *Gespräche gegen die Angst* hat der Psychologieprofessor und Begründer der Gesprächstherapie in Deutschland, Reinhard Tausch mit seiner Frau Annemarie intensiv vor ihrem Krebstod geführt und in einem guten Buch aufgeschrieben.

Vereinbaren Sie dazu wiederholt richtige Gesprächstermine mit Ihrem Partner. Bitten Sie ihn, dass er Ihnen bei der Bewältigung dieser Ängste beistehen möge. Dann beginnen Sie einfach, darüber zu erzählen. Der Partner hat die Aufgabe, möglichst viel nachzufragen, in immer neuen Varianten. Er soll auf diese Weise helfen, immer dichter an den Kern der Angst heranzukommen. Ausdrücklich geht es nicht darum, dass er Lösungen mit Ihnen finden soll. Männer neigen dazu, sofort ein Lösungskonzept zu suchen.

Das funktioniert hier nicht, weil es sich ja oft um irrationale bzw. seelische Ängste handelt, die gar keine realen Ursachen haben. Also, Finger weg von praktischen Ratschlägen. Das wäre die größte Falle.

Die Wirkung liegt vielmehr im Besprechen selbst: Dadurch werden Sie genötigt, Ihre Angstanteile erstmal zu konkretisieren. Sie müssen Begriffe oder Namen für Ihre Angst finden. Dadurch bleibt sie nicht mehr im Verborgenen, hinter unbewussten und dumpfen Gefühlen versteckt. Ist sie erst mal im Licht des Tages deutlich vor Ihren Augen, lässt sich schon konkreter damit umgehen. Dann finden sie zusammen mit dem Partner eine Rangreihe Ihrer wichtigsten Ängste. Erst im dritten Schritt versuchen Sie jetzt selbst, jeden Tag einen Übungsschritt zu finden gegen Ihre drei wichtigsten Angstthemen.

Verwenden Sie dabei die folgenden 10 Gebote gegen die Angst:
1. Bekennen Sie sich offen zu Ihren Ängsten.
2. Benutzen Sie Ihre Angst immer als Wegweiser. Gemeint ist, dass Sie gerade das tun müssen, wovor Sie Angst haben. Nur so wird sie abgebaut, sonst wuchert sie wie Krebs weiter.
3. Beschäftigen Sie sich mit Ihrer Angst einmal täglich, nur kurz, aber sehr bewusst, z. B. Malen der Angst, ihr einen Brief schreiben.
4. Üben Sie, spontan Ihre Gefühle zu zeigen und aussprechen, z. B.: Trauer, Aggression, Kritik, Freude, Liebe.
5. Setzen Sie sich mit den Angst-Verursachern Ihrer Kindheit auseinander, z. B. mit Vater, Mutter, Geschwistern, Lehrern.
6. Üben Sie Entspannung gegen die Angst ein.
7. Lernen Sie, Ihren eigenen Impulsen und Ihrer Intuition zu gehorchen.
8. Führen Sie sich Ihre eigenen Leistungen vor Augen.
9. Treiben Sie aktiven Sport, drei mal die Woche, mindestens je 15 Minuten.

10. Üben Sie Ihre seelische Kraft: durch lautes Sprechen, Singen, Schreien, festen Händedruck, Mutproben, Grenzerfahrungen, Sprechen in Gruppen, öffentliche Auftritte u.ä.

Auswertung: Diese Übung hat vielfachen Wirkungsgrad: Zu allererst einmal tritt ein Effekt ein, der selbst im Tierreich eine bedeutende Rolle spielt: die Beißhemmung. Zeigen Sie Ihrem Partner derart Ihre verletzliche Stelle, tritt automatisch bei ihm eine Tendenz zur Schonung ein. Die weitere Wirkung liegt darin, dass Sie selbst sich über Ihre Ängste immer bewusster werden und sie klarer behandeln können. Des weiteren wirkt die Bewusstmachung beruhigend, denn Gefahr erkannt, Gefahr gebannt.

Natürlich gehört es dazu, dass Sie im Rollentausch genauso Ihrem Partner bei dessen Angstfindung beistehen. So werden Sie wieder *Entwicklungshelfer* füreinander.

Sich so miteinander zu beschäftigen und sich seelisch *nackt und bloß* zu zeigen, fördert eine andere Dimension von Intimität. Die kindlichen Anteile in uns finden den nötigen Schutz- und Schonraum. Neue Entwicklungsprozesse werden möglich. Das wiederum fördert die Zärtlichkeit füreinander.

Entrümpeln

Sinn der Übung: Dies ist eine Einzelübung, die nicht partnerbezogen ist und doch dem Streitabbau dient.

Streit entsteht auf Dauer auch dadurch, dass ziemlich viele Menschen dazu neigen, nach außen sehr freundlich und lieb zu sein, dafür aber allen Unmut und Frust am Partner auszulassen. Der kriegt dann all den unterdrückten Mist, verdrängte Wut und am Arbeitsplatz aufgespeicherten Ärger ab. Die Frau zu Hause (oder auch der Mann) ist dann immer das schwächste Glied in der Kette, das die ganze miese Laune auffangen und ausgleichen soll. *Nach außen hui und innen pfui*, sagt dazu ein altes Sprichwort.

Das geht soweit, dass einige das Gefühl haben, ihr Partner verstelle sich in der Öffentlichkeit absichtlich und zeige dort nur seine schöne Fassade. Zuhause kommt dann die Fratze.

Tatsächlich kann etwas nicht stimmen, wenn ein Mensch nur mit seinem Partner streitet, sonst aber mit allen in der Umwelt zurecht kommt. Kritik und Auseinandersetzung sollte auch unter Freunden ihren Platz haben.

Anleitung: Wenn sie es genau überprüfen, werden Sie viele sogenannte Freunde und Bekannte haben, mit denen sie verstaubte Verhältnisse haben. Da wird selten aufgeräumt, wie auf einem Speicher. Gehen Sie hin und klären oder kündigen Sie gerade auch fragliche Beziehungen oder falsche Freundschaften. Sprechen Sie auch mal kritisch mit Kollegen. Wagen Sie es auch, Ihrem Chef zu widersprechen. Zeigen Sie Zivilcourage. Greifen Sie auch mal in der Öffentlichkeit ein. Wehren Sie sich gegen schlechte Politik.

Das alles hat zum Ziel, dass Sie lernen, Ihren Dampf an der richtigen Stelle abzulassen, treffsichere Kritik am richtigen Platz zu landen. Dadurch wird der Partner zu Hause ungeheuer entlastet. Bitte, üben Sie es. Es wird Ihr ganzes Leben verbessern, und vor allem das Ihrer Frau.

Faires Streiten – fair fight for change

Sinn der Übung: Diese Übung stammt von dem Altmeister der Aggressions- und Paartherapie, von George R. Bach. Zur Hitlerzeit von Berlin nach Kalifornien emigriert, hatte er als Psychologe dort einen schwierigen Start. Umso erstaunlicher und anerkennswerter ist sein Lebenswerk. Seine Bücher ›aggression lab‹ und ›Streiten verbindet‹ haben ihn in der ganzen Welt bekannt gemacht. Ihm sei viel respektvoller Dank für seine fruchtbare Arbeit erwiesen. In seinem *Fair fight for change* geht es ihm darum, das Positive am Streiten herauszuarbeiten. Dafür hat er eine verblüffend einfache Formel gefunden, nämlich fortwährend nach dem Ziel (und Sinn statt Unsinn) des Streitens zu fragen. Wozu streite ich mit Dir? Was will ich erreichen? Welchen Sinn verfolge ich damit? Was will ich dadurch in unserer Beziehung verbessern?

Und so unglaublich es klingt, es zeigt sofort Wirkung.

Durchführung: Um späteren Wutausbrüchen und Krisen vorzubeugen, empfiehlt *Bach*, sich immer wieder mal zu einem *Fairen Streiten* zu verabreden. Dabei sollen strittige Punkte in Ruhe angesprochen werden. Der Partner, der solche mit sich herum schleppt, schlägt einen Termin vor. Dann trägt er dem Anderen sein Anliegen oder seine Kritik möglichst friedlich, konstruktiv und verständlich vor. Der hört nur zu, um es am Ende sinngemäß zu wiederholen. Damit soll klargestellt werden, dass er alles richtig verstanden hat. Erst dann trägt er seine Sicht der Dinge dazu vor, ebenso kurz und klar. Er bezieht Stellung und erläutert, was daran er (freiwillig) ändern will und was davon er nicht versteht bzw. nicht ändern kann. Für diesen Termin bleibt es bei diesem einen Punkt. Es findet jetzt kein weiteres Palaver über weitere Streitpunkte oder Kritik des Anderen statt. Dafür soll dieser seinerseits einen neuen Termin bestellen.

Auswertung: Hier ist es verdammt wichtig, sich an die Abmachungen zu halten. Solche Regeln einzuhalten, tut gut. Sie wirken wie Deiche und Dämme gegen die Überflutungsgefahr bei Hochwasser.

Familienkonferenz

Sinn der Übung: Diese Übung, besser dieses Ritual könnte genauso gut unter der Rubrik für den Sprachdialog zu finden sein. Sie steht hier, weil sie ein wirklich gutes Instrument ist, die Familiendynamik und das Liebesleben der Eltern vor mancher Krise zu bewahren. Sie wurde von *Thomas Gordon* (1972) entwickelt und ihm sei Dank dafür. Inzwischen hat er Nachahmer in der Paardynamik gefunden:

Zwiegespräche von Michael Lukas-Möller und *Dialogabende* in unserem Verfahren der Paarsynthese.

Hier geht es darum, etwaige Konflikte oder schon vorhandene Missstimmungen im Familienkreis rechtzeitig und regelmäßig aufzugreifen und anzugehen. Die Liebe in der Familie braucht ihre Rituale, Regeln, Absprachen und Aussprachen genauso dringend wie die Liebe zwischen Frau und Mann. Auch hier gehören Streitkultur und Liebeskultur eng zusammen. Sie bilden eine unauflösliche, lebensnotwendige Einheit.

Durchführung: Es kommt von vornherein auf Regelmäßigkeit einmal im Monat, auf Zeitbegrenzung von höchstens zwei Stunden und klare Einhaltung von Regeln an. Jeder muss seine Redezeit haben, während der ihn keiner unterbrechen darf. Alle haben gleiches Recht dabei. Sinnvoll ist es, dass jeder sich einen kleinen Spickzettel mitbringt, auf dem er die ihm wichtigsten Punkte vorgemerkt hat. Es kann auch richtig sein, das ein oder andere Mal nur ein einziges Thema zu besprechen.

Die Eltern tragen Sorge, dass die Konferenz nicht nur zum Forum für Streitfälle und Hausarbeiten-Erledigen wird, sondern auch ausdrücklich Gutes gesagt und gegenseitig gelobt wird. Die Ansprache von Befindlichkeit und Gefühlserlebnissen ist dabei ganz wichtig. Das schafft letzten Endes Nähe, gibt das Gefühl von Verstandensein und Geborgenheit und stellt Intimität zwischen der Familie her. Ängste, Wünsche, Hoffnungen, Freude, Traurigkeit und Kummer wollen ihren Ausdruck, ihre Sprache finden, damit sich die Herzen verständigen können.

Auswertung: Immer am Ende sollte eine kurze Rückmelderunde stattfinden, um irgendwelche Reste von Nichtgesagtem aufzufangen und Hinweise für die nächste Konferenz zu geben. Eine kurze Einschätzung der eben stattgefundenen Sitzung gehört auch dazu.

Nebelscheinwerfer:
Ich sehe, was Du nicht sehen kannst

Sinn der Übung: Partner haben auch die Aufgabe und Verantwortung, einander auf Fehler hinzuweisen. Das taucht als Problem immer wieder auf, ein Leben lang. Bedingt durch die subjektive Wahrnehmung, kann ich selbst viele meiner Fehler nicht wahrnehmen. Im Volksmund sind das die *blinden Flecken* oder die *Betriebsblindheit*, die jeder Mensch, jede Familie und Gruppe, aber auch ganze Betriebe, Firmen, Behörden und stattliche Instanzen mit sich herumschleppen. Das fängt an bei Mundgeruch, Körperpflege und geht bis zur politischen Gewaltanwendung. Im Großen wie im Kleinen muss jemand von außen kommen und hilfreich sagen: Ich sehe, dass Du da einen (schweren) Fehler begehst. Kannst Du das nicht abstellen?

Hier wie dort gehört Zivilcourage dazu.

Anleitung: Es ist sinnvoll, den Partner vorher zu fragen, ob er jetzt gerade in der Verfassung ist, etwas darüber hören zu können, was er falsch macht, was nicht gut für ihn selbst ist, wo er andere unfair behandelt usw. In der Zweierbeziehung ist es hilfreich, für dieses Ritual ein Code-Wort zu verabreden. Beide wissen dann, dass in friedlicher Absicht gehandelt und gesprochen wird. Je frühzeitiger diese Fehler-Intervention kommt, desto weniger weh tut sie.

Auswertung: Auch hier wirkt besonders die Gefahr von Projektion. Deshalb müssen Sie darauf achten, dass Sie diese Übung nicht einfach dazu benutzen, dem anderen Ihre Sicht der Dinge überzustülpen. Die Nebelscheinwerfer dienen dazu, dem anderen Licht zu spenden und nicht, um ihm zu beweisen, dass ich doch Recht habe oder um ihn zu demütigen. Nicht alles, was ich als Fehler ansehe, muss es auch unbedingt für den Partner sein.

Liebesmuster

Sinn der Übung: Auch wenn Sie es nicht glauben, die *Logik der Seelen* und ihre Wirkung wird hier in unfassbarer Weise deutlich. Diese *Tiefenpsychologie* erklärt uns vieles und hilft sehr schnell, uns in der Paar- und Konfliktdynamik selbst auf die Spur zu kommen. Sie könnte einen Therapeuten ersparen.

Manche denken sehr verächtlich über diese *Seelenlogik*, weil sie eine andere als die der Mathematik oder der Naturwissenschaften ist. Sie folgt vielmehr einer Logik der Gefühle und Empfindungen. Für Anhänger realer Fakten Grund genug, sie mit Spott verächtlich beiseite zu wischen. Ein folgenschwerer Fehler, sowohl im privaten wie im öffentlichen und politischen Leben. Diese Missachtung kommt meist teuer zu stehen.

Die einfache Grundformel für die Übung *Liebesmuster* lautet: Jeder Mensch übernimmt genau das in sein eigenes Verhalten, worunter er durch andere am meisten gelitten hat. Das beginnt besonders in der Kindheit. Diejenigen Verhaltensweisen und -muster, die uns bei unseren Eltern am meisten gestört, geärgert und verletzt haben, übernehmen wir prompt in unser eigenes Verhaltensmuster. Schlimmer noch in der Folge, wir wenden diese Muster gerade und ganz besonders auf den Partner an.

Natürlich gilt dieses Gesetz auch anderswo: Alkoholiker-Kinder heiraten oft wieder einen Alkoholiker; Kinder gewalttätiger Väter schlagen oft selbst. In den Konzentrationslagern übernahmen die Häftlinge die Muster ihrer gehassten und lebensbedrohenden Lager-Wärter. Bei Entführungen identifizieren sich die Geißeln nach einer gewissen Zeit und unter dem Druck einer tödlichen Bedrohung mit den Entführern, verlieben sich sogar in diese. Danach ist das *Stockholm-Syndrom* benannt.

Wichtig zu wissen: Manche verfallen genau ins Gegenteilige dieser Muster und werden zwanghaft in ihrer Anti-Haltung. Das ist dann aber nur die andere Seite derselben Münze.

Die Logik dieses Verhaltens liegt darin begründet, dass es einmal dem kindlichen Überleben diente, sich mit dem übermächtigen oder verletzenden Elternteil, dem Gefangenenwärter oder dem Entführer zu identifizieren, um das eigene Leben zu retten. Jede Gegenwehr hätte nämlich nur noch katastrophalere Folgen gehabt.

Diese *gesetzmäßige Psychodynamik* greift auch schon bei weniger eskalierenden Verhaltensweisen, besonders, wenn sie über lange Zeit erlitten werden. Eine ewig kränkelnde und weinende Mutter, ein depressiver Vater, permanente Gefühlskargheit und lieblose Freudlosigkeit, Jähzorn, Übellaunigkeit, drückende Sprachlosigkeit, Gehemmtheit usw. sind zwar nicht so exzessiv im Auftreten, aber durch ihre Permanenz genauso gravierend. Sie brennen sich in die Seele des Kindes ein – und wirken ein Leben lang – diese *Liebesmuster*.

Dieses Bündel an sozialen Umgangsweisen –, wir nennen sie alle zusammen *Liebesmuster,* führt uns in die Kindheit zurück und lässt die Stimmung dieser Zeit wieder fühlbar werden. Das Ziel der folgenden Übung ist, solche Beziehungs-, Verhaltens- und Streitmuster klar zu erkennen, ihre Wirkung zu erfassen und sie dadurch leichter korrigieren zu können.

Anleitung: Bitte, wieder nur je einen Schritt lesen, durchführen und dann zum folgenden Schritt gehen. Es werden drei Fragen Schritt für Schritt gestellt, so dass die entsprechende Antwort unbeeinflusst gegeben werden kann. Die Antworten halten Sie bitte nach der ersten, der zweiten und der dritten Frage jeweils schriftlich fest.

1. Welche Verhaltensweisen meiner Eltern (evtl. auch Geschwister oder anderer naher Bezugspersonen) waren mir als Kind unangenehm, peinlich? Welches Verhalten von ihnen war mir verhasst, was hat mich besonders verletzt oder geärgert? Wofür habe ich mich bei ihnen geschämt?

Jetzt folgt das **Aufschreiben** der drei schlimmsten und schwerwiegensten Muster jeweils vom Vater und von der Mutter. Sie haben dann zusammen sechs solcher Verhaltensmuster da stehen. Erst nach dem Aufschreiben lesen Sie weiter:

2. Welche der oben genannten Verhaltensweisen haben Sie paradoxerweise selber übernommen und in Ihr heutiges Leben und Verhalten eingebaut?

Aufschreiben. Mindestens drei der sechs oben genannten Verhaltensweisen tauchen bei Ihnen – bewusst oder unbewusst – wieder auf. Sollten Sie keine finden, verdrängen Sie etwas und schummeln sich an der Aufgabe vorbei. Befragen Sie dann Ihren Partner dazu.

Jetzt erst wieder **Aufschreiben** von kritischen übernommenen Verhaltensweisen.

3. Wie wirken sich diese Verhaltensweisen von mir auf unsere Beziehung aus? Was tue ich Dir damit an, dass ich dieses Verhalten auf Dich anwende? Wie verletze und beschäme ich Dich heute damit?
Aufschreiben.

Auswertung: Lesen Sie irgendwann der Partnerin diese Sammlung vor. Lassen Sie die genannten Muster gedanklich einwirken. Betrachten Sie mit ehrlichem Blick Ihre Anteile daran, wie Sie immer wieder Verletzung und Enttäuschung in die Beziehung bringen. Was tun Sie der Partnerin damit konkret an. Wie wirkt sich das bei ihr aus?

Wichtig: Ähnlich der *Täterübung* und anderen dieser Art darf jetzt die Partnerin das Eingeständnis auf keinen Fall ausnutzen und missbrauchen, um zum großen Gegenschlag auszuholen. Alle Kommentare wie: *Endlich gibst Du mal zu, dass ...* oder *: Ich habe Dir doch schon immer gesagt, dass ...* sind jetzt Gift, kontraindiziert und richten alle Aufbauarbeit zugrunde.

Partnerstil erkennen

Sinn: Für Menschen ist es notwendig und hilfreich, eine gute Orientierung zu haben. Für Partner ebenso. Wenn sie eigene Schwächen und Stärken und die des anderen kennen und offen darüber sprechen können, ist das Krisenpotential weit im vorhinein entschärft. Partnerstile mit ihren Vor- und Nachteilen gegenseitig zu erkennen und zu benennen, erleichtert es dementsprechend sehr, die Konfliktvernetzung der Partner zu entwirren. Konfliktvernetzung ist dabei nur ein modernes Wort für *Zwietracht*.

Unter *Partnerstile* verstehen wir in der Paarsynthese fünf typische Verhaltensmuster, die für den jeweiligen *Charakter* der beiden Partner vorherrschend sind: *Intuition, Anpassung, Durchsetzung, Planung und Integration*. Sie entsprechen in etwa den sonst bekannten Persönlichkeitstypologien und Bindungsstilen. Der *Intuitive* handelt impulsiv und gefühlsbetont, spontan-kreativ und lebendig sprudelnd. In der Krise allerdings wird er chaotisch, verweigert alles und handelt unberechenbar. Der *Anpasser* lebt vorsichtig, nachgiebig und unsicher, sucht Frieden und Harmonie, sorgt für Ausgleich. Im Streit verliert er sich aber selbst, wird zum Opfer und reagiert ganz depressiv. Der *Durchsetzer* wirkt oft schon bei Kleinigkeiten dominant, sich behauptend, rechthaberisch und anklagend, aber verbreitet große Stärke und Sicherheit. Der *Planer* kontrolliert und beherrscht am liebsten sein Umfeld genauso wie sich selbst, zeigt kaum Gefühl, wirkt zurückhaltend, oft schweigsam. Er handelt im allgemeinen korrekt, zuverlässig, aber auch etwas langweilig. Der Integrative schließlich verfügt – schon sehr kompetent als Partner, über alle Stile gleichermaßen und wendet sie je nach Situation adäquat an.

Die Stile wirken sich auf das ganze Leben, besonders aber auf den Umgang mit dem Partner und den Kindern aus. Jeder von uns eignet sich seit Kindheitstagen vorwiegend einen dieser Stile spezifisch an, nämlich den, mit dem er damals am besten in seiner Umgebung zurechtkam. Oft sind sie auch von den Eltern übernommen oder eingeimpft worden.

Jeder Stil hat sein Gutes und sein Böses. Solang die Liebe blüht und das Paar gut miteinander ist, bereichern sich diese Stile gegenseitig, ergänzen sich und die Partner lernen voneinander. In der Krise, besonders in der Partnerkrise, greifen wir schnell auf unseren typischen Stil zurück, weil wir ihn am meisten geübt haben. Er setzt ein wie ein Reflex. Dann aber (re-)agiert der Partner mit seinem typischen Stil. Es kommt jetzt zu Verknotungen, die häufig nur mühsam zu entflechten sind. *Anpasser* und *Durchsetzer* werden zu typischen Opfer-Täter-Beziehungen. Zwei intuitiv Gefühlsbetonte werden zu einem Eheszenario im Stil von *Wer hat Angst vor Virginia Wolf?* Zwei *Planer* leben etwas freudlos nebeneinander her. Zwei *Durchsetzer* führen Dauerstreit. *Durchsetzer* und *Planer* geraten in Konkurrenz. *Intuitiver* und *Planer* verzweifeln aneinander, weil sie sich immer fremder werden usw.

Ziel ist es, durch die Paardynamik schließlich alle Stile zu erwerben, um sie passend einsetzen zu können.

Anleitung: Versuchen sie eine Selbsteinschätzung und holen Sie sich dann die Fremdeinschätzung bei Freunden, Verwandten, Kindern, Kollegen und schließlich der Partnerin ab. Prüfen Sie, was Sie damit Gutes bewirken und Böses anrichten. Stellen Sie sich vor, Sie selbst würden so behandelt. Probieren Sie auch, mit dem Partner die Rollen zu tauschen und einander real vorzuspielen, wie der andere dabei wirkt. Probieren Sie Ihren Stil einmal in Reinkultur aus. Üben Sie sich dann auch bewusst in die anderen Stile ein. Wir brauchen sie alle. Wenn Sie dann tatsächlich alle gleichermaßen anwenden können, sind Sie wohl ein guter Partner. Natürlich ist auch dann noch Missbrauch möglich, weil Sie mit dieser Dialogkompetenz anderen häufig überlegen sind. So hat der Partner manchmal keine Chancen, gegen Sie anzukommen. Das ist wenig fruchtbar für die Beziehung.

Auswertung: Besprechen Sie immer wieder gegenseitig Ihre Partnerstile. Es hilft sehr und beugt vielen Streitigkeiten vor, wenn Sie bewusst streiten und dabei wissen, welches persönliche Instrument, welchen Stil Sie anwenden.

Partnerwerdung

Sinn der Übung: Es gibt viele Annahmen darüber, wie wir Menschen wirklich zu Menschen werden. Die einen sagen, wir bringen alles schon als Anlage in uns mit. Tiefenpsychologen glauben, dass unsere Persönlichkeitswerdung überwiegend durch unsere Kindheit bestimmt wird. Andere meinen, wir sind ausschließlich Produkt unserer Umwelt. Die Liebe als zentrales Merkmal unseres Menschseins, das ist sicher, lernen wir durch die Liebe. Da hängt schon einmal fast alles von der liebenden Zuwendung der Eltern ab. Mutter und Vater sind die ersten Liebesbeziehungen, die erste Frau und der erste Mann in unserem Leben. Diese Liebesbeziehung entscheidet über alle weiteren Partnerbeziehungen. Dann folgen in der Bedeutung die Geschwister, dann die Lehrer und Klassenkameraden in der Schule und schließlich die Liebeserfahrungen mit Partnern. Bis ins hohe Alter werden all diese Begegnungen in unserer Seele festgehalten. Sie bilden wie eine Landkarte Spuren an unserem Körper und Linien in unserem Gesicht. Sie bestimmen den Glanz unserer Augen.

Daher ist es gut, sich mit dem Partner lange und intensiv darüber auszutauschen, was Sie aus Ihren früheren Lieben bzw. Ihren traumatischen und verletzenden Erfahrungen mitbringen in die Beziehung. So kann verhindert werden, dass Sie am Partner abarbeiten, was Sie selbst negativ geprägt hat.

Durchführung: Setzen Sie sich bitte so bequem, dass Sie dreißig Minuten ganz tief in sich hineinspüren können. Der eine liest dann dem anderen die folgende Zentrierung vor; danach noch einmal umgekehrt. Es fällt leichter, beim Zuhören die Augen zu schließen. Jeder versucht, nach außen hin ganz abzuschalten, lediglich sich selbst zu fühlen, ganz zu entspannen. Dann richten Sie Ihre Aufmerksamkeit darauf, wie Sie sich selbst als Partner erleben, mit welcher Ausstrahlung von Liebe oder Zurückhaltung oder Verbitterung, um sich dann zu fragen:

Wie bin ich Partner geworden? Wem bin ich begegnet, bei dem ich die Liebe erfahren und lernen durfte, wer hat sie in mir eventuell zerstört?

Jetzt beginnt einer von Ihnen vorzulesen:
»*Fang bei Deiner Betrachtung mit dieser Woche an: Wer hat Dich umarmt, gestreichelt und geküsst? Wer hat Dich liebevoll betrachtet, Dich in Deiner Seele berührt, wessen Worte klingen in Dir nach? Waren es liebevolle Worte oder schimpfende, vielleicht drohende, ängstigende?*

Gehe jetzt in der Erinnerung weiter zurück: zu den letzten Wochen und Monaten, zurück bis zum Sommer, zum Frühling und zum Winter davor. Wessen Streicheln spürst Du noch auf Deiner Haut, oder wessen Schläge, wessen Grobheit und Ungeduld, wessen Locken und Verführen?

Wer hat Dir in dieser Zeit Lust und wer hat Schmerzen, Leid und Kummer gebracht? Welche Zeichen davon sind an und in Deinem Körper zurückgeblieben, welche Spuren und Linien haben diese Zärtlichkeiten, Lust und Ekstase, aber auch Unglück und Kummer, Zorn und Hass auf Deiner Haut, in Deinem Gesicht, im Glanz der Augen hinterlassen?

Dann gehe noch weiter zurück in der Zeit, zurück bis vor zwei Jahren, bis vor fünf Jahren ... und schließlich zurück bis zum Beginn der jetzigen Beziehung: Welche Tore haben sich Dir geöffnet damals, welche Pfade bist Du gegangen, was hat begonnen? Was hast Du dabei durchgestanden, erlitten und erduldet? Welche Wunden sind geschlagen, welche Verletzungen eingegraben, welche Narben vom Krieg der Liebe zurückgeblieben? Wie haben sich Dein Körper, Deine Seele und Dein Herz dadurch verändert?

Und dann geh noch weiter zurück, zurück bis zu den verschiedenen Begegnungen vor unserer Beziehung: Wer hat Dir den siebten Himmel gezeigt, wer hat Dich die wilde Lust und Leidenschaft gelehrt, wie hast Du Begierde und Trieb dabei gelebt? Welche Brüche und Schmerzen hast Du dabei erfahren, welche Schrecken und Enttäuschungen?

Gab es Entsetzten und Verrat? Wie viele Tränen musstest Du weinen, und wer hat Dich getröstet?

Und dann geh noch weiter zurück in der Zeit, zurück bis zu Deiner großen Liebe und schließlich zurück bis zu Deinen ersten Lieben und zurück bis in Deine Pubertät: Wie war es, als Du Frau / Mann geworden bist, das eigene Geschlecht durch den Partner zu erfahren? Die aufbrechende Gewalt und Explosion bisher unbekannter Triebe und Leidenschaften im Körper zu fühlen? Den Vulkan wilder Gefühlsstürme? Dein erster Orgasmus?

Wer hat Dich zur Frau, zum Mann gemacht? Welche Worte, Sätze, Ermahnungen, Normen und Vorschriften von Eltern und Erziehern haben Dich dabei geleitet, geführt oder geängstigt? Mit wieviel froher Neugier oder mit wie vielen Schuldgefühlen bist Du aufgebrochen in dieses neue Leben? Was war verboten, was erlaubt im Reich der Sinne und im Garten der Lüste? Wer hat Dich aufgeklärt und auf welche Weise? Wieviel Unschuld lag in dieser Lust und wieviel Sünde?

Und abschließend geh zurück bis in die Tage Deiner Kindheit, bis zu Deinen frühesten Erinnerungen: Wie haben Dich Eltern und Geschwister geliebt? Siehst Du noch vor Deinem inneren Auge ihre Hände und was sie Dir damit gegeben haben? Ihre Augen drohend, böse oder liebevoll und innig auf Dir ruhend?

Ihre Münder, die warme, lockende Laute und Worte rufen oder böse verzerrt mit Dir schimpfen? Fühlst Du Dich getragen und umfangen von ihren starken Armen? Gewärmt und zärtlich aufgenommen? Oder warst Du nur lästig, im Weg, unerwünscht, hin- und hergeschoben oder gar verprügelt, sogar missbraucht? Konntest Du an der Hand der Eltern voll Selbstvertrauen erste Schritte gehen, um die Welt zu erobern? Und wenn Du gefallen bist, wurdest Du mit leiser, sanfter Stimme und warmer Haut getröstet?

Zum Schluss bitte ich Dich, langsam mit Deiner Aufmerksamkeit wieder hierher in den Raum zurückzukehren, dabei aber die Hauptperson aus diesem Panorama der Begegnungen, aus Deiner Geschichte der Partnerwerdung mit hierher zu bringen. Stell sie Dir innerlich ganz genau vor: Wer ist es, wie sieht sie aus, was siehst Du auf ihrem Gesicht, welchen Satz hörst Du von den Lippen kommen, was könntest Du dieser Person antworten? ...«

Auswertung: Nach dieser zwanzig bis dreißig Minuten langen Zentrierung tauschen Sie die Rollen zum zweiten Vorlesen. Danach wird die von dieser Erinnerungsreise »mitgebrachte« kränkendste Person in der Phantasie mitgebracht und dem Partner beschrieben. Dazu gehören all die schmerzlichen Empfindungen und Verletzungen, die sie in mir angerichtet, unterdrückt, vernachlässigt oder missbraucht hat. Beschließen Sie gemeinsam einen Solidarpakt, um diese Erinnerungen zu verarbeiten. Sprechen Sie möglichst gemeinsam mit den jeweiligen Eltern und Geschwistern darüber. Suchen Sie den aktiven Dialog mit ihnen, um Ihrer enttäuschten Liebe Ausdruck zu geben, aber auch, um neue Versöhnung herzustellen. Auf diese Weise können Sie Frieden schließen mit der Vergangenheit, mit den damaligen Bezugspersonen, aber auch mit sich selbst – und mit dem Partner.

Selbsttäuschung erkennen

Sinn der Übung: Das ist die schwerste Übung dieses Buches. *Erkenne Dich selbst* war deshalb schon die Kurzformel altgriechischer Lehrer. Und auch Jesus erkannte dieses menschliche Problem als eines der schwierigsten in seinem berühmten Satz: *Es ist leichter, den Splitter im Auge des Anderen zu erkennen als den Balken im eigenen Auge.*

Viele der Übungen dieses Buches handeln deshalb davon, dass Partner sich gegenseitig helfen, ihre eigenen Schwächen und Mängel aufzudecken und zu ändern. Wer aber seinen Partner wirklich liebt, der geht hin und beginnt von selbst und bei sich selbst.

Anleitung: Wie erkennt ein Mensch sich selbst? Welche Methoden gibt es dafür? Sicherlich keine präzisen Psycho-Tests und auch keine genauen Anweisungen oder Messinstrumente. Das verlässlichste Mittel der Selbsterkenntnis sind die Rückmeldungen kritischer und vor allem selbstkritischer Mitmenschen. Generell aber gilt, dass ich mich nur selbst erfahren und erkennen kann im Spiegel anderer Menschen.

Gehen Sie also hin zu Freunden, Kollegen, Lehrern, zu Ihren Kindern und Vorgesetzten, zu Mitarbeitern und Nachbarn. Fragen Sie diese: Wer bin ich? Wie bin ich? Bitten Sie sie um ehrliche Auskunft auch und besonders über Ihre eigenen Fehler und Schwächen. Es mag Ihnen befremdlich klingen und den Angesprochenen auch. Aber lassen Sie sich nicht entmutigen. Diese Selbsterfahrung ist umso kostbarer, je weniger die Angesprochenen Ihre Aussagen beschönigen oder glauben, beschönigen zu müssen. Es ist neben der Liebe das Kostbarste, was sie im Leben erfahren können: die Wahrheit über sich selbst.

Auswertung: Wenn Sie mutig sind, schreiben Sie die Zusammenfassung des Gehörten und der gesammelten Informationen über sich selbst auf und besprechen Sie dann mit Ihrem Partner. Natürlich ist nicht daran gedacht, damit dem Partner Munition und Material zu liefern, dass er in späteren Auseinandersetzungen drauf zurück greifen kann. Das wäre Missbrauch seinerseits, dann zu sagen, aber X und Y haben doch auch gesagt, dass Du … .

Hier ist vielmehr eine selbstkritische Auseinandersetzung auf beiden Seiten erforderlich.

Trennendes zwischen uns

Sinn der Übung: Führen Sie diese Übung durch, solange Sie einander liebhaben und sich Gutes wollen; im Streit ist es zu spät dafür. Irgendwann muss jedes Paar aus seiner Symbiose der ersten Verliebtheit heraustreten. Wie Kinder sich in der Pubertät für ihre weitere Persönlichkeitsreifung aus dem Elternhaus freikämpfen, so müssen

Partner den engen Kosmos ihrer Zweisamkeit irgendwann wieder für die Welt öffnen. Für viele geht das mit großer Verletzung einher, denn die Fehler des anderen werden dabei sichtbar. Noch mehr: Nicht mehr allein das Verbindende, sondern vielmehr das Trennende zwischen den Partnern gewinnt mehr und mehr Raum. Neben die Kräfte der Anziehung treten die der Abstoßung. Und wenn es auch Jungverliebte auf keinen Fall hören wollen, so garantiert es das Überleben des Paares nicht, allzu lange in den Flitterwochen zu bleiben. Hilfreich ist dafür auch, die Realität des Andersartigen am Anderen mit wachen Augen zu erkennen. Solange dies nämlich zu einem Zeitpunkt geschieht, zu dem die Substanz des Paares noch stabil und groß ist, kann nicht viel Schaden angerichtet werden. Was die Partner voneinander trennt, was sie einander entfremdet, das rechtzeitig zu entdecken, zu benennen und dem Partner mit Respekt zuzugestehen, fördert die gemeinsame Reifung. Wird aber das, was mir fremd ist am Anderen, aus Harmoniestreben oder Ängstlichkeit vor Aus-Einandersetzung unterdrückt, gärt es unterschwellig, bahnt sich verquere Seitenwege und zerstört unbemerkt das Verbindende.

Durchführung: Denken Sie ein bis zwei Wochen über diese Übung nach. Dann schreibt jeder Partner für sich das auf, was er als trennend zwischen sich und dem anderen erlebt – und vielleicht schon erleidet. Verabreden Sie sich dann zu einem Dialogabend darüber. Vorraussetzung ist, dass dieser Dialog mit Wohlwollen geführt wird, in dem Bestreben, einander zu achten und das Fremde am Anderen als bedeutsam anzuerkennen. Tauschen Sie sich gegenseitig würdevoll aus und überlegen Sie, was diese Unterschiede in Ihrer beider Persönlichkeit auch Gutes mit sich bringen.

Auswertung: Diese Übung braucht auf Wochen verteilt mehrere Nachgespräche. Behalten Sie das Gesagte im Gedächtnis und überprüfen Sie es immer wieder. Auf diese Weise entsteht ein souveräner Umgang mit der Verschiedenheit und fordert nicht mehr und mehr Kritik oder Ärger heraus.

Wie haben meine Eltern mich lieben gelehrt?

Sinn der Übung: Es klingt harmlos, danach zu fragen, wie Eltern ihr Kind gelehrt haben zu lieben. Aber davon hängen ganze Lebensschicksale ab und nicht nur das vom betroffenen Kind selbst, sondern das des späteren Partners und der gemeinsamen Kinder. Und die Auswirkungen dieser *tiefenpsychologischen Grundsteinlegung* greifen noch viel weiter. Die erlebte und oft erlittene Psychologie der Kindheit bestimmt mit folgenschwerer Logik die Lebensweise aller Erwachsenen. Mängel, Defizite und Leid aus Kinderzeit werden unbewusst auf Partner, Mitmenschen und Abhängige übertragen. Folgenschwer deshalb, weil auf diese Weise auch mächtige Politiker, Tyrannen und Potentaten, Bosse und andere Machthaber oft unmenschliche Politik betreiben. Erschreckenderweise lehnen gerade solche Menschen Psychologie und Psychotherapie für sich ab. Ihre vordergründige Begründung dafür lautet: *Man könne als Erwachsener nicht ein Leben lang die Kindheit für sein Tun verantwortlich machen.* Das ist nur die halbe Wahrheit. Die Kindheit kann auch nicht abgeschüttelt werden, so wenig wie die menschliche Haut. Viele wollen aber um keinen Preis eingestehen, dass sie in der Kindheit seelische Defizite erlebt haben, weil sie sonst als Erwachsene zugeben müssten, dass sie dadurch selbst *Charakterprobleme* haben und diese auf den Partner abwälzen.

Anleitung: Gehen Sie mit Ihrem Partner gemeinsam auf diese Reise in die Kindheit. Besuchen und befragen Sie Mutter und Vater, Onkel und Tanten, Geschwister Cousinen und sonstige Verwandte oder Freunde der Familie. Suchen sie nach Spuren ihrer kindlichen Liebeserfahrung. Natürlich mögen viele von uns viel Liebe erfahren haben. Viele haben aber auch falsche Strenge, Kargheit, Leistungsdruck, Ungerechtigkeit, Jähzorn, Sucht und Missbrauch durch ihre Eltern erfahren.

Die Liste kindlicher Schädigungen durch elterliche Mängel ist endlos – bewusst oder unbewusst.

In der Therapie berichtet eine Frau: *Als Mädchen sei sie sicher, geborgen, wohlernährt auf dem Bauernhof groß geworden, sehr frei, mit Pferden und anderen Tieren. Alles schien toll gewesen zu sein. Allerdings: keiner hatte Zeit, noch Gesten, noch Sprache für Zärtlichkeiten; keiner hat mit dem kleinen Mädchen über seine Gefühle und seine Seele gesprochen. Sie selbst habe gar nicht gemerkt, dass sie etwas vermisst habe. Als Erwachsene wurde sie erfolgreich, sehr attraktiv und viel bewundert. Trotzdem fand sie über viele Jahre keinen festen Partner, weinte viel über ihre Kinderlosigkeit und wurde trotz Karriere völlig depressiv.*

Ein Mann behauptete steif und fest, ihm sei es ja gut gegangen in seiner Kindheit, nur sein Bruder sei extrem viel geschlagen worden vom Vater. Ein anderer gar erzählte, dass nur seine Schwester vom Vater missbraucht worden sei, ihm sei nichts passiert. Eine Frau meinte, dass ihr Vater zwar Alkoholiker gewesen sei und ihre Mutter darunter sehr gelitten habe, sie selbst habe es aber gut gehabt.

In Wirklichkeit sind dies alles für die Kinderseele zerstörerische *Liebesbotschaften,* die die spätere eigene Liebesfähigkeit brutal beeinträchtigen.

Auswertung: Forschen und suchen Sie gemeinsam nach solch frühen Beeinträchtigungen Ihrer kindlichen Liebessehnsucht. Verdrängen oder leugnen Sie nicht Defizite und Probleme aus Ihrer Kindheit, nur um vielleicht die alten Eltern zu schonen. Sonst übertragen sie diese Altlasten auch noch unbewusst auf Ihre Kinder.

Streitbearbeitung – im Streit und in der Krise

Bedenken Sie: Alles, was Sie dem Partner an Leid zufügen, schadet Ihnen selbst genauso. Und umgekehrt: Alles, was Sie angeblich durch den Partner erleiden, haben Sie mitverursacht.

Streit zwischen Liebenden –, daran sind in 85 % aller Fälle tatsächlich immer beide schuld, auch wenn sie noch so sehr darum streiten, wer Schuld hat. Beide sind auf ihre Weise Täter, auch wenn der äußere Schein den depressiven Teil meist als Opfer erscheinen lässt. Selbst die besten Freunde lassen sich darin verwickeln, Partei zu ergreifen. Sie könnten die besten Helfer sein in solchen Krisen, aber parteiisch sein schadet nur. Ein Sprichwort aus dem alten Ägypten sagt deshalb schon: *Streit zwischen Eheleuten gleicht zwei Mühlrädern. Lass die Finger davon, sonst werden sie zermalmt.*

Bei akuten Krisen gilt generell: Wenn Sie noch so wütend sind, halten Sie bestimmte Regeln ein. Nur Krieg und Verbrechen kennen keine menschlichen Regeln. Versuchen Sie, Ihr Streitziel positiv zu formulieren und immer wieder zu nennen. Nie länger als eine Stunde streiten. Bleiben Sie bei einem Thema. Der Partner muss sein Gesicht wahren können wie Sie das Ihre. Für eine Kritik müssen Sie fünf mal Lob aussprechen, um seelischen Ausgleich herzustellen.

Augenkontakt

Sinn der Übung: Eigentlich ist dies gar keine Übung. Vielmehr geht es darum, dass Sie und Ihr Partner eine Vereinbarung treffen. Schauen Sie sich während des Streites immer wieder mal, für einige Sekunden wenigstens, in die Augen.

Typischerweise nämlich vermeiden Streitende ganz oft jeden Augenkontakt. Je aggressiver und lauter sie werden, umso mehr meiden sie den *Augenblick* des anderen. Nur so ist dann weitere Eskalation möglich. Sehen Sie sich dagegen in die Augen, können Sie viel schneller die nötige innere Verbindung zum Partner wieder finden. Außerdem tritt eine Art Tötungshemmung ein. Die Augensprache verringert in der Regel eine Eskalation der Aggression. Sinnlosstreit wird damit seltener.

Ent-Täuschung

Sinn der Übung: Für jedes Paar ist diese Übung irgendwann auf dem Weg zur wirklichen Liebe allesentscheidend.

Die Liebe beginnt dann, wenn die Verliebtheit zu Ende geht. Liebe beginnt dann, wenn die Flitterwochen vorbei sind, sagt Baghwan (Osho). Die Liebe beginnt genau dann, wenn die ersten großen *Ent-Täuschungen* eintreten und das Idealbild der ersten Liebesstürme der Wirklichkeit weicht. Liebe beginnt, wenn die Verliebten die Negativ-Seiten des Partners entdecken müssen.

Dann aber beginnt die wahre Liebe. Dann erst nämlich lernen wir, den Partner ganz zu lieben, d.h. auch mit seinen Fehlern. Dann erst hat der Partner eine Chance, sich wirklich zu entfalten zu seiner wahren Stärke, denn er wird gesehen wie er ist und nicht, wie er fälschlicherweise sein sollte – nach den Traumwünschen des anderen. Dann werden Partner nicht mehr das Opfer gegenseitiger Projektion, sondern sie dürfen ehrlich und ohne Fassade einander begegnen – und trotzdem zu ihm halten.

Die vorausgehende Verliebtheit mit gegenseitiger Glorifizierung ist deshalb nicht falsch oder schädlich oder unehrlich. Im Gegenteil: Wir fühlen uns in der jungen Liebe wie kleine Kinder, die grenzenlos geborgen sind in der Liebe der Eltern. Durch diese endlose Liebe, die alles verzeiht, alles bewundert und alles fraglos liebt, gewinnen wir ein zweites Urvertrauen, eine Stärke, die uns erst befähigt, weiter ins Leben hinein zu wachsen. Wir lieben gegenseitig das Optimum aus uns heraus.

Überwinden die so stürmisch Liebenden dann aber nicht die Phase der Ent-Täuschung, dann schlägt die Liebe um in ihr Gegenteil. Sie zerstört dann statt aufzubauen. Sie zerrt dann das Böseste aus uns heraus, was wir uns selbst von uns nicht vorstellen konnten.

Dabei fördert die *Ent-Täuschung* vom Partner nichts anderes zutage als die andere Seite seiner Münze. Und jeder von uns hat diese andere, diese dunkle, negative und zerstörerische Seite. Solange wir sie aber nicht sehen und benennen können, wird es keinen wirklichen Frieden geben, weil wir nicht daran arbeiten.

Erst durch die intime Konfrontation mit dem Partner wird diese dunkle Seite von uns aufgerissen, werden die rosa Wolkenschleier durchtrennt. Dann zeigt sich unser ganzes Gesicht im hellen, manchmal grellen Licht.

Aber es wäre falsch, jetzt zu sagen, das dunkle wäre das wahre Gesicht – denn das wahre ist eben das dunkle und das lichte Gesicht zusammen. Und der im Streit häufig herausgeschleuderte Satz: »Aha, jetzt zeigst Du erst Dein wahres Gesicht…« ist selbst eine brutale Verkürzung der Sicht auf den Partner.

Sinn der Übung ist, mit dieser Ent-Täuschung positiv umzugehen und als Beginn der wirklichen Liebe zu werten. Natürlich täuschen wir uns irgendwie immer bei der Partnerwahl. Und wir täuschen auch immer irgendwie den Partner, dem wir uns nur von der besten Seite zeigen. Denn wir wollen so ideal gesehen werden.

Die *Ent-Täuschung* sagt deshalb in Wahrheit fast mehr über mich selbst als über den Partner aus. Sicher, ich habe mich in Dir getäuscht –, ich habe aber auch Dich getäuscht. Und ich habe Dich getäuscht, weil ich – unbewusst – von mir selbst enttäuscht bin über meine Fehler, die ich innerlich abwehre. Du mit Deiner Kritik konfrontierst mich mit dieser Verdrängung. Du stellst mich bloß damit. Das will ich aber nicht wahrhaben und gehe deshalb in Widerstand gegen Dich. Streit entsteht. Und der oft lange Kampf darum, wer denn nun eigentlich recht hat.

Besser ist es, durch diese Übung der drohenden Streiteskalation die Spitze zu nehmen. Es gelingt durch das freiwillige, vorgreifende und gegenseitige Aufdecken und Eingestehen der Ent-Täuschungen.

Anleitung: Diesmal ist es wichtig, erst alles durchzulesen, um die ganze Übung richtig zu verstehen und dann erst in die Arbeit einzusteigen. Sie besteht nämlich aus vier Schritten. Dazu brauchen Sie genügend Papier, einen Stift und etwa 45 bis 60 Minuten Zeit, die Antworten der Reihe nach aufzuschreiben. Seien Sie dabei mutig, offen, direkt und wahrhaftig. Schreiben Sie keine Nebensächlichkeiten und kleine Alltagsärgernisse auf, sondern nur wesentliche Punkte. Es mag einer der wichtigsten Briefe Ihres Lebens werden. Und er kann Ihre Liebe neu erblühen lassen. Er kommt einer *Stunde der Wahrheit* gleich. Beantworten Sie nun die folgenden Fragen als Brief an den Partner:

1. Was hat mich besonders enttäuscht an Dir im Verlauf unserer Beziehung? Worunter habe ich am meisten gelitten? Welches war die größte Enttäuschung an Dir?
2. Was hat diese Enttäuschung über Dich mit mir selbst zu tun? Wo bin ich selbst enttäuschend? Wo bin ich enttäuscht von mir? Welche Enttäuschung bereite ich Dir?
3. Was habe ich Dir damit angetan? Wie sehr habe ich durch die Enttäuschung über Dich von meiner eigenen enttäuschenden Seite abgelenkt, Dich dafür ge- oder missbraucht?
4. Was sehe ich trotzdem Gutes an Dir, wenn die Täuschung vorbei ist? Welche andere und wahre Stärke entdecke ich stattdessen bei Dir?

Auswertung: Wenn Sie allein die Beantwortung dieser Fragen ernsthaft betrieben haben, wird sich Ihr Leben ändern. Solche tiefen Einsichten, die hier möglich sind, haben eine enorme Entwicklungskraft. Sie erschüttern unsere Grundfesten – und ermöglichen dadurch erst eine neue Sicht und Neuorientierung.

Lesen Sie sich also gegenseitig diese Briefe vor, aber ganz, ganz langsam und mit viel Zeit. Besprechen Sie danach noch etwaige Reste. Teilen Sie sich aber vor allem Ihr Gefühlserleben dabei mit.

Bewahren Sie diese Briefe gut auf und lesen Sie sie in einem halben Jahr und nach einem Jahr und nach zwei Jahren nochmal vor. Irgendwann sollten sogar Ihre Kinder das zu lesen bekommen; daraus können sie nur lernen.

Faustübung

Sinn der Übung: Diese Übung mit den drei Sternen sollte wieder erst zu Ende ausgeführt sein, bevor der Abschnitt über die Auswertung gelesen wird. Die Überraschung spielt dabei eine wichtige Rolle.

Längst nicht immer ist es gut, allen Streit auszudiskutieren – bis zum bitteren Ende. Statt endloser Debatten und durchweinter Nächte wirkt es oft besser, schweigend miteinander zu sein und trotzdem klärend zu handeln. Dazu gibt es nonverbale Übungen. Sie können helfen, die Kette der immer gleichen Argumente und der jahrelang wiederholten Anklagen zu durchbrechen.

Durchführung: Einer von Ihnen entscheidet sich für die passive Rolle. Er schließt seine linke Hand zur Faust und hält sie dem Partner hin. Diese Faust soll das eigene, in Wut, Kränkung, Zorn oder Trauer verschlossene Herz symbolisieren. Der aktive Partner soll nun auf seine für ihn typische Art und Weise versuchen, *ohne Worte* diese Faust zu öffnen. Mitunter sind beide dann ratlos, manchmal der Aktive gewaltsam, stürmisch, hastig; oft aber auch unsicher, ängstlich, auf Signale der Ermunterung vom Passiven wartend. Dieser öffnet seine Faust nur dann, wenn er in sich einen warmen Impuls spürt, seine Hand und damit sein Herz jetzt auch wirklich öffnen zu wollen.

Ohne Nachfragen, das als vorzeitiges Aushorchen empfunden werden könnte, wird dann ein Rollentausch vorgenommen. Jetzt versucht der bisher Passive, die Faust seines Gegenüber zu öffnen, ebenfalls auf die ihm eigene Weise, und ebenfalls ohne Worte. Das ist sehr wichtig. Die gesetzten Impulse sollen zunächst im Untergrund nachwirken.

Auswertung: Bei der Durchführung dieser Übung in der Therapie haben wir schon die wundersamsten Dinge erlebt. Ein Arzt hat seiner Frau die Faust mit einem medizinischen Muskelgriff ruckartig geöffnet; eine Frau hat wütend und eine zärtlich gebissen; eine andere hat die Faust gar nicht gesehen und den Mann nur geküsst sprich das Problem unter den Teppich gekehrt; wieder eine andere hat selbst gleich ihre beiden Hände hinter sich auf den Rücken getan, aus lauter Angst, aggressiv zu wirken. Ein Mann dagegen versuchte mit all seiner Muskelkraft die Faust zu öffnen, während seiner Frau schon die Tränen aus den Augen schossen; wieder ein anderer streckte gleich zwei Fäuste vor; ein Dritter fing die Übung erst gar nicht an. Ein Vierter schließlich hielt nur sanft die Faust und streichelte mit seiner freien Hand langsam das Gesicht seiner Frau. Da begann sie erlöst zu weinen und lehnte sich in seine Arme.

Die Auswertung besteht also hier nicht in einer Erkenntnis, sondern mehr im Tun selbst. Durch *Erfassen* und *Begreifen* des heiklen Problems aktiv zu werden, an den Partner oder die Partnerin heran zu treten, statt zu brüllen oder auszuweichen oder nur zu mauern, liefert immer die bessere Lösung.

Fehler – Deine drei und meine drei Fehler

Sinn der Übung: So einfach und so schwierig ist diese Übung, harmlos und doch tiefgreifend. Jeder Mensch hat Fehler. Das geben bei mir alle Klienten von vorneherein großmütig zu. Aber wenn ich Sie dann frage, welche das genau sind, fangen sie fast alle an zu stottern und zu zögern. Und lassen sich schließlich auf keine wirkliche Festlegung ein. Seltsam: Es kann doch nicht so schwer sein, die drei entscheidenden Fehler aufzuzählen, die ich selbst habe. Ich kenne mich doch ein Leben lang.

Gelingt diese Aufzählung aber, kann ich selbst *bewusster* damit umgehen, aber natürlich auch mein Partner. Keiner sieht sich dann mehr genötigt, dem anderen erst seine Fehler nachweisen zu müssen. Das gegenseitige Überführen hört auf. Damit entfällt auch Schuldzuweisung und aggressive Abwehr. Die besteht doch meist darin, dass im Gegenzug die Fehler des anderen aufgezählt werden. Eskalation der Gewalt ist die Folge. Hier also soll das vorbeugend geschehen.

Anleitung: Jeder schreibt für sich zunächst die drei wichtigsten Fehler des Partners auf. Das fällt leichter und geht meist schneller. Dann, ja dann gilt es, die drei wichtigsten eigenen Fehler aufzuschreiben.

Ist das geschehen, vereinbaren Sie eine gemeinsame Besprechung darüber. Sie werden jetzt aufpassen müssen, dass sie nicht gleich in Streit geraten. Sie prüfen damit ja gleichzeitig, ob die eigene Fehlersicht mit der des Partners übereinstimmt. Allein darüber Einigkeit zu erzielen, wäre ein glänzender Fortschritt im Dialog der Liebenden und Sich-Streitenden.

Auswertung: Sich über gegenseitige Fehler zu verständigen, schafft die Möglichkeit, ohne Schuldzuweisung und Kränkung damit umzugehen. Sie können dann leichter Erste Hilfe leisten bzw. ein Behandlungsprogramm erstellen, wie Sie in Zukunft mit seinen und den eigenen Fehlern umzugehen gedenken. Sie müssen sich dann nicht bekämpfen, sondern können sich gegenseitig helfen, diese Fehler allmählich zu überwinden.

Fehlergeständnis – te confiteor

Sinn der Übung: In vielen Kulturen und Religionen gab oder gibt es Rituale dafür, Verfehlungen, Delikte und Sünden einzugestehen – um dadurch zumindest Straferleichterung zu erhalten. Das *confiteor* stammt aus dem katholischen Raum; wem das zu eng ist, sollte die

Übung trotzdem wenigstens durchlesen. Auch wenn sie nicht durchgeführt wird, kommt vom Sinn etwas rüber.

Dem Partner gegenüber und damit auch sich selbst Fehler einzugestehen, hat vielfache Wirkung. In sich zu gehen und einen zentralen Fehler überhaupt zu finden, ist schon eine reife Leistung. Sich damit dem Partner anzuvertrauen, ist eine weitere Steigerung. Ihn jetzt auch noch um Hilfe zu bitten, dass er Ihnen bei der Bearbeitung dieses Fehlers beisteht, gewinnt ihn. Und Sie profitieren doppelt davon: Sie werden sich um Einiges erleichtert fühlen und können mit dem gutmütigen Verständnis des Partners rechnen. Er wird Ihnen in Zukunft beistehen und versuchen, Ihnen zu helfen statt sie dafür zu kritisieren und zu verurteilen.

Anleitung: Sie ähnelt der Drei-Fehler-Übung. Hier kommt es darauf an, in sich zu gehen und kritische Selbstbetrachtung zu üben. Das Ergebnis Ihrer Selbstbetrachtung stellen sie dann dem Partner vor. Es geht nicht darum, in Selbstanklage zu verfallen. Vielmehr ist es für jeden Menschen lohnend, mit sich ins Reine zu kommen. Und das gelingt, wenn ich lerne, mit meinen Fehlern zu arbeiten statt sie zu vertuschen und zu verdrängen. Noch schlimmer wäre, gerade diese Fehler von mir auf andere zu projizieren und dort zu kritisieren, im anderen also den Bösen zu sehen.

Auswertung: Paare streiten oft jahrelang. Verblüffend daran: Auf Befragung hin wissen sie kaum, die eigenen Fehler oder die des Partners exakt zu benennen. Mal ist es der, mal jener, außer bei Alkohol und anderer Sucht. Da wird jahrelang gekämpft, und keiner kann genau angeben, wofür und worum. Alles und Jedes wird zum Anlass für Streit, aber nach dem eigentlich dahinterliegenden wahren Grund wird kaum geforscht. Fangen Sie deshalb damit an: Suchen Sie bei sich Ihren entscheidenden Fehler. Das hilft allen Beteiligten, weil nicht mehr im Trüben gefischt werden muss.

Innere Scheidung

Sinn der Übung: Viele, zu viele Paare trennen sich viel zu früh. Soziologische Untersuchungen belegen, dass zerstrittene Paare fünf Jahre später zu 75 % wieder zufrieden und sogar glücklich sind, aber nur 50 % der Geschiedenen. Scheidung verbessert kein Fehlverhalten. Scheidung reduziert auch keine menschlichen Defizite. Ein Mann wanderte nach seiner Scheidung aus nach Australien, fand dort eine neue Existenz und eine neue, wunderschöne junge Frau – und hatte nach eineinhalb Jahren dieselben Partnerprobleme wie hier.

Daher raten wir im äußersten Krisenfall, wenn auch mit Hilfe von Therapie keine Arbeit an der Beziehung mehr möglich erscheint, erst mal zur Inneren Scheidung. Vor einer räumlichen und juristischen Scheidung kommt die emotionale Trennung und allerletzte Prüfung. Innere Scheidung meint daher getrenntes Leben von Tisch und Bett, aber trotzdem soweit möglich in der alten Wohnung. Ziel ist es, ab sofort keine Ansprüche mehr aneinander zu richten, unbehelligt eigene Wege zu gehen und in Höflichkeit eine reine Wohngemeinschaft zu führen. Der Teufelskreis gegenseitiger Verletzung wird so unterbrochen.

Das werden nicht alle seelisch verkraften, weil sie klare Abgrenzung brauchen. Aber schon viele hat dieser *Beziehungstest* wieder zusammengebracht, vor der endgültigen Katastrophe bewahrt. Eiserne Vorraussetzung dafür ist, sich an folgende Regeln zu halten:

Durchführung:

1. Ende aller Kritik am anderen
   Ab sofort ist jede Kritik am anderen verboten. Lieber sich die Zunge abbeißen als irgendeine Zurechtweisung. Behandeln Sie sich fortan wie Bekannte, an denen Sie natürlich kein Verfügungsrecht haben. Es gibt kein Recht, einfache Bekannte persönlich anzugreifen. Aufgestaute Gefühle von Wut, Hass, Enttäuschung und

Angst werden woanders abgeladen. Vor Freunden, die die Partner gegeneinander aufstacheln und den Streit weiterhin schüren, sei jedoch gewarnt.

Das Ende des offenen Streits ermöglicht das Funktionieren des Familiensystems, führt zur Beruhigung der innerfamiliären Atmosphäre und erlaubt den Eltern, sich auf Absprachen und praktische Lösungen zu konzentrieren.

2. Eingestehen eigener Fehler und Bitte um Verzeihung

Der schwerste Schritt: Ein Schritt, der viele, viele Jahre brauchen wird. Doch fangen Sie lieber sofort damit an, statt sich in blindem Zorn oder ohnmächtiger Trauer festzukrallen. Wachsen Sie an Ihrer Kränkung und Krise. Das Steckenbleiben in Hass, Kritik und Wut verhindert Einsicht in eigene Fehler. Gefühle wie Trauer, Einsamkeit, Enttäuschung und Scham werden dadurch verdrängt, ein Prozess der Selbstkritik kommt nicht in Gang. Andere verharren in Schuld- und Versagensgefühlen, voller Selbstmitleid.

Das Festhalten an solch selbstzerstörerischen Gefühlen unterbindet jeden Neubeginn. Deshalb gehören die Suche nach eigenen Fehlern und die Bitte um Verzeihung zur gesunden Selbsterhaltung. Auch wenn der andere (noch) nicht bereit ist, zu verzeihen, kann er die Bitte des Partners prüfen und so zur gegenseitigen Entlastung beitragen.

3. Was habe ich vom anderen gelernt?

In Beziehung leben heißt Dazulernen. Auch in einer schlechten Beziehung können wichtige Erfahrungen gemacht werden: Was konnte ich durch den Partner über mich erfahren? Über meine Art Partner zu sein? Über meinen Umgang mit Konflikten?

Diese Lernerfahrungen anzunehmen heißt, zu wachsen. Wer dagegen diesen Aspekt der Beziehung ausklammert, bleibt beim Scheitern stehen. Zurück bleibt dann nur Leere, Sinnlosigkeit und ein seelischer Trümmerhaufen, der auch die nächste Liebe behindert.

4. Dank für die gemeinsame Zeit
   Keine Beziehung hatte nur Negatives. Dieser Schritt lenkt von der engen Sicht aufs Zerstörerische ab und öffnet den Blick fürs Ganze. Auch wenn sich das Zusammenleben als unerträglich zeigte, haben sich die allermeisten Paare doch nicht grundlegend in ihrer Partnerwahl getäuscht: Liebe hat es ja gegeben und war Teil der eigenen kostbaren Lebenszeit. Sie konnte nur nicht über alle Klippen hinweg erhalten werden. Für das eine gilt es zu danken, um das andere zu trauern.
   Dem Partner trotz der schrecklichen Zeiten diesen Dank zukommen zu lassen, versöhnt und heilt auch das eigene Ich.

5. Zukunftsperspektiven und praktische Regelungen aushandeln
   Sind auf diese Weise die emotionalen Stressfaktoren reduziert, können sachliche Aspekte der Trennung in den Vordergrund treten und störungsfreier ausgehandelt werden. Die für alle Beteiligten »beste« Lösung kann angestrebt werden, ohne durch Rachegefühle, Eifersucht, Missgunst oder Überempfindlichkeit behindert zu sein.
   Der Weg der *Inneren Scheidung* muss nicht notgedrungen zum Scheidungsrichter führen. Er ermöglicht es den Paaren, der Kinder wegen, aus beruflichen oder wirtschaftlichen Verpflichtungen heraus, weiterhin als Familie unter einem Dach zusammenzuleben, doch in größerer Unabhängigkeit. Manchmal erwächst aus der Distanz heraus eine neue Anziehung, die im Laufe der Jahre durch die vielen Streitereien verlorengegangen war.

Kriegsrat

Sinn der Übung: Eine der folgenschwersten Täuschungen bei Partnerkrisen liegt im Glauben der Streitenden, die Kinder dadurch zu schonen, dass sich die Eltern nicht vor den Kindern streiten. Bis zu einem gewissen Grad trifft das zu. Bei größeren Streitereien und Krisen aber leidet die häusliche Atmosphäre auch ohne Worte und Ausbrüche so sehr, dass die Kinder natürlich darunter leiden. Der Versuch der Eltern, das zu verheimlichen, macht jetzt die Sache nur noch schlimmer, weil für die Kinder unheimlich, da nicht besprechbar und somit auch nicht erklärbar. Es öffnet sich kein Weg der Verarbeitung für die kindliche Seele. Das gilt für Dreijährige ebenso wie für 18-Jährige. Einer drohenden Gefahr, die sie intuitiv erspüren wie mit dem Instinkt eines wilden Tieres, unwissend ausgeliefert zu sein, neurotisiert und traumatisiert ungleich mehr als ein offen ausgetragener Konflikt.

In unzähligen Sitzungen mit Kindern und ihren streitenden Eltern in meiner Praxis gab es dagegen durchweg nur gute Erfahrungen mit der gemeinsamen Konfliktbesprechung. Die Kinder fühlten sich ernst genommen, ergriffen nur selten Partei, sahen stattdessen mit hohem psychologischem Einfühlungsvermögen die Fehler auf beiden Seiten. Wenn sie nicht mitkommen konnten, riefen sie an, schrieben Briefe oder kamen allein zu einem eigenen Termin. Größere Kinder haben auch schon ihre Eltern bei mir angemeldet und in die Paartherapie geschickt.

Durchführung: Ähnlich wie bei der *Familienkonferenz* soll in Zeiten der Krise und des Streites ein festes Ritual daraus gemacht werden. Das erfordert eine rechtzeitige Terminabsprache und innere Vorbereitung. Es ist hilfreich, wenn die Kinder ihre Sicht der elterlichen Krise vorher aufschreiben. Jeder bekommt wieder feste Redezeit. So angesetzt, hat ein solcher *Kriegsrat* oft erstaunliche Erfolge: Meist mäßigen sich die streitenden Partner vor den Augen und Ohren der Kinder, was an sich schon zur Beruhigung beiträgt. Viele Schläge unter die Gürtellinie unterbleiben. Über die Ehrlichkeit der Argumentation wird offensichtlicher nachgedacht. Der Wille auf einen guten Ausgang verdoppelt sich. Die immer vorhandene und übergroße Gefahr, die Kinder unbewusst doch auf die eigene Seite zu ziehen, verringert sich enorm. Die so am Konflikt anteilnehmenden Kinder fühlen sich nicht missbraucht, sondern in Wirklichkeit auf gute Weise gebraucht.

Für alle ist es sinnvoll, den *Kriegsrat* mit konkreten Handlungsanweisungen und festen Regeln für die Streitenden spätestens nach zwei Stunden zu beenden. Dazu werden auch die Kinder befragt, was sie glauben, das wichtig und richtig sei, das Kriegsbeil zwischen den Eltern zu begraben. Deren psychologische Intuition ist so hoch, dass sie mit ihren Tipps häufig den Nagel auf den Kopf treffen.

Auswertung: Die Kinder lernen durch ihre aktive Rolle und am *Vorbild* der Eltern, selbst sinnvoll mit Konflikten umzugehen. Sie sind nicht verdammt zur Inaktivität und nicht hilflos preisgegeben.

Stunde der Wahrheit

Sinn der Übung: Auch diese Übung stammt eigentlich von George Bach und sei hier zu seinem Gedenken vorgestellt. Er hatte sie »*Vesuv*« genannt. So kritisch und gefährlich, wie sie heißt, ist sie auch, weil sie leicht ins Uferlose entgleiten kann.

Trotzdem ist sie wichtig, in einer modifizierten Form: Es geht um alles oder nichts. In der größten Paarkrise steht die Existenz der Familie, die Lebensgrundlage, die Finanzen und vieles mehr auf dem Spiel. Einmal muss klar Tisch gemacht werden. Alles, was sich heimlich angestaut hat, mühsam unterdrückter Groll und alte Verletzungen –, all das, was ich Dir schon immer mal sagen wollte –, heraus damit. Einmal alle Kontrollen aufgeben, sich ausbrüllen und austoben. Ich schleudere Dir alles an den Kopf, was mir nicht passt an Dir und auch in Zukunft nicht passen wird.

Das Ding hat aber noch eine zweite Seite. Jetzt, wo ich die ganze Wahrheit über Dich sage, kannst Du auch gleich die ganze Wahrheit über mich erfahren. Wahrscheinlich hast Du sowieso schon vieles davon entdeckt oder mich beim Fremdgehen ertappt. Leugnen macht die Sache nur noch schlimmer. Und wenn Du Dich schon getäuscht hast in mir, dann sollst Du gleich alles erfahren.

Sinn dieser Übung ist das große reinigende Gewitter. Wie eine Katharsis kommt es über uns. Bis zur Erschöpfung, mit Heulen und Zähneknirschen. Dann kommt die Ruhe nach dem Sturm. Das Wundenlecken. Und die Einsicht, dass jeder Dreck am Stecken hat. Es lohnt nicht, davon zulaufen. Ich würde nur vor mir selbst weglaufen. Das Paradies auf Erden, das Frau und Mann sich bereiten können, birgt immer auch die Hölle in sich.

Durchführung: Hierzu braucht es oft keine Vorbereitung. Oft beginnt ein solches Gewitter wie aus heiterem Himmel. Es kann aber auch verabredet werden. Nur sollte diesmal kein Dritter dabei Zeuge werden. Und anders als im *Kriegsrat* auch nicht die Kinder. Erklären Sie nur: »*Jetzt machen wir Stunde der Wahrheit*«. Der andere muss wissen, woran er ist und worum es geht. Brechen Sie auf keinen Fall mitten drin ab oder flüchten Sie nicht aus dem Raum. Halten sie durch. Schießen Sie dagegen, doch lassen sie dem anderen Zeit, auszureden. Getrauen Sie sich, den guten Anstand einmal aufzugeben. Werden Sie ruhig ordinär dabei. Sie müssen aber standhalten. Es ist die Feuerprobe. Es geht hier nicht mehr um richtig oder falsch, auch nicht um die Stimmigkeit der Abgründe. Und merkwürdig: Im Feuerhagel der Argumente beginnen Sie bald, mehr eigene Stärke zu fühlen. Vor allem tritt eine erstaunliche Erkenntnis ein: Eigentlich ist der andere nicht schlechter oder besser als ich selbst. Beide haben Dreck am Stecken – und auch wieder ihre guten Seiten.

Auswertung: Gehen Sie sich danach zwei Tage aus dem Weg. Versuchen Sie auf keinen Fall, nachzuhaken. So eine Veranstaltung kann man nur alle paar Jahre einmal machen. Versuchen Sie nicht, im Nachhinein Dinge richtig zu stellen.

Das Wichtigste: Trennen Sie sich deshalb nicht und lassen Sie sich nicht deswegen scheiden. Die *Stunde der Wahrheit* stellt oft den Ausgangspunkt für eine wahrhaftigere, ehrlichere Beziehung dar. Auf diesem Boden lässt sich leichter Neues aufbauen denn auf dem alten morschen und verlogenen Grund. Sie haben beide eine Prüfung bestanden. In Zukunft werden Sie vorsichtiger miteinander umgehen, einander wieder Respekt zollen und anerkennen, dass der Andere genauso Recht hat wie Sie auch. Daraufhin wieder Frieden zu schließen, ist erlösend.

Splitterwochen

Sinn der Übung: Es muss für die Bewältigung von Krisen auch heftige Übungen geben, nicht nur Streichelpflaster. Solche, die der Krise eines Paares gerecht werden. Harmonie und Stillhalten allein, Gutzureden und schöne Worte helfen dann oft auch nicht mehr weiter.

Dies ist insofern eine sehr handfeste, sehr reale Übung.

Der Name sagt es schon: Wenn es Flitterwochen gibt, warum dann nicht auch *Splitterwochen*? Der Sinn dahinter: Die aufgeheizte Streit- und Krisenstimmung herunterfahren und stattdessen den Ernstfall proben. Mit gewissen Regeln verbunden, dient diese *Entflechtung* der Streitenden eher der Beruhigung als nächtelange hitzige Streit- und Tränenaktionen.

Anleitung: *Trennung auf Probe*, wie es manche auch nennen, macht nur Sinn, wenn sie aktiv gestaltet statt passiv erlitten wird. Einfach in ein Zimmer oder eine neue Wohnung ziehen für drei Monate oder ein halbes Jahr und dort abwarten oder eigene Wege gehen, ist Unfug. Probleme aussitzen, zerstört jede Liebe. Trennung auf Probe allein ist zu nichts nütze. Passives Zuwarten verbessert an der zerstörerischen Streitdynamik, die schon zum Zerwürfnis führte, überhaupt nichts. Kaum zusammengezogen, geht der Krieg von vorne los. Ich habe Paare erlebt, die nach vier oder mehr Jahren wieder geheiratet haben – und tatsächlich drei Monate später sich wieder trennten. *Splitterwochen* sollen dazu dienen, die Beziehung aus der Entfernung zu bearbeiten und Konfliktherde, möglichst mit Hilfe von Therapeuten, zu überwinden. Dazu gehört, die Partnerin mit anderen Augen sehen zu können, ihren wirklichen Wert zu erkennen statt mit ihr ein halbes Leben zu verlieren. Deshalb:

1. Regel: Getrenntes Wohnen will nicht Abschied von der Beziehung. Gemeinsam verabredete Regeln helfen, die Beziehung in der räumlichen Distanz zu gestalten, Umgang und Aufsicht der Kinder zu ermöglichen und an der Krise zu arbeiten.
2. Regel: Treffen Sie sich einmal in der Woche zu einem Krisendialog nach festen Regeln: Nur 1,5 Stunden, ohne Alkohol, mit nur einem einzigen strittigen Punkt als Thema, ohne Generalabrechnung.
3. In der *Getrenntzeit* sucht jeder nach konstruktiven Lösungsvorschlägen.
4. Zumindest für einige *Dialogzeiten* wird es besser sein, gute Freunde oder gar Therapeuten hinzuzuziehen.
5. Sammeln Sie in der *Getrenntzeit* nicht neue Waffen und Argumente gegen den Partner. Nutzen Sie die Zeit dafür, sich selbst zu beruhigen, eigene Fehler zu finden, Friedensangebote zu formulieren, Trennendes zwischen Ihnen als Tatbestand zu akzeptieren. Schließlich stellen Sie einen Plan auf, wie es weitergehen soll – mit Richtung: langsames Wiederzusammenziehen.

Auswertung: In der Streitkultur der Paarsynthese taucht immer wieder eine Grundforderung auf: Alle Auseinandersetzungen dieser Welt haben bestimmte Regeln, nach denen sich die Beteiligten richten. Einzige Ausnahme bilden Krieg und Partnerstreit. Selbst eine Mafia-Bande hat ihre Regeln. Halten Sie sich in den Splitterwochen eisern an diese Regeln. Lassen Sie keine Verwahrlosung des Umgangsstiles zu. Vor allem: Fragen Sie in dieser Zeit möglichst viele Freunde um persönliche Rückmeldungen zu Ihnen und – Ihren eigenen Fehleranteilen.

Denken Sie auch gerade jetzt daran: Schaden, den Sie Ihrem Partner zufügen, schadet letztendlich Ihnen selbst. Sie können nur verlieren.

Zeitlupenstreit

Sinn der Übung: Dem Streit die Spitze brechen und, modern ausgedrückt, Deeskalation betreiben, das ist höchste Streitkultur. Viele von uns kommen relativ schnell oder ziemlich oft auf 180. Sie regen sich schnell auf, werden unglaublich aggressiv, steigern sich manchmal bis ins Maßlose, sind kaum zu bremsen und gehen sofort in die Luft –, wie das HB-Männchen.

Aber selbst friedlichere Zeitgenossen geraten oft in eine Streitspirale ohne Ende. Streit wird zum Dauerstreit. Sie nörgeln, kritteln und sind missgelaunt. Das ist so etwas wie eine schlechte Angewohnheit. Fachleute sprechen dann von Konditionierung. Das Streitverhalten ist so in Fleisch und Blut übergegangen, dass es zur zweiten Haut geworden ist. Die können dann gar nicht anders als Streiten.

Neben diesem Gewohnheitsstreiten gibt es noch ein zweites Phänomen, typisch für Streitdynamik: Ist Streit erst einmal ausgebrochen, dann eskaliert er Runde um Runde. Von beiden Seiten her wird er immer heftiger vorgetragen, Argumente fliegen immer schneller hin und her, werden lauter, gehen immer tiefer unter die Gürtellinie. Das Streitgeschehen nimmt eine völlig ungewollte Eigendynamik an. Das Schlimme daran: Die Beteiligten befinden sich wie in einem Sog. Es wird immer gefährlicher. Keiner von Beiden will es bewusst, aber es wird immer verletzender und zerstörender. Der Schlagabtausch eskaliert bis zum jähen und oft bitteren Ende. Einer haut dann ab oder betrinkt sich – noch schlimmer, es kommt zu Gewalt oder zum Trennungsentschluss. Der Scherbenhaufen ist da, unverzeihbare Tiefschläge sind geschehen. Keiner wollte sie so bewusst.

Ein Drittel aller Streitigkeiten verläuft so.

Diese Übung soll helfen, rechtzeitig auszusteigen und auf die Bremse zu treten.

Anleitung: Die Durchführung ist denkbar einfach und kinderleicht. Alles runterfahren, ist die Devise. Sie brauchen dazu bloß mal die Luft anhalten. Fangen Sie an, langsam zu sprechen statt den anderen zu unterbrechen. Führen Sie alle Gesten in Zeitlupe aus und atmen Sie immer erst tief durch, bevor Sie antworten. Stimme senken, überlegt nach weicheren Formulierungen suchen, und sich selbst ständig vorsagen: Ich will Frieden, ich will Ausgleich und Verständigung mit Dir, ich will einen gerechten Kompromiss finden. Das sind sogenannte Beschwichtigungsformeln oder auch Affirmationen. Sie helfen, die reflexhaften Streitgewohnheiten zu unterbrechen. Das lässt sich trainieren wie eine sportliche Übung oder eine Fremdsprache. Fangen Sie heute damit an.

Weil das Ganze so wichtig ist und 100 000 Ehen retten könnte, nochmal in Kurzform – während des Streitens:

1. Alles: Jede Geste, jedes Wort, jeden Schnaps, jede Zigarette, jede Anklage, alles bringen Sie im Zeitlupentempo vor.
2. Luft anhalten und tief durchatmen, bevor Sie antworten.
3. Das nächste Argument eine Tonart weniger aggressiv vortragen.
4. Stimme absenken.
5. Sich innerlich einen Ruck geben, den eigenen Trotz überwinden.
6. Nach einem friedlichen Ende suchen

Auswertung: Sprechen Sie irgendwann und gelegentlich darüber, ob Ihnen oder dem Partner etwas gelungen ist von dieser Streit-Deeskalation.

Streitbewältigung – Verzeihen und Versöhnen

Tiefe und echte Liebe zeigt sich in der Bereitschaft zum Verzeihen und Versöhnen. Dazu gehört auch, nach einem Streit den ersten Schritt zur Versöhnung tun und um Verzeihung bitten zu können. Genauso notwendig oder vielleicht noch schwerer ist es, sich aktiv und wahrhaftig zu versöhnen, ohne die erlittenen Kränkung im Hinterkopf zu speichern. Friedensstifter statt Kriegstreiber zu werden, ist Ausdruck menschlicher Reife: statt Eskalation Besänftigung, statt (Vor-)Verurteilung Gesprächsbereitschaft, statt Krieg und Sieg Dialog. Solche Liebe dient als menschliches Lernmodell, – für Partnerschaft und Familie genauso wie für Politik und Wirtschaft. Die Regeln der Liebe gelten für alle Lebensbereiche der Menschen (Cöllen/Jung 2002).

Auf keinen Fall trete ich hier ein für Harmoniesucht, stillschweigende Anpassung oder Konfliktscheu. Softies und Weicheier sind ebenso wenig gefragt wie Kriegstreiber und Dauernörgler. Beide tragen bei zur seelischen Umweltverschmutzung. Alle Religionsbegründer dagegen waren mutige und streitbare Leute, trotzdem aber friedfertig.

Zur Liebe gehört der Streit dazu, aber richtiges und angemessen Streiten. Das wichtigste an einer echten Streitkultur ist, ein versöhnliches Ende zu finden, eine für beide Seiten konstruktive Bewältigung des Konfliktes zu ermöglichen. Im Verzeihen und Versöhnen liegt die letztendliche Würdigung der liebenden Partner.

Abbitte

Sinn der Übung: Dies ist bei weitem mehr als eine reine Partnerübung. Sie reicht über die intime Beziehung hinaus in den Bereich Familie, Freundschaft und Kollegenkreis. Sie wirkt deshalb auf vielfache Weise. Sie brauchen dazu keinen Partner – für Singles ist sie genauso wichtig. Vielleicht ist es so etwas wie eine buddhistische Übung des Praktizierens. Ziel ist es, persönliche Wahrhaftigkeit herzustellen. Dazu gehört, Unrecht, das wir anderen zufügen, wiedergutmachen oder zumindest eingestehen und um Verzeihung bitten.

Das wird den meisten von uns einleuchten, solange es sich um offenkundiges Unrecht handelt, das dem Geschädigten selbst bewusst ist. Was aber, wenn der andere es gar nicht erfährt oder keine Ahnung davon hat? Das mag beispielsweise der Fall sein, wenn wir insgeheim über jemanden schlecht denken, ihm misstrauen oder etwas neiden oder vielleicht sogar etwas Schlechtes wünschen. Tatsächlich wünschen manche ihrem Partner in besonders schweren Krisen den Tod.

Solange der andere nichts davon weiß, ist es ja nicht schlimm – denken viele. Gedanken sind frei und sie schaden ja keinem – denken viele.

Und doch, wie schon unter dem Abschnitt Streit-Vorbeugung oben beschrieben, geschieht auch auf diese Weise eine Art *seelische Umweltverschmutzung*. Böse Gedanken bewirken auch eine böse Atmosphäre und damit Kränkung. Sie vergiften – zumindest mich selbst. Sie immer in mir herumzutragen, prägt auf Dauer meine innere und äußere Haltung und gräbt sich als Ausdruck in mein Gesicht ein.

Durchführung: Einfach und doch schwer: Wo immer Sie heimlichen Groll, unterdrückten Zorn oder verhinderte Kritik gegen jemanden gehegt haben oder noch hegen, gehen Sie hin und gestehen dem Betroffenen das ein. Darüber hinaus versuchen Sie, ihn um Verzeihung dafür zu bitten.

Auswertung: In der darauf sicher folgenden Aussprache hat Ihr Gegenüber wenigstens die Chance, dazu Stellung zu nehmen, sich zu rechtfertigen oder ein Missverständnis aufzuklären. Es könnte ja auch sein –, und das stellt sich dabei oft heraus, dass Sie es waren, der sich in der Wahrnehmung des Gegenüber getäuscht hat. Zwar ein kleiner, aber wesentlicher Schritt auf dem Weg zum Weltfrieden.

Abwehr und Widerstand

Sinn der Übung: 90% aller Streitigkeiten zwischen Partnern sind Folge und Auswirkung eigener innerer Unausgeglichenheit, eigener Widersprüchlichkeit und Zerrissenheit, eigener innerer Unzufriedenheit mit mir. Die Krisendynamik eines Paares ist so gesehen meist die Veräußerung innerlicher Konflikte im und mit dem eigenen Selbst. Die eigenen Abwehr- und Verdrängungsmechanismen verhindern, dass wir das selbst erkennen und uns bewusst machen. Denn die Furcht, bei Aufdeckung dieser unserer inneren Probleme in Misskredit bei der Umwelt zu geraten, ist zu groß. Lieber tun wir so, als ob mit uns alles in Ordnung wäre – vor uns selbst und der Außenwelt. So kommt es zur ständigen Selbsttäuschung. Die Probleme wirken statt dessen unterirdisch weiter, wachsen an wie ein Krebsgeschwür und zerstören allmählich die Beziehung zum Selbst, zum Partner und zur Umwelt immer mehr.

In einer solchen Situation funktioniert das Prinzip der oben beschriebenen Übung *Nebelscheinwerfer* nicht immer. Mag sein, dass ich meinem Partner nicht traue, von ihm keine Belehrung annehme oder er keinen Mut hat, mich auf meine Macken hinzuweisen.

Aber es gibt noch eine ganz andere, sichere Methode dafür, mir selbst auf die Spur zukommen.

Durchführung: Das einfache Vorgehen dafür lautet: Was mich am meisten bei Dir aufregt, hat immer und ganz besonders mit mir selbst zu tun. Was mich an Dir am meisten ärgert, ist zu 75% mein eigenes

Problem. Ich muss nur prüfen, was mich an Dir nervt, um zu wissen, wo ich selbst nervig bin.

Rege ich mich also ewig über Deine häusliche Unordnung auf, will ich möglicherweise meine eigene Unordnung nicht sehen. Das wäre das 1:1 Verhalten. Genauso oft aber liegen die Dinge entgegengesetzt: Deine äußere Unordnung stört mich, weil ich selbst an innerer Unordnung leide, z. B. in meinen Gefühlen, Wünschen und Zielen zerrissen bin. Eine dritte Variante: Je lauter ich mich über Deine Unordnung aufrege, um so mehr lenke ich ab von irgendeiner Schwäche bei mir, z. B. Minderwertigkeitsgefühlen oder Erfolglosigkeit. Je mächtiger ich Dir gegenüber auftrete, desto größer ist an irgendeinem Punkt meine eigene Angst, Ohnmacht und Ratlosigkeit.

Die Übung besteht also darin, sich auf solche Reaktionen hin selbst zu überprüfen und zu hinterfragen. Dann teilen sich die Partner in solchen *Ursachen-Wirkungsgesprächen* gegenseitig mit, worüber sie sich beim anderen am meisten aufregen. In der zweiten Runde fragen sie danach, was jeder damit bei sich selbst abwehrt, tarnt, verdrängt oder fürchtet, damit bloßgestellt zu werden. Verbinden Sie das mit Ihrem Geständnis, wofür Sie in dieser Dynamik die Fehler und Schwächen des anderen missbrauchen. Es klingt hart, wird aber laufend praktiziert: Je mehr ich auf Dir herum hacke, desto weniger brauche ich bei mir nach Fehlern suchen.

Achtung: Keine Streitgespräche daraus machen. Gefahr lauert hier ganz besonders, dass das gegenseitige ehrliche Bemühen um hilfreiche Aufdeckung verborgener Schwächen übergeht in Anklage und Verteidigung oder zum Gegenangriff missbraucht wird. Auch ist die Gefahr, bei dieser Spurensuche dem Partner infolge meiner immer subjektiven Einschätzung meine Meinung aufzwingen zu wollen, enorm groß.

Auswertung: Ähnlich wie in der Übung: *Nebelscheinwerfer* und *Fehler – Deine drei und meine drei* geht hier die Dynamik allerdings noch tiefer. Hier hat es etwas wie mit einem U-Boot zu tun: An Hand meiner eigenen Reaktionen auf meinen Partner versuche ich, in die Tiefe meines eigenen unbewussten Verhaltens vorzudringen. Wie mit einem Echolot bestimme ich meinen eigenen Standort und den Kern meiner Probleme. Meine Schattenseiten zeigen sich im Reflex auf Deine. Diese Tiefenarbeit gelingt sonst meist nur mit Hilfe von Psychotherapie, was sie zwar notwendig, aber auch so unbeliebt macht. Diese Art von *Tiefenpsychologie* erfordert deshalb von beiden Partnern viel Selbstdisziplin und das Einhalten der Übungsregeln, die dafür lauten:

- Benennung Deiner Fehler und Aufdeckung meiner Fehler ohne jede Anklage
- Dank für Deine Sicht meiner Fehler
- Gegenseitige Hilfestellung ist das Ziel, nicht die Anklage
- Stopp nach drei benannten Fehlern
- Dank für Deinen Mut

Dem Feind Gutes wünschen

Sinn der Übung: Zugegeben, diese Übung ist für weit Fortgeschrittene auf dem Weg der Erleuchtung. Aber auch wenn wir Normalen das nicht sind, lohnt sich doch schon das Darübernachdenken. Ungewöhnlich mag es sein, und doch ist es besser und für die eigene Seele gesünder, zu lieben statt zu hassen. Gelingt eine solche Aussöhnung im eigenen Ich, wird die sonst zerstörende Kraft frei zur Selbstheilung. *Seelische Umweltverschmutzung* wird umgewandelt in versöhnliches Gewährenlassen. Es ist nicht übertrieben: Tödliche Krankheiten, die sonst an der eigenen Substanz zehren und die Immunabwehr schwächen, können so geheilt werden. Diese innere Versöhnung, sofern sie mir möglich wird, schafft Frieden auch für den von Krankheit geplagten Organismus. Der engagierte Krebsspezialist Simonton hält deshalb alle Patienten zu dieser Übung an, wie er in seinem Buch *Auf dem Weg der Heilung* beschreibt. Als ich Ähnliches zum ersten Mal in meiner Praxis erleben durfte, glaubte ich an ein Wunder. – Doch, es gibt sie.

Anleitung: Diese Übung machen Sie besser allein. Sie bezieht sich nämlich einzig und allein auf Ihr eigenes Innenleben. Doch mit einer ungeheueren Auswirkung auf die Partnerschaft und Ihr Streitverhalten. Sie ist der Härtetest für Ihre Partnerfähigkeit. Bitte, schließen Sie dazu die Augen und spüren Sie in sich hinein. Beantworten Sie sich folgende Fragen: Wie nah bin ich mir selbst? Wie sehr bin ich in mir zuhause – oder eben nicht? Wie ausgesöhnt bin ich mit mir selbst? Habe ich Frieden mit mir geschlossen?

Jetzt wenden Sie Ihre Aufmerksamkeit dem Menschen zu, der – auf jeden Fall im Moment – Ihr ärgster Feind ist. Die eigentliche Aufgabe besteht nun darin, diesem Menschen, ihrem Intimfeind, aus vollem Herzen etwas Gutes zu wünschen!

Lassen Sie diese Idee langsam, ganz langsam ankommen auf dem Grund Ihrer Seele. Es wird nicht einfach sein. Es hat ein bisschen was mit Jesus zu tun – und wer von uns ist schon Jesus? Wem es allzu schwer fällt, kann auch einen weniger schlimmen Feind wählen.

Nehmen Sie sich Zeit dafür und spüren sie ruhig Ihren inneren Widerstand. Wer bei dieser Übung keine Abwehr spürt, hat sich um den Kern der Übung herumgemogelt. Und nach einigen Minuten: Prüfen Sie nun, was diese Aussicht, dem schlimmsten Feind auch noch Gutes zu wünschen, mit Ihnen selbst macht. Was für eine Eigendynamik setzt dadurch ein? Was geschieht in meiner Brust?

Auswertung: Lassen Sie sich viel Zeit für die Durchführung dieser Aufgabe. Ihre Seele soll sich neu orientieren. Alte Werthaltungen werfen sie über Bord. Sie lernen, schwer genug, mit Sanftheit an ihr Ziel zu kommen. Es geht nicht darum, besser als Ihr Feind zu sein, sondern gütiger. Sie werden mit etwas Training dann aber eine friedliche Ruhe in sich spüren – und eine ungeheure Entspannung und Erleichterung. Reden Sie mit Ihrem Partner und Ihrer besten Freundin darüber.

Museum schließen

Sinn der Übung: Leichen haben wir alle im Keller – und jedes Paar hat Katakomben voll davon. Alte Verletzungen, Kränkungen, Vertrauensbrüche addieren sich in langen Ehejahren vielfach. Wir behalten sie länger im Gedächtnis als die schönen und beglückenden Ereignisse und Stunden.

Noch schlimmer daran ist, dass sie in akuten Streitsituationen immer wieder aufgefrischt werden. So dienen sie als zusätzliche *Waffen-Argumente* im Ehekrieg, ohne das dafür moralische Rechtfertigung noch seelische Notwendigkeit bestünde.

Ein Paar holte nach 23-jähriger Ehe aus solch einem Museum plötzlich den schnell eskalierenden Streit um damaliges Fremdgehen hervor. Beide waren kurz vor der Hochzeit mit dem jeweiligen Ex nochmal ins Bett gestiegen. Nun wollten sie sich deshalb trennen. Dabei war der eigentliche Anlass für den aktuellen Streit, dass sie sich neben all seiner Berufstätigkeit und seinen Hobbys überhaupt nicht mehr geachtet sah. Er habe auch nicht, wie ursprünglich vereinbart, Haushalt und Kinder mitgetragen, sondern nur an seiner Karriere gebastelt.

Anleitung: Das Museum gegenseitiger Verletzungen zu schließen, ist wieder eine Übung vom streitbaren George Bach. Er schlägt konkret vor, dass beide Partner von sich aus eine Liste darüber anfertigen, auf welche Beschuldigungen, Anklagen und alte Kränkungen jeder von beiden in Zukunft verzichten will. Eine Möglichkeit ist auch, dass zum Beispiel eine Zeitgrenze von fünf Jahren (oder drei) festgelegt wird. Alle Streitigkeiten davor werden nie mehr aus dem Museum geholt. Bitten Sie Freunde als Zeugen. Notfalls holen sie sich therapeutische Hilfe dazu. Es lohnt sich.

Auswertung: Überprüfen Sie nach drei Monaten, was sich davon bewährt hat. Vielleicht müssen noch andere Themen im Museum verschwinden. Vielleicht aber auch müssen einige wieder herausgeholt werden. Auf jeden Fall müsste es zur Beruhigung der Streitszene erheblich beitragen.

Narzissmus-Falle und Schuldgefühle

Sinn der Übung: So funktioniert die Narzissmus-Falle besonders gut: Der eine verteilt Schuldgefühle, erweckt und erzeugt sie ständig beim anderen. Der wiederum zieht sie sich ständig an und lädt sich damit den Buckel voll. Es ist das alte Spiel vom Narzissten und Komplementärnarzissten.

Der Narzisst gibt sich nach außen hin imponierend, wie ein Platzhirsch, dominant, rechthaberisch und schnell kränkbar. Wo er gewinnen kann, Vorteile sieht, Anerkennung findet und Flirt-Erfolg wittert, kann er äußerst charmant, liebenswürdig, intelligent und sprühend auftreten. Zu Hause verwandelt dieser »Prinz« sich oft in ein Bündel schlechter Laune, ewiger Kritik und Unzufriedenheit. Es fehlt ihm die öffentliche Ich-Bestätigung. Seine deshalb stetig zehrende innere Unruhe vergällt ihm und dem Partner das einfache Genießen des vorhandenen Glücks. Ihn treibt die ständige Suche nach Genährt-Werden in seinem Ich-Gefühl.

Der Komplementär-Narzißt, meist die Ehefrau, gebärdet sich genau entgegengesetzt und hat doch dieselben seelischen Probleme: Das Ich-Gefühl ist genauso schwach genährt, die Kränkbarkeit deshalb ebenso groß, der Hunger nach seelischer Aufwertung immens und die Sehnsucht, endlich richtig gesehen, geliebt und verstanden zu werden, unstillbar. Die Komplementär-Narzißtin wählt nur einen anderen Weg, um ihr Defizit zu stillen: Sie identifiziert sich so sehr mit dem »Prinzen«, dem überlegenen, großen und starken Mann, dass sie selbst nur noch durch Idealisierungsfunktion Existenzberechtigung gewinnt. Sie tut alles, um ihn auf den Thron zu heben, ihm seinen Glorienschein zu erhalten und seine Mängel auszugleichen. Er lebt auf ihre Kosten und beutet sie aus. Für lange Zeit will sie es so und fühlt sich dadurch selbst als wer. Aber wer?

Beide leben in einer Symbiose; sie kommen beide auf ihre Kosten. Aber wenn nach Jahren die Frau anfängt, sich abzunabeln und selbstständiger, erwachsener zu werden, kommt die große Krise. Deshalb war die Emanzipationswelle im Gefolge der 68er-Feministinnen für die Narzissten die große, aber entwicklungsnotwendige Katastrophe. Etliche dieser Prinzen kämpfen heute noch dagegen an.

Mit Narzissten zurecht zu kommen, ist eine Leistung: Ihren Ansprüchen gerecht zu werden, und dabei selbst nicht verloren zu gehen, ist eine Kunst. Beim Narzissten ist das offensichtlich, beim Komplementär-Narzißten schwer zu erkennen. Deren vorgebliche Bescheidenheit und Opferhaltung hindert sie nicht, auf ihre Weise sich durchzusetzen und genauso ans Ziel zu kommen. Besonders heftig wird es mit den Schuldgefühlen: Natürlich hat der Narzisst einer so Bescheidenen gegenüber immerzu verdrängte Schuldgefühle für seinen ungehemmten Egoismus. Diese nie aufzudeckenden Schuldgefühle wandeln sich in der Folge um in Aggressionen, Kritiksucht und sogar Demütigung dem scheinbaren Opfer, nämlich der ach so bescheidenen, selbstlosen und altruistischen Frau, gegenüber. Je mehr sie sich opfert, sogar viele Schuldgefühle als Minderwertigkeitskomplex auf sich nimmt, um so heftiger wird er in seiner Kritik. Die Spirale dreht endlos weiter im Teufelskreis: Je mehr sie Opfer, desto mehr wird er Täter. Je mehr er aber Täter wird, umso mehr wird sie Opfer.

Anleitung: Im Wechselspiel der Schuldgefühle liegt die narzisstische Falle: der Teufelskreis des gekränkten Ego. Eine wirklich hilfreiche Übung zu finden, ist kaum möglich. Einige Regeln helfen:

1. Mit Narzissten nicht schimpfen. Alles wird nur noch schlimmer.
2. Den Narzissten viel echtes Verständnis entgegenbringen. Alles wird besser.
3. Sich zu seinem Narzissmus durchringen und dazu bekennen, verbessert viel.
4. Mit dem Partner in guten Zeiten viel und verständnisvoll darüber reden, heilt viel.

5. Gegen seine Ausbeutung sich liebevoll abgrenzen.

Lesen sie weiter unten nach beim *Schwarzen-Peter-Spiel*.

Rohes Ei

Sinn der Übung: Eine sehr verbreitete Streitsituation: Je mehr Streit es gibt, umso empfindlicher reagieren die Partner aufeinander. Um weiteren Streit zu vermeiden, behandeln sie sich dann gegenseitig wie rohe Eier, bloß, um nicht wieder Streit zu bekommen. Diese Strategie führt aber direkt in den Teufelskreis, der da heißt: Je empfindsamer, desto vorsichtiger und je vorsichtiger, desto empfindlicher werden die Beteiligten in der Folge. Empfindsamkeit steigert sich so in Empfindlichkeit und immer größere und schnellere Kränkbarkeit.

Meist sind die Rollen dabei einseitig verteilt: Die Frauen sind ängstlicher, ihren leicht kränkbaren Mann zu reizen oder zu kritisieren, weil er so schnell gekränkt ist. Je vorsichtiger sie aber im Ergebnis mit ihm umgehen, desto mehr gewöhnt er sich an diese ihm zustatten kommende Vorsicht – und reagiert bei immer kleineren Anlässen gereizt und gekränkt. Die Psychologen nennen das Konditionierung.

Im übrigen handelt es sich hier um ein generell wachsendes Problem: Zunehmende Individualisierung unserer Gesellschaft, Selbstentfaltung, Egotrip und eine Erziehung, die, vielleicht zu Recht, jedes Kind schon wie ein rohes Ei behandelt, lassen uns zu sehr sensiblen Wesen werden. Fachleute sprechen deshalb von sich häufenden narzisstischen Störungen der Persönlichkeit. Die Sensibilität schlägt um in Egozentrik – in das Kreisen um sich selbst.

Beziehung auszuhalten wird dann immer schwieriger. Die Bevölkerungsstatistik weist folgerichtig eine wachsende Zahl von Singles aus. In den Großstädten ist der Anteil an der Bevölkerung über 55% gestiegen – und steigt weiter.

Anleitung: Es folgt eine nur scheinbar paradoxe Anweisung. Nicht alle Paare brauchen beruhigende und friedfertige Übungen, im Gegenteil: Die Partner offenbaren sich gegenseitig ihre Empfindlichkeiten und vereinbaren, darauf nicht ständig und ständig Rücksicht zu nehmen. In Zukunft werden also viele Themen heftiger ausgetragen, lauter und schonungsloser. Manche seiner bissigen Bemerkungen werden einfach nicht ernst genommen oder ein Witz darüber gemacht. Gegenüber unfairem Verhalten werden deutlich Grenzen aufgezeigt. Die Schonzeit ist vorbei. Partner müssen sich auch mal heftig auseinandersetzen, mit Absicht. Jetzt wird keine Rücksicht mehr genommen. Alle Themen, die sonst wie rohe Eier angefasst wurden, werden jetzt auf den Tisch des Hauses geknallt.

Im Gegenzug versucht jeder, sich außerhalb der Beziehung in Langmut, Großherzigkeit und Geduld zu üben. Das Aufbrausen bei jeder Gelegenheit kann man sich abtrainieren. Das gilt auch für viele andere Gelegenheiten und hilft zu einer friedlicheren Gesellschaft. Im Straßenverkehr, an der Kassenschlange, bei der Behörde und den eigenen Kindern gegenüber tut das not.

Auswertung: Der Erfolg ist durchschlagend. Die Überempfindlichkeit zu Hause lässt nach. Die häusliche Szene gleicht nicht mehr einem Minenfeld, wo jeder Angst haben muss, bei einem unbedachten Wort in die Luft zu fliegen. Es tritt eher Gelassenheit in der Gewissheit ein, nicht ständig ein Blatt vor den Mund nehmen zu müssen.

Gelingt außerdem die Mäßigung im eigenen Aufbrausen in der Umwelt, hat das unmittelbar positive Auswirkungen auf den Partner. Aber nicht nur dort, sondern auch auf unsere Umgebung und vor allem auf unsere eigene Gesundheit. Die daraus resultierende Gelassenheit schont Herz und Kreislauf, beugt einem Infarkt oder Schlaganfall vor und macht uns gelassen. Wir werden liebevoller.

Schattengeschenke

Sinn der Übung: Natürlich wissen wir vorher schon, dass wir alle Fehler haben, die das enge Zusammenleben mit dem Partner konfliktreich gestalten werden. Und es ist immer leichter, die Fehler beim anderen zu erkennen als bei sich selbst. Deshalb neigen wir dazu, im Streitfall dem Partner seine Fehler heftig vorzuwerfen, ohne unsere eigenen ebenso kritisch unter die Lupe zu nehmen. Andererseits ist mein Partner durch seine intime Kenntnis über mich in besonderer Weise autorisiert, meine Fehler zu benennen und mir zu helfen, an diesen Fehlern zu arbeiten.

Aber jetzt: Als Eltern sind wir gut in der Lage, liebevoll mit den Fehlern unserer Kinder umzugehen. In der Regel werden wir sie nur ausnahmsweise bestrafen, sondern vielmehr mit liebevoller Geduld und immer neuer Ermutigung Sorge tragen, dass die Kinder aus ihren Fehlern herauswachsen. Genau das soll hier auch im Umgang mit den Fehlern des Partners geschehen. Ziel ist daher, dem Partner seine Fehler so nahezubringen, dass dieser sie gefahrlos, ohne Demütigung, ohne Niederlage, ohne Trotz ansehen kann, weil er auf Verständnis und Wohlwollen durch mich trifft.

Anleitung: Tatsächlich wird hier in den Partnern jeweils auch der mütterliche oder väterliche Anteil herausgefordert. Der gütige, verstehende, hilfreiche und geduldige Wesensanteil soll hier zum Tragen kommen. Dazu gehört etwas Phantasie. Der Vorschlag geht dahin, dem Partner seine Fehler liebevoll nahezubringen, also ein Geschenk daraus zu machen. Sie haben viel Zeit, ein geeignetes und passendes zu finden.

Es soll witzig oder großzügig dem Partner helfen, seine eigenen Fehler anzunehmen. Schenken Sie ihm oder ihr beispielsweise einen wunderschönen Stein, einen alten Dolch oder was immer, um seine Schatten sprich Fehler zu charakterisieren. Eine Frau schenkte ihrem Mann ein kleines Marmorei, um seine ängstliche Profillosigkeit zu kennzeichnen. Bloß keine Ecken und Kanten zeigen. Eine sehr schöne Kerze schenkte eine Frau ihrem Mann, der sein Licht immer unter den Scheffel stellte.

Auswertung: Lassen Sie sich immer wider neu etwas zu seinen oder ihren Fehlern einfallen. Es ist besser, so damit umzugehen als laut zu brüllen oder ständig zu meckern. Die Verhaltenstherapie lehrt, dass positive Aktionen dieser Art viel schneller zum erwünschten Ziel führen, Fehler nämlich abzustellen als jede Form von Kritik oder Strafe.

Schwarzer Peter

Sinn der Übung: Das Spiel ist altbekannt: Einer schiebt dem anderen die Schuld zu – immer hin und her, bis einer nicht mehr kann und auf der Schuld-Karte sitzen bleibt. Wie in einem großen Verschiebebahnhof wird die Schuld-Last hin und her transportiert. Eine Kränkung führt zur anderen.

Merke: Wer nicht verlieren kann, keine Kritik verträgt, immer Recht behalten muss, das letzte Wort haben will –, mit anderen Worten also schnell Streit bekommt, der ist auf der seelischen Entwicklungsstufe eines 5–12-Jährigen stehen geblieben. Ein entwürdigendes Spiel für beide.

Und noch schlimmer: Der Sieger hat zwar den Streit gewonnen, aber er verliert die Liebe. Rechthaben macht einsam.

Anleitung: Ertappen Sie sich in Zukunft dabei, welche Tricks Sie anwenden und welche Schummeleien, um schließlich doch dem Partner die Schuld-Karte zuzuschieben. Verzichten Sie ab jetzt wenigstens ab und zu, Recht zu behalten und Sieger bleiben zu müssen. Beißen Sie sich lieber auf die Zunge als noch ein Gegenargument hervorzukramen. Stoppen Sie sich selbst, statt sich selbst und den anderen immer weiter zu entwürdigen.

Auswertung: Wenn dieses Schwarzer-Peter-Spiel in ihrer Beziehung üblich ist, sind sie in die *Narzissmus-Falle* getappt. Lesen Sie unter dieser Übung weiter.

Täter in der Beziehung – ich?

Sinn der Übung: Sie dient ganz wesentlich als Vorbereitung zu gegenseitigem Verzeihen und Versöhnen. Sie stellt den intensiven Versuch dar, kritische Selbstrelefktion zu üben statt dem Partner die Schuld in die Schuhe zu schieben. So einfach die Weisheit sein mag, *dass es aus dem Wald herausschallt, wie man hineinbrüllt,* so schwer ist es doch, diese Einsicht auf sich selbst anzuwenden. Die Einsicht, dass ich selbst durch meine Taten die Beziehung oft schwer belaste und dem Partner Verletzungen und Kummer zufüge, ist immer bitter, selbst wenn ich es gar nicht will.

Anleitung: Wie wird der Partner zum Täter an mir? Das ist hier ganz bewusst nicht die Frage. Auch wenn es Ihnen schwerfällt, schreiben Sie nur das Folgende auf:

Wie bin ich Täter am Partner? Wie trage ich dazu bei, dass dieser Opfer wird?

Zugegeben, etwas extrem formuliert und zugespitzt ist diese Anleitung. Aber gerade dadurch wird sie um so wirksamer im Nachsinnen über die Konsquenzen. Ich will meine Fehler deutlich aufzeigen, dabei nicht ausweichen und nichts an Selbstkritik unbenannt lassen. Gerade und besonders dann, wenn ich mich unschuldig fühle, muss ich mich trotzdem fragen, wie sehr der Andere z. B: durch meine Anklage, Gewalt und Dominanz, aber genauso durch meinen Rückzug, meine Verweigerung oder Depression leidet. Nicht nur derjenige ist Täter, der brutal in Wort und Tat den Partner misshandelt, nicht nur der ist untreu, der eine Außenbeziehung aufnimmt, sondern genauso der, der sich zurückzieht, sich verweigert, sich ausschweigt und in passiven Widerstand geht. Alle diese Möglichkeiten, den Partner direkt oder indirekt zu belasten, schuldig zu erklären oder anzugreifen, sind hier selbstkritisch in den eigenen Täterkatalog aufzunehmen. Und bitten Sie jetzt den Partner um Verzeihung dafür.

Auswertung: Um einen versöhnlichen Weg zu finden, ist es auch möglich, diese schmerzende Eigenanalyse schriftlich festzuhalten und sie dem Partner zum Geschenk zu machen: zum Geburtstag, zu Weihnachten. So kann ein Fest der Liebe im eigentlichen Sinn beginnen.

Umgang mit Deinen Fehlern

Sinn der Übung: Ähnlich den *Schattengeschenken* geht es hier um die Erkenntnis, dass es mehr schadet als nützt, den Partner für seine Fehler abzukanzeln. Aus der Pädagogik und der Verhaltenstherapie wissen wir, dass es bei gleichem Energieaufwand erfolgreicher ist, positives Verhalten zu loben und zu verstärken als negatives Verhalten zu bestrafen. Wir tendieren allerdings dazu, das Negative greller zu beleuchten. Deutlich wird dies in den Nachrichten, den Medien und den unzähligen Filmgrauen. Wir schreiben im Tagebuch eher Unglück statt Glück auf. Sich dessen bewusst zu werden, wie denn der eigene Umgang mit den Fehlern des Partners ist, ist außerordentlich wichtig.

Anleitung: Das ist eine Aufgabe der Selbstbesinnung. Nehmen Sie sich eine Stunde Zeit und denken Sie darüber nach und schreiben Sie auf:

1. Wie sinnvoll oder sinnlos gehe ich mit Deinen Fehlern um?
2. Wie gebrauche oder missbrauche ich gar Deine Fehler? Lenke ich damit eventuell von meinen eigenen ab?
3. Helfe ich Dir aufrichtig bei Deinen Fehlern? Trage ich sorge, dass Du Dich sinnvoll damit auseinandersetzen kannst? Helfe ich Dir wirklich, sie zu überwinden statt Dich zu kritisieren?

Auswertung: Fragen Sie Ihren Partner: »Helfe ich Dir wirklich, Deine Fehler zu überwinden statt Dich zu kritisieren?« Wenn dem so ist: Der Partner wird Ihnen dankbar sein und sich selbst um Verbesserung seiner Umgangsweise mit Ihnen bemühen. Das Ganze wirkt ein bisschen wie ein Spiegel, den ich mir selber vorhalte. Was für ein Bild gebe ich ab, wenn ich abwertend und aggressiv mit Dir und Deinen Fehlern umgehe? Was würde ich fühlen, wenn Du so negativ mit meinen Fehlern umgehst? Unter Umständen kann das ziemlich hässlich sein. Daran zu arbeiten, tut Ihnen letzten Endes genauso gut wie dem Partner.

Verletztes Kind in mir

Sinn der Übung: Wer diese Übung begreift und umsetzt, wird später nur noch die Hälfte Streit in seinem Leben haben bzw. Streit machen. Eine ganz zentrales Prinzip der Seelendynamik wird hier wirksam:

Solange ich mich innerlich nicht heil fühle, kann ich auch nicht heilsam in der Beziehung werden.

Das, was mir als Kind an Verletzung, Kränkung und Schmerz zugefügt wurde, füge ich später unbewusst meinem Partner zu. Wir alle geben unsere *Altlast* weiter. Es sind schon einige Übungen dazu beschrieben. Hier geht es zunächst um einen Bewusstmachungsprozess: Was habe ich damals als Kind erlitten und wie leidet mein Partner heute durch mich darunter? Welche Anteile kindlicher Gefühle, Abwehrhaltungen, Liebes- und Verletzungsmuster aus dem Elternhaus übertrage ich auf den Partner?

Aber diese Übung soll noch weiter führen als die Übungen Altlast und Partnerwerdung. Sie soll zur eigenen Aussöhnung mit diesen Verletzungen in mir führen. Die Erlösung kommt nicht vom Partner, sondern von mir selbst.

Anleitung: Das Schwierigste jetzt ist, soviel Mut zu aktivieren, sich seine eigenen Kindheitsverletzungen einzugestehen und bewusst zu benennen. Lassen Sie sich Wochen dafür Zeit – es lohnt die Mühe des Nachdenkens, Erinnerns und Suchens. Dann schreiben Sie zuerst alle diese Hinterlassenschaften aus ihrer tiefen Seele auf. Fragen Sie die Eltern, Tanten und Onkel, fragen Sie Vertraute und Geschwister. Geben sie sich nicht selbst einen vorschnellen Freispruch, dass Sie so etwas weder erlitten hätten noch so etwas auf Ihren Partner anwenden würden.

Schreiben Sie dann einen Brief an das verletzte Kind in Ihnen. Jeder von uns trägt ein solches Kind in sich herum. Geben Sie ihm einen Namen. Reden Sie mit ihm und wie es Ihnen lebt und Platz findet. Es ist ein Teil Ihrer Seele. Eine Frau schrieb dazu einmal: *»Ich bin zwar eine große, erwachsene Frau. Aber ich fühle mich nur wie eine Hülle. In mir drin ist ein kleines Mädchen, das nur weint und sich nicht hervortraut.«* So war es denn auch in Ihrer Ehe. Sie konnte, obwohl sie wollte, mit ihrem Mann nicht schlafen.

Schreiben Sie also Ihrem kleinen Kind in Ihnen, dem verletzten. Meistens wollen wir es gar nicht wahrhaben und nicht sehen, weil wir uns seiner schämen. Wir zeigen uns nicht gern, wie verhärmt wir sind. Söhnen Sie sich beim Schreiben mit diesem Kind aus. Nehmen Sie es an der Hand, setzen Sie es auf Ihren Schoß und legen Sie Ihre Arme schützend um den kleinen Körper. Trösten Sie dieses Wesen und helfen Sie ihm, seinen Platz in der Welt zu finden. Werden Sie Anwalt Ihres Kindes!

Verzeihen und Versöhnen

Sinn der Übung: Dies ist eine der zentralen Übungen der Paartherapie. Hier geht es um mehr als nur einen Streit zu beenden. Hier soll eine Bilanz gezogen werden und die Übung *Museum schließen* weitergeführt werden. Die bisherigen Prozesse gilt es, in einen Gesamtzusammenhang zu stellen und einen großen Schritt in der Entwicklung mit dem Partner weiter zu gehen.

Die eigenen Anteile zu erkennen und sie dem Partner in der Summe einzugestehen und dafür um Verzeihung zu bitten, das ist ein

Teil der großen Aufgabe. Selbst zu begreifen, auf welche Weise dem anderen durch mich Schmerz, Leid und Verzweiflung zugefügt wurde und wird, ist nicht nur schamvoll, sondern macht mich auch noch verwundbar. Aber das soll der Sinn sein, sich dem Partner ganz auszuliefern, sich ganz in seine Hände zu begeben. Wir wissen aus der Sexualität, dass es immer auch risikoreich ist, sich völlig hinzugeben – und gleichzeitig höchste Lust erzeugt.

Der andere Teil der großen Aufgabe liegt darin, ebenso deutlich die Fehler des Partners vor Augen zu haben und die Schmerzen, die er mir damit zufügt. Ihm dafür aus dem Grund meines Herzens zu verzeihen, ist die noch größere Aufgabe.

Die höchste menschliche Würde liegt darin, zu verzeihen und um Verzeihung zu bitten. Dieser Akt zeigt uns nackt und bloß. Und doch, er schützt uns mehr als alles andere. Erst im Eingestehen und Zugestehen menschlicher Fehlerhaftigkeit finden wir zu menschlicher Größe.

Anleitung: Bitte, lassen Sie sich auch für diese Übung Wochen Zeit, um sie dann als Brief an den Partner erst aufzuschreiben. Bitten Sie den Partner, einen ähnlichen Brief zu schreiben, in dem Sie Verzeihung aussprechen und um Verzeihung bitten. Im allerschwierigsten Schritt der ganzen Beziehungsarbeit kommt es darauf an, den Partner für diese eingestandenen Fehler um Verzeihung zu bitten. Dabei darf diese Bitte um Verzeihung nicht in dem Bewusstsein vorgetragen werden, dass der Partner darauf eingehen muss. Dieser soll nämlich selbst mit aller Klarheit und Ehrlichkeit reagieren. Er muss entweder aussprechen : ›Ja, ich verzeihe Dir aus ganzem Herzen, in aller Tiefe und mit vollem Bewusstsein und will Dir diese Fehler, die Du benennst, tatsächlich nicht mehr in Zukunft vorhalten.‹

Oder er muss, so hart es dann auch sein mag, antworten: ›Nein, zum jetzigen Zeitpunkt bin ich noch zu verletzt, zu betroffen von diesen Fehlern, ich kann Dir jetzt noch nicht verzeihen. Ich will es bei mir abwägen und überprüfen und werde Dir das dann mitteilen.‹ Eine Frau hat sich dafür ein ganzes Trauerjahr erbeten.

Auswertung: In dieser Übung ist natürlich offen, ob derjenige, der Verzeihung gewähren soll, überhaupt bereit ist, dem Partner auf Dauer eine Chance einzuräumen. Denn die Beziehung kann sich nur weiterentwickeln, wenn Vertrauensbrüche und Konflikte der Vergangenheit durchgearbeitet und verarbeitet, also auch verziehen werden. Werden *Altlasten* dagegen permanent mitgeschleppt, häufen sich darauf immer noch mehr Lasten an und die Konflikte müssen eskalieren.

Würdigung

Sinn der Übung: Hier soll Ihnen ein ganz besonderes und bedeutsames Ritual *anvertraut* werden, um die Kostbarkeit der Liebe auch nach langen Jahren der Beziehung und selbst in Krisen immer wieder neu zu fühlen. Dabei geht es mehr um ein Ringen und Kämpfen mit sich selbst als mit dem Partner. Ich möchte Sie einführen in ein Ritual, das wir den östlichen Kulturen entliehen haben. Diese haben die Weisheiten der Liebe viel tiefer gepflegt und entwickelt als wir.

Sie werden Sich möglicherweise wundern über meinen Vorschlag und leicht befremdet sein. Doch ich bitte Sie, sich einen Schubs zu geben und mitzumachen, denn erst im eigenen Tun wird die heilsame Wirkung dieses Rituals besonders spürbar.

Gerade in langjährigen Beziehungen, durch Streit insbesondere, oft auch durch Alltagstrott und Routine, geht das Gefühl für das Besondere der Beziehung verloren. Vor allem gehen im Dauerstreit die gegenseitige Würde, Respekt und Achtung verloren. So haben wir zwar oft viele *Rituale*, uns zu entwürdigen, aber keines, uns gegenseitig zu würdigen.

Anleitung: Deshalb schlage ich Ihnen nun vor, dass Sie sich in den folgenden zwanzig Minuten aufrecht voreinander hinstellen oder gar hinknien. Sie beginnen dann, sich abwechselnd voreinander langsam, ganz langsam, Millimeter für Millimeter, zu verneigen. Falten

Sie dazu Ihre Hände oder kreuzen Sie diese vor der Brust. Senken Sie dabei langsam Ihre Augen, ihren Kopf und beugen Sie Ihren Rücken so tief sie können. Wenn Sie knien, beugen Sie Ihren Kopf bis zum Boden. Ruhen Sie dort etwas aus, ohne sich gleich wieder aufzurichten. Der andere, der diese Würdigung empfängt, bleibt aufrecht und nimmt diese Würdigung für sich entgegen. Dann richtet sich der Erste ebenso langsam wieder auf. Kniet oder steht er schließlich gerade, beginnt der andere, sich zu verneigen, so tief wie möglich, um sich dann ebenso langsam wieder aufzurichten.

Auswertung: Eine solche Liebeskultur gibt uns Menschen die Würde wieder zurück. Ich bitte Sie, dies als ein Ritual zu verstehen, in dem Sie das Göttliche Element im Partner jeweils würdigen, seine Einzigartigkeit mit all seinen Stärken und Schwächen achtungsvoll und würdevoll feiern.

Ich weiß, dass solche Gesten für viele von Ihnen sehr befremdlich sein mögen, aber ich bitte Sie herzlich darum, Ihr Herz auch für solch neue Wege der Liebe zu öffnen.

3 Kultur der Sinnlichkeit, Erotik und Sexualität

Zu Beginn des dritten Jahrtausends nach Christi Geburt scheint hier – zumindest in großen Teilen der modernen Welt – eine echte menschliche Fortentwicklung stattgefunden zu haben. Die jungen Frauen und Männer fühlen sich überwiegend frei, selbstbestimmt und gleichberechtigt, ihre sexuelle Lust zu genießen. Die Untersuchungen des bekannten Sexualforschers Gunter Schmidt belegen, dass Mädchen eher aktiver sind und mehr die Initiative zur sexuellen Begegnung ergreifen als die Jungen. Davon, dass etwa 80% der Frauen keinen Orgasmus kriegen, kann heute nicht mehr die Rede sein. Die Verhältnisse haben sich genau umgekehrt. Und die männlichen Jugendlichen haben nicht mehr den Druck, möglichst viele Mädchen »aufreißen« zu müssen, sondern suchen selbst die emotionale Verbindung.

Die sexuelle Revolution der 68er trägt ihre Früchte. Erkenntlich auch daran, dass die jungen Frauen und Männer heute offen auch über ihre intimen Beziehungen reden und sich austauschen. Sie brauchen es aber nicht mehr, endlos darüber zu debattieren. Sie tun es einfach. Vor 30 Jahren dagegen war es mehr als peinlich, darüber ins Gespräch zu kommen. Die Paare waren geradezu verurteilt dazu, allein in ihrem Schlafzimmer damit zurecht zu kommen. Sie hatten so keine Vergleiche, konnten nichts dazu erfahren und wenig dazu lernen.

Natürlich geht es trotzdem nicht ohne Lernen. Die wilde Leidenschaft der Triebe sucht auf Dauer die Ergänzung durch zärtliche Sinnlichkeit und erotische Tiefe. Der duftende Garten der Lüste braucht für seine Blütenpracht sorgfältige Pflege.

Erotische Bildung, in der Antike ganz normal, fehlt völlig in unserem modernen Kulturbetrieb. Dazu sind wir wohl doch noch zu verklemmt. Im Taoismus z.B., der bis heute bedeutenden chinesischen Philosophietradition, wurde Staatskunst, Lebensführung, Philosophie und Erotik gleichermaßen gelehrt. Sokrates und Platon waren sich nicht zu schade, die Bedeutung der Erotik zu lehren.

Merkwürdig mutet dagegen an, dass die aktuelle Psychologie, die an unseren Universitäten gelehrt wird, versucht, die Himmelsmacht der Liebe und der Lust mit naturwissenschaftlichen Methoden zu erforschen. Dabei wird die Seele bewusst ausgeklammert, da sie experimentell nicht überprüfbar ist. Diese akademische Psychologie lehrt nicht die Liebe, sondern zergliedert sie lediglich in statistische Analysen. Für alles andere gibt es heute Schulen, Akademien und Universitäten. Statt dessen hält sich hartnäckig der Glaube, ausgerechnet dieses zentrale Menschheitsthema Liebe müsse aus sich heraus funktionieren, ohne Unterricht. Dabei gibt es eine Vielzahl von Lehrbüchern dazu. Zu keinem anderen Thema ist soviel geschrieben worden. Aber wo sind dann die Schulen dafür? Wir Menschen brauchen Lehrer und Lehrerinnen, um uns weiter zu entwickeln.

Eine große Ausnahme bilden da der holländische Philosoph Ton Lemaire und sein deutscher Kollege Mathias Jung, die beide in berührender Weise die Kunst der Zärtlichkeit, Liebe und Erotik abhandeln und ganz lebenspraktisch vermitteln. Es gelingt beiden, Fühlen, Denken und Handeln in der erotischen Begegnung zu einer erfüllenden Erfahrung zu verschmelzen. In seinem neuen Buch *Zeit für Zärtlichkeit* (emu-Verlag 2002) bringt Jung die Bedeutung einer seelisch erfahrenen Kultur der intimen Liebe für uns alle in einem Satz auf den Punkt: *So vergänglich die Umarmungen der Liebenden sind, so wegweisend sind sie auch.*

Zu lernen für eine solche Kultur ist, wie im Reich der Sinne Körper, Geist und Seele zur Einheit werden. Diese Einheit allein bringt Lust auf Dauer. Sie zeugt immer neue Stürme der Leidenschaft, der Vielfalt und der kosmischen Weite. Die sinnliche Verschmelzung von Körper, Geist und Seele ist die eigentliche Quelle, aus der Zärtlichkeit, Romantik, Ekstase und Orgasmus sprudeln.

Natürlich gibt es, gerade seiner magischen Anziehung wegen, in diesem Lebensbereich viele falsche Lehrer und Propheten. Sie predigen von Techniken und Stellungen, Reizmitteln und Raffinessen. Andere, noch schlimmere, predigen davon, dass Lust eben vergänglich sei. Wir hätten uns damit abzufinden, dass die Anfangsstürme der wilden Leidenschaft bald abebben zu sanftem Wind bis hin zur völligen Windstille. Es sei so, dass Paare die Lust aufeinander verlören. Sich damit abzufinden, sei nur realistisch.

Schrecklich daran ist, dass es Therapeutenkollegen sind, die solchen Unsinn verbreiten. Das ist bedauerlich für sie selbst und für ihre Klienten, denen sie ein unglückliches Leben vermitteln. Autoren, die ihr eigenes Problem auch noch zur therapeutischen Lehre ummünzen, können nur selbst Enttäuschte sein. Sie sind in einem kritischen Entwicklungsstadium hängengeblieben. Gefährlich daran ist, dass sie daraus eine Lebensweisheit machen und Paare so auf die falsche Fährte führen. Sie geben dadurch an einem wesentlichen Entwicklungsschritt der Persönlichkeitsreifung zu früh auf. Das passt zur Schnellebigkeit unserer Zeit, das reine Ex- und Hopp – Verhalten, entfremdet und seelenlos.

Allerdings: Etwas stimmt daran. Fast alle Liebenden kennen diese quälende Durststrecke des Lustverlustes, aber eben als ein notwendiges Durchgangsstadium, um zu tieferer Erfüllung zu finden.

Folgerichtig will ich Ihnen jetzt Übungen vorstellen, die eben nicht allein auf den perfekten Geschlechtsverkehr abzielen oder trübe Resignation vermitteln. Vielmehr öffnen diese Übungen den Weg zur Verschmelzung von Körper, Geist und Seele.

Manche mag der innere Widerstand beim Gedanken packen, Lust nun auch noch üben zu sollen. Ein Widerspruch in sich? Aber alles andere macht auch erst Lust, wenn wir es genügend geübt haben: Autofahren, Skifahren, Musizieren, Malen, Tanzen, Sport und was sonst noch. Leichter mag es dann fallen, wenn Paare Seminare dazu besuchen – um eben gemeinsam mit anderen Paaren zu lernen.

Richtig ist auch, dass viel innerer Anstoß dazu gehört, Mut und persönliche Herausforderung, im Alltag zu Hause sich Raum und Zeit für solche Übungen zu nehmen. Aber es lohnt sich. Und der Erfolg tritt, werden sie sinnvoll ausgeführt, schneller als beim Joggen ein. Der Knackpunkt liegt hier nicht in der fehlenden Wirkung, sondern darin, diese Medizin überhaupt zu schlucken. Wir rätseln mit vielen Paaren daran herum, warum sie lieber viel Geld und Zeit für eine Therapie opfern statt einfach diese Übungen zu Hause zu machen. Der Erfolg wäre sicher.

Auch bei diesem Thema gibt es leichtere und schwerere Übungen. Wählen Sie sich zunächst die für Sie einfachsten aus. Es geht nicht um Leistung, sondern um Empfinden, Spüren, Fühlen, Zulassen, sich Hingeben und sich Ausliefern.

Ein Hinweis: Verabreden Sie sich mit Ihrem Partner zu einer der folgenden Übungen, als ob Sie zum Spaziergang, zum Eisessen, ins Kino, zum Gottesdienst oder zu einem Konzert gehen würden. Wirklich ganz einfach!

Ein zweiter Hinweis: Die meisten der folgenden Übungen wirken umso lustvoller, je mehr Zeit Sie sich damit lassen. Und versuchen Sie nicht, direkt im Anschluss daran zusammen zu schlafen, sondern erst das Erlebte eine Stunde nachklingen zu lassen. So lernt Ihr Körper mehr und mehr, die sinnliche Erregung auszukosten. Sie werden dadurch sensibler und empfänglicher für weitere Begegnungen der fünften Art.

Atmen im Schoß des Partners

Sinn der Übung: Der Schoß der Frau als Tor zum Leben im besonderen, aber auch der des Mannes bilden im Energiefeld des Menschen einen besonderen Raum. Wir entstammen alle einem Schoß; als Kinder sitzen wir gern auf dem Schoß von Mamma oder Papa; in der Glut der Liebe verschmelzen Frau und Mann ihren Schoß miteinander. Diese Energie nicht nur im sexuellen Tun, sondern auch im bewussten Leben tief zu verankern, bildet eine Brücke zum Partner. Dieses Erleben wirkt in vielerlei Weise: beruhigend und aufregend, entspannend und anregend, heilend und lusterzeugend.

Anleitung: Frau und Mann entkleiden sich und duschen zunächst. Dann legen Sie sich auf ein Bett und versuchen, einen Energiekreis zu bilden, indem Sie beide ihren Kopf gleichzeitig in den Schoß des anderen legen. Sie schließen jetzt die Augen und lassen Ruhe bei sich einkehren. Dann richtet jeder seine Aufmerksamkeit auf die Wärme, die Mitte, die Lebensenergie des anderen, die aus dessen Schoß fließt. Jeder versucht, seinen Atem zur Mitte des anderen hinfließen zu lassen. Lassen Sie dabei ein Bild der gemeinsam strömenden Kraft in sich aufsteigen.

Dann öffnen Sie die Augen langsam und schauen sich aus unmittelbare Nähe dieses Wunder des Lebens an. Betrachten Sie ihr oder sein Geschlecht als Quelle der Schöpfung. Atmen Sie den ihm eigenen Geruch ein, genießen Sie seine Schönheit und die fleischliche Wärme.

Bleiben Sie so für ungefähr eine halbe Stunde. Schließen Sie zwischen durch immer wieder mal Ihre Augen. Sollten Sie dabei einschlafen, ist das gar nicht schlimm. Wenn Sie aufwachen, haben Sie gleich wieder das Wunder des Lebens vor sich.

Auswertung: Der Wert der Übung liegt im direkten Erleben. Dementsprechend geht es in der Auswertung nicht darum, irgendein Ziel zu erreichen. Vielmehr ist es jetzt schön, Worte, Sätze und Sprache für das Erlebte zu finden und sich zärtlich darüber auszutauschen.

Auf dem Weg zu Dir – durch den Garten Eden

Sinn der Übung: Ganz leicht und spielerisch – verführerisch geht es hier zu. Oft sind es auch die kleinen Einfälle und neuen Ideen, die die Erotik aufleben lassen. Der Name dieser Übung sagt es schon: Der Weg ist das Ziel, nicht das Ergebnis. Und im Spiel der Liebe gilt dies besonders: Der Strom der Gefühle ist entscheidend und nicht allein der Übergang ins offene Meer der Gefühle. Wir gehen auch in ein Konzert, um die ganze Flut der Töne zu genießen und nicht nur den gesteigerten Schlussakkord zu erleben. Im langanhaltenden Genuss liegt die Kunst des sinnlichen Liebhabers – und nicht im schnellen Konsum.

Anleitung: Sie brauchen nicht viel dazu. Sanfte Musik, die Sie beide mögen. Gepflegte Unterwäsche, an der man sowieso den guten Liebhaber erkennt. Und einen großen Raum oder zwei Räume, die durch eine offene Tür verbunden sind. Stellen Sie sich nun an den äußersten Wänden entgegengesetzt auf. Jetzt gehen Sie so langsam aufeinander zu, dass Sie für jeden Zentimeter Ewigkeiten brauchen. Dabei entkleiden Sie sich ebenso langsam und vorsichtig. Schließen Sie manchmal für Minuten die Augen und bewegen Sie sich nach der Musik. Nehmen Sie die Gestalt des Partners immer mehr in sich auf. Schauen Sie, wie er sich langsam entkleidet, seine nackte Haut zum Vorschein kommt, ihre Schönheit sich enthüllt und für Sie da ist. Der nackte Körper ist der Tempel der Liebe.

Durchqueren Sie langsam den Raum, immer näher auf den Partner hin. Aber selbst, wenn Sie nur noch zwanzig Zentimeter oder zwei voreinander stehen, bleiben Sie ganz bei der langsamen Bewegung. Begegnen Sie sich wie mit Zeitlupe. Haben Sie sich schließlich auf Handweite erreicht, berühren Sie sich ganz sanft, mit den Fingerspitzen zuerst, dann mit den Händen und schließlich mit den Armen, bis sie sich umarmen können.

Auswertung: Wenn Sie hinterher über Ihre Gefühle sprechen können, ist das genug.

Brief an Dein Geschlecht

Sinn der Übung: Wahrscheinlich kommt kein Mensch von sich aus auf die Idee, jemals einen Brief zu schreiben, adressiert an das Geschlechtsteil des Partners. Mögen manche den Kopf schütteln und das für verrückt halten, doch bringt diese Übung die ganze Paardynamik auf den Punkt.

Sinn ist es, durch diesen direkten Zugang unmittelbar alle Aspekte – lustbringende, zärtliche, erotische und lustbehindernde oder gar lustzerstörende – beim Namen zu nennen. Der Dialog über die gemeinsame Sexualität soll dadurch verdichtet oder überhaupt erst in Gang gebracht werden. Auf diese Weise kommen Gedanken, Gefühle, Ängste, Kränkungen, Fantasien und Wünsche zur Sprache, die vorher kaum bedacht, oft noch nie ausgesprochen worden waren.

Anleitung: Ja, beginnen Sie diesen Brief mit einer gezielten Anrede für den Penis Ihres Mannes oder den Schoß Ihrer Frau. Schreiben Sie dann über Ihre persönliche Geschichte damit, über das, was sie lockt, erregt und über das, was sie abstößt und blockiert. Lassen Sie nichts aus. Beginnen Sie auf diese Weise einen intimen Dialog. Finden und erfinden Sie Sprache dafür, alle ihre Empfindungen mitzuteilen. Sprechen Sie darin über all Ihre Ängste, aber auch über all ihre Fantasien, was noch sein könnte, wenn Sie keine Ängste hätten. Offenbaren Sie sich darin, als ob Sie in Ihrem Tagebuch schreiben würden – oder Sie zitieren Stellen daraus. Dies ist eine wichtige Abänderung der *Stunde der Wahrheit*. Ihre Partnerin / Ihr Partner hat ein Recht darauf.

Auswertung: Solch ein Brief, ob für sich allein oder gegenseitig geschrieben, eröffnet eine echte Chance, ihr Sexualleben sinnvoll zu verändern. Ob Sie daran etwas verbessern, vertiefen oder verschönern wollen, damit leisten Sie einen wichtigen Anfang. Und: Das Gewicht der Auswertung wird erheblich größer, wenn Sie sich trauen, Ihre Briefe einander vorzulesen statt lesen zu lassen.

Erfassen

Sinn der Übung: Durch Anfassen Dich erfassen –, darum geht es hier. Kleine Kinder lernen, die Welt zu begreifen durch Anfassen. Erst durch dieses Fassen im wörtlichen Sinne lernt das Kleinkind, sich im Körper selbst zu erkennen – und sich von der Mutter zu unterscheiden. Im Anfassen liegt das Erfassen.

So ist es auch mit den Liebenden. Indem ich Dich anfasse, erfasse ich Dich. Dich erfassen heißt, Dich fühlen und verstehen. So können wir das Glück kaum fassen, einander zu haben. Die Sprache zeigt hier in enormer Ausdruckskraft, wie eng in diesem Sich-Befassen mit dem anderen Körper, Geist und Seele zusammenspielen. Und gelingt dieses Zusammenspiel, dann gelingt das Glück in der Liebe, der Gleichklang der Herzen. Der Dialog der Liebenden ist daher so angewiesen auf den Körperdialog. Sich zu verstehen braucht immer auch das Sich-Miteinander-Befassen. Dadurch entsteht das Sich-Erfassen.

Anleitung: Diese Übung geht in zwei Schritten vonstatten. Der erste Schritt ist eine Vorübung und geschieht ohne den Partner. Trotzdem sollten beide zu gleicher Zeit, vielleicht in getrennten Räumen, beginnen.

Das Vorgehen besteht darin, dass Sie mit Ihren beiden Händen und überwiegend mit den Fingerspitzen anfangen, sich selbst zu erfassen, indem Sie langsam von den Haaren an über das Gesicht, Schultern und Nacken, Bauch und Schoß bis zu den Füßen sich betasten, befühlen, erspüren und begreifen.

Das kommt vielen, sehr vielen befremdlich vor. So was haben sie noch nie getan. Und doch ist das kein Nonsens. Wer sich selbst nicht richtig und intensiv anfassen und somit begreifen kann, wird es auch niemals mit einem Partner schaffen. Jeder Protest, es wohl bei einem Partner tun zu können, aber doch nicht bei sich selbst, ist die reine Abwehr dieser Grundwahrheit.

Versuchen Sie im Anfassen folgende Fragen zu beantworten: Wie fühlt es sich an, sich selbst so zu begegnen? Was für Gefühle werden wach, wenn ich meine Linien und Falten im Gesicht, am Körper nachziehe? Wie fühlt es sich an, Ingrid, Anabelle, Erika oder Bernd, Peter oder Hannes zu sein? Lassen Sie sich dafür eine viertel Stunde Zeit. Haut, Knochen, Haare, Mund, Geschlecht – alles will erfasst sein.

Im zweiten Schritt tun Sie sich mit Ihrem Partner zusammen. Sie können dabei angezogen sein; ausgezogen ist es intensiver. Einer bleibt passiv vor dem anderen stehen. Der versucht nun, langsam und zart – vorsichtig den Partner anzufassen und zu erfassen, während dieser still bleibt und die Augen geschlossen hält. Erfassen heißt fühlen, tasten, drücken, streicheln, erkunden, erkennen. Wechseln Sie nach fünfzehn Minuten die Rollen. Am Schluss finden Sie eine kleine Abschiedsgeste.

Auswertung: Haben Sie sich auf diese Weise gegenseitig durchwandert, bleiben Sie noch etwas schweigend beieinander, um die Nachwirkungen zu fühlen. Alle diese Erlebnisse gilt es, im Körpergedächtnis zu verankern.

Erotische Geschichte

Sinn der Übung: Unserer Fantasien, Träume und Wünsche sind die wichtigsten Wegweiser im Reich der Sinne und im Garten der Lüste. Lassen wir ihnen nur freien Lauf, sind sie unerschöpflich und bereichern unser Sexualleben endlos. Pflegen sie deshalb Ihre Fantasie sorgsam, wie eine wunderschöne Pflanze, einen Baum mit süßen Früchten. Die Sinne wachzurufen und mit der Erregung zu spielen, macht unser Leben bunter als tausend Filme und Romane es vermögen.

Um diese Quelle der Lust zum Sprudeln zu bringen, braucht es nicht viel, aber sicher kein Fernsehen und keinen Sex im Internet.

Anleitung: Fast in jedem Roman und in unzähligen Sachbüchern werden erotische Fantasien, Ideen und Erlebnisse geschildert. Viele Kinos füllen ihre Häuser mit erotischen Filmen. Warum aber sollen wir immer die Geschichten anderer Leute lesen und sehen? Schalten Sie Ihre eigenen Impulse, Triebe und Begehrlichkeiten ein. Schreiben Sie selbst einfach diese Ihre sexuellen Fantasien als Kurzgeschichte auf. Trauen Sie sich! Ein paar Seiten kommen immer dabei heraus. Verabreden Sie mit Ihrer Partnerin, dass Sie beide eine solche schreiben und sich später im Bett vorlesen – statt Sex zu machen.

Auswertung: Sex darf niemanden körperlich oder seelisch verletzen oder demütigen. Deshalb darf er auch nicht erzwungen werden oder mit Kindern und Abhängigen missbraucht werden. Sonst ist alles erlaubt und wunderschön. Ihre Geschichten dürfen wild, exotisch und erotisch sein – oder ganz zart und sanft – oder beides. Probieren Sie es später ein zweites Mal aus. Dann sind Sie schon mutiger. Oder schreiben Sie ein erotisches Gedicht oder malen sie Ihren oder seinen Körper.

Fest der Sinne

Sinn der Übung: Durch Sinnlichkeit zum Sinn zu finden, das bewirkt die Zauberkraft der Liebe. Philosophie, Theologie und Psychologie werden hier plötzlich eins. Die Liebe erregt alle Sinne in uns, und ist dem so, sind wir glücklich. Mit allen Sinnen einander zu erfassen und zu begreifen, lässt uns eins werden, auch mit der Natur und auch mit dem Kosmos. Die Liebe lässt uns werden – im Guten wie im Bösen.

Die Liebe lässt uns werden, zu dem was wir sind. Wir wissen dadurch, wo wir hingehören, wo wir zuhause sind, wo unser Platz ist in dieser Welt. Die großen Fragen des Lebens kommen zur Ruhe.

Anleitung: Der Ablauf des Festes gestaltet sich so, dass erst der eine den anderen zum ersten Teil des Festes einlädt, im zweiten Teil wird getauscht. Jeder der beiden gestaltet aktiv seinen Teil, während der andere nur mitzumachen und zu empfangen und zu genießen braucht.

Besinnen Sie sich zunächst auf all Ihre Sinne. Lesen Sie sich dazu gegenseitig die folgende Zentrierung vor, geschrieben von der fühlenden Denkerin *Ulla Holm*, langsam und leise, als ob Sie fernen Klängen lauschen:

Zu neuer Sinnlichkeit
Unsere Sinne und unsere Sinnlichkeit sind wie Pforten der Wahrnehmung, durch die das Leben eintritt und uns im Innersten berührt. Un-

sere Sinne sind wie Brücken, die uns mit allem Leben verbinden: mit anderen Menschen, mit der Natur, mit dem Universum.

Wir hören, sehen, riechen, schmecken, fühlen und ahnen das Leben, das in uns ist und uns umgibt. Je sensitiver wir sind, desto lebendiger sind wir und desto offener dafür, Sinn zu erfahren – Sinn meines Lebens und des Lebens mit dir.

Sehen: Wie oft genieße ich den Augen-Blick, öffne meine Augen, die Fenster meiner Seele und schaue in die Welt, schließe die Augen nicht zu, nicht vor dem Leid und auch nicht vor der Liebe. Wieviel Zeit nehme ich mir, mich zu sehen und dich zu sehen, dein Gesicht, deinen Körper?

Hören: Wann hast du zum letzten Mal dem Rauschen des Windes gelauscht, der durch die Bäume fährt, wann beim Lieben auf den Atem gelauscht, wann wirklich zugehört, was deine Frau, dein Mann dir sagt. Wie nutzt und pflegst du diesen Sinn, wie nährst du ihn mit sanften oder wilden Klängen?

Riechen: Kennst du die Düfte des Winters, riechst du den Frühling, den Duft der Rose, den Geruch der Haut in der Beuge des Halses, den Duft der Liebe?

Schmecken: Wie oft habe ich mir in den letzten Monaten einen Bissen auf der Zunge zergehen lassen, ihn ausgekostet und genossen? Wie oft habe ich mir Zeit genommen und bewusst geschmeckt, z.B. Deine Tränen?

Fühlen: Wie oft gibst du dich deinem Bedürfnis nach Berühren und nach Berührtwerden hin, innerlich und äußerlich? Wann hast du das letzte Mal dich selbst berührt, vielleicht gestreichelt? Wieviel Zeit gönnst du dir, die Hände, die Haut, den Körper deines Mannes/deiner Frau zu fühlen und dich fühlen zu lassen?

Und gibt es Zeiten in eurem Leben, in denen ihr eure Sinne miteinander tanzen lasst? Vielleicht zusammen badet – im Wasser, das der Haut schmeichelt – im Duft, den ihr genießt – in Worten des Herzens, die ihr hört – euch anschaut, euch entdeckt und erkennt?

Wieviel Achtsamkeit schenkt ihr eurer eigenen Sinnlichkeit – euren

Sinnen, die das Leben euch geschenkt hat? Lebt ihr eure Partnerschaft als sinnliche Menschen oder erwartet ihr vom Anderen, dass er eure Sinne weckt?

Nach dieser inneren Zentrierung trennen Sie sich für etwa anderthalb Stunden. In dieser Zeit überlegen und suchen Sie danach, was Sie an Ideen für dieses Fest finden können. Es darf alles sein, was Ihre oder seine Sinne erfreuen mag: Musik, Tanz, Vorlesen erotischer Texte, Duften, Einölen, Bilder und Fotos betrachten, Festlichkeiten genießen, Sketche, gewagte Entkleidung, Massagen, Gedicht ins Ohr flüstern, Augen verbinden und fühlen lassen, schmecken lassen, riechen lassen, tasten lassen. Erfinden Sie und schenken Sie ihr oder ihm zu diesem Fest Ihren Körper, Ihre Seele, Ihren Geist. So brauchen Sie zu diesem intimsten aller Feste nicht viel einzukaufen. Sie schenken sich.

Auswertung: Auch wenn es bei anderen Übungen nicht ausdrücklich gesagt wurde: Es ist wichtig, es ist sehr wichtig, nach Tagen, nach Wochen und Monaten, gerade solche intimen Erlebnisse noch mal zu besprechen. Sich darüber miteinander auszutauschen, stärkt die Erinnerung, weckt neue Gefühle und vertieft die Hingabebereitschaft. Das ist Seelennahrung. Es hilft auch, Unstimmigkeiten dabei nachzuklären, neue Ideen zu entwickeln und so das Spiel der Liebe immer neu zu erfinden. So wächst unser Selbstbewusstsein, der Glaube an Dich und mich, die Freude am Leben. Singen, tanzen und gemeinsam lachen, aber auch schwere Zeiten durchstehen – das alles wird viel leichter möglich durch den intimen Dialog.

Fremdgehen

Sinn der Übung: Achtung: Hier geht es *nicht* um eine Übung, sondern um eine übliche Praxis. Sie ist weit verbreitet und betrifft heute 70 % aller Erwachsenen. Frauen und Männer tun es inzwischen gleichermaßen. Trotzdem: Hier geht es nicht um eine Rechtfertigung und Erklärung dafür, sondern um die sinnvolle Aufarbeitung einer solch durchaus schweren Partnerkrise.

Fremdgehen hat Tradition in allen Kulturen dieser Welt. Es ist so weit verbreitet, dass es zum Menschsein dazu gehört. Statistisch muss es als normales Verhalten definiert werden. Und doch trifft es im Einzelfall jeden Betrogenen tief in seiner Seele. Die Grundfesten unserer Identität werden erschüttert, weil wir dadurch Heimat, Geborgenheit und Urvertrauen verlieren.

Anleitung: Fremdgehen ist nur selten das Produkt reiner Triebsteuerung oder purer Zufall plötzlicher Begegnung. Dahinter steckt so gut wie immer eine Verflachung oder gar Blockierung des lebhaften Austausches von Körper, Geist und Seele mit dem eigenen Partner. Der dadurch angestaute Energiestrom zerbricht die Dämme und sucht sich ein Nebenbett. Ist so die Katastrophe eingetreten, gelten für diesen Notfall folgende Regeln für beide Partner:

1. Noch ist nicht alles verloren. Halten Sie der Katastrophe stand und kämpfen Sie um ihre Beziehung statt in die Opferrolle zu gehen.
2. Stellen Sie kein Ultimatum auf sofortige Beendigung der Außenbeziehung, sondern erkunden Sie gemeinsam die Gründe dafür. Auch wenn es noch so ungerecht erscheint, tragen beide Verantwortung, die Beziehung zu erneuern, damit sie gerettet werden kann.
3. Auch der oder die Betrogene hat vorher etwas falsch gemacht, nicht nur der offensichtliche Übeltäter. Finden Sie beides heraus.
4. Führen Sie ein Dreiergespräch mit der Außenbeziehung, um alle Motive auf den Punkt zu bringen.
5. *Eine Stunde der Wahrheit* soll sie davor bewahren, weiter alte Probleme zu verdrängen, zu lügen und Fehler unentdeckt zu lassen. Packen sie alles auf den Tisch, was bisher zwischen Ihnen nicht stimmte.
6. Nehmen Sie diese Krise als Chance, Ihre Beziehung mit neuem Sinn zu erfüllen. Eine Radikalkur ist angesagt.

Auswertung: Sprechen Sie gemeinsam auch mit Freunden über ihre Krise. Überprüfen sie mit diesen zusammen Ihr *Veränderungsprogramm* für die neue »alte« Beziehung.

Hohelied der Lust

Sinn der Übung: Das berühmte Hohelied aus der Bibel bildet die Vorlage für diese Übung. Um Hindernissen und Störungen Ihrer Sexualität vorzubeugen, warten Sie nicht erst, bis Konflikte, Streitigkeiten, Enttäuschungen und Verwundungen eintreten. Lassen Sie aktiv Hoffnungen, Wünsche und Phantasien, die Sie – jenseits aller Störungen und Verbote – in sich kennen, lebendig werden. Jeder von uns trägt Sehnsucht nach inniger Verschmelzung in sich, sei sie auch noch so tief vergraben, verdrängt von Scham, Angst und falscher Moral.

Wie sehen Ihre Bilder dazu aus: Ihre Träume, Ihr Suchen und Verstehen von Sexualität, Ihre schöpferisch-triebhaften Kräfte, sein Schreien nach Lust und Orgasmus, ihr zärtliches Vergehen in inniger Umarmung? Welche Erlebnisse werden da angesprochen, welche Gefühle kenne ich in und an meinem Körper, welches Gewicht gebe ich diesen in meinem Leben?

Das Hohelied der Bibel beschreibt sehr poetisch und vielfältig die sinnlichen Freuden. Es preist die erotische Liebe und die Freude am schönen Körper des Geliebten. Dieser Lust Ausdruck zu geben, ist wohl die sprudelnste aller Quellen der Lebensfreude.

Durchführung: Ich bitte Sie, dass Sie Ihre Eindrücke und inneren Bewegungen dazu aufschreiben, dass Sie Ihr persönliches ›Hohelied‹ der Sexualität und Liebe festhalten und singen. Nehmen Sie sich eine Stunde Zeit dafür. Vielleicht suchen Sie sich draußen in der Natur oder auch im Haus einen schönen Ort dafür und gönnen sich, ohne Druck und Eile, die Kraft Ihrer eigenen Phantasie wirken zu lassen.

Das Schreiben schafft eine Konzentration auf das, was wirklich am Herzen liegt. Es bringt vor allem die Chance, sich langsam an eine

Sprache der Erotik heranzutasten, selbst wenn sie noch nicht die eigene ist. Darüber hinaus steigen in dieser Stunde vergessene und verdrängte Wünsche an die »Oberfläche« und werden offenkundig. Eine mögliche Schamschwelle wird damit teilweise umgangen.

Auswertung: Das dann stattfindende Vorlesen verbindet die Partner sehr und konfrontiert sie mit einer Fülle von Empfindungen: Verwirrung gegenüber der eigenen Spaltung zwischen Realität und Wunsch, Fragen der Anpassung oder Revolution, Suche nach neuer Sinnlichkeit, Verinnerlichung sexueller Verbote, Phasen sexueller Entwicklung und Entfaltung, Träume von Paradiesen und erotischen Landschaften, Poesie der Körper.

Orgasmus

Sinn der Übung: Wenig anderes ergreift uns so tief und so total, so umfassend mit Leib und Seele, wie eben der Orgasmus. Und doch erzählen sich nur wenig Liebespaare ausführlich, was sie dabei erleben. Es scheint fast, als ob dieses *universale Durchflutetsein* gar nicht mitteilbar sei. Manche fürchten auch, das Ergreifende daran zu zerren. Das aber wird nur dann der Fall sein, wenn keine angemessene Sprache für dieses unbeschreibliche Glücksempfinden zur Verfügung steht. Das heilige Erschauern vor diesem Wunder menschlicher Liebe wird natürlich auch im ehrfürchtigen Schweigen danach transportiert.

Und doch: Das Ergreifen und Ergriffen-Sein im Taumel der Lust braucht auch Worte, um das Unfassbare zwischen den Liebenden doch fassbar werden zu lassen. Das gemeinsame Sprechen darüber stellt eine Art von intimer Gewissheit zwischen beiden her, die neue Liebe entzündet.

Anleitung: Nehmen Sie sich Zeit dafür. Suchen Sie einen feierlichen Ort. Beschreiben Sie jetzt dieses Ihr persönliches Wunder. Jeder erlebt es anders – und für jeden hat es eine andere Bedeutung. Doch wissen wir alle, um was es geht. Würdigen Sie dieses paradiesische Feuer mit Ihren Worten und Bildern. Schreiben Sie für Ihren Liebsten auf, welche Wonnen Sie mit ihm und durch ihn erfahren. Und selbst, wenn es nicht immer und nicht nur ekstatische Höhepunkte sind, so erzeugen doch auch kleine Feuer wohlige Wärme und leuchten durch die Nacht.

Lesen Sie ihm, lesen Sie ihr dann vor, was Sie geschrieben haben.

Stille Vereinigung

Sinn der Übung: Auch dieses Ritual dient weniger dazu, Techniken und Stellungen zu vermitteln, sondern die sexuelle Vereinigung im *Liebenden Ineinander* zum echten Höhepunkt ganzheitlicher Hingabe und Verschmelzung werden zu lassen. Ziel ist nicht der Schlussakkord im Orgasmus, sondern das gemeinsame Dahingleiten in die unendlichen Weiten der Einswerdung von Mann und Frau.

Durchführung: Nach einem lieblichen und sanften Vorspiel versenken Sie sich ganz, ganz langsam ineinander. Kosten Sie jeden kleinen Millimeter davon und nehmen Sie sich noch mehr Zeit für den nächsten. Bewegen Sie sich nur leicht dabei, gerade so, dass die Liebenden das Gefühl der Erregung behalten. Haben Sie sich schließlich ganz in der Tiefe versenkt und umschlungen, bleiben Sie ohne große weitere Bewegung ineinander versunken für eine halbe Stunde. Die Erregung soll nicht gesteigert oder gar zu einem Höhepunkt geführt werden, sondern einfach nur erhalten werden. Bewegen Sie sich nur ganz, ganz leicht, wenn nötig, um die Erektion oder Feuchtigkeit zu erhalten. Lösen Sie sich dann ebenso langsam voneinander, ohne zum Orgasmus zu kommen. Die Erregung wird tagelang in Ihnen nachklingen.

Symbol für Dein Geschlecht

Sinn der Übung: In alten Kulturen war es durchaus üblich, für das männliche oder weibliche Geschlecht Symbole aufzustellen und sie als Gegenstand der Verehrung sichtbar zu machen. So wurden Skulpturen oder hölzernen Figuren gefertigt, die in der Gemeinschaft ihren festen Platz hatten und zu bestimmten Fruchtbarkeitsfesten geschmückt wurden. Im alten China wurden solche Symbole aus Elfenbein geschnitzt und die Liebenden schenkten sich diese gegenseitig. So ist es auch hier gemeint: Das Suchen und Finden, das Überreichen und Betrachten eines solchen Symboles vertieft die Würdigung und Hingabe, die dem Geschlecht des Partners zukommt. Solche Rituale führen über den Alltag der sexuellen Begegnung hinaus. Die dazugehörigen erotischen Gefühle finden über den Körper hinaus einen anderen Ausdruck auf seelischer Ebene.

Durchführung: Suchen Sie in der Natur, im eigenen Haus, im Garten oder Park, beim teuren Juwelier oder im exotischen Souvenirladen nach einem Gegenstand, der am tiefsten Ihre Gefühle trifft, die Sie mit der Scheide Ihrer Frau oder dem Penis Ihres Mannes verbinden. Soweit möglich, tragen Sie dann diesen Gegenstand einige Wochen mit sich herum, vielleicht sogar auf Ihrer Haut. Überreichen Sie es schließlich in einem zärtlichen Moment. Das Gefundene kann groß oder winzig klein sein. Es könnte weithin sichtbar in der Wohnung aufgestellt werden, ohne dass ein Dritter weiß, was es wirklich bedeutet. Es kann am Hals getragen werden oder in der Tasche.

Auswertung: Sprechen Sie von Zeit zu Zeit mit Ihrer Partnerin über dieses Symbol. Begreifen Sie es dann gemeinsam mit Ihren Händen und verharren Sie so zehn Minuten schweigend.
  Eine abgeänderte Form dieses Rituals wäre es, ein symbolhaftes Bild vom Geschlecht des Partners zu malen. Das braucht natürlich nicht so eng nur das konkrete Geschlechtsteil darstellen, sondern mag die Partnerin in ihrer sinnlichen Weiblichkeit oder den Mann in

seiner ihm eigenen Männlichkeit darstellen. Ein solches Bild dann irgendwo in der Wohnung an die Wand zu hängen, schafft eine eigene Atmosphäre.

Tagebuch sexueller Höhepunkte

Sinn der Übung: Auch diese Übung mag zunächst befremden, wirkt aber schnell sehr einleuchtend. Statt ständig Unglück aufzuschreiben, sollten wir dazu übergehen, die Stunden des Glücks mit dem Partner festzuhalten. Da wir aber gewohnt sind, gerade über diese schönsten Stunden eher schweigend hinwegzugehen und nach zwei Wochen schon nicht mehr darüber zu reden, geraten gerade diese Glücksmomente in Vergessenheit. Während viele jahrelang aufzählen können, wie sie sich bei dieser oder jener Gelegenheit vom Partner schlecht behandelt, betrogen oder verletzt fühlten, fällt ihnen genau das zutiefst verbindende Lusterleben überhaupt nicht mehr ein. Oder erinnern Sie jetzt beim Lesen spontan die drei höchsten erotischen Glücksempfindungen mit ihrem Partner?

Wahrscheinlich sind wir doch zu prüde erzogen dafür. Und unsere öffentliche Liebeskultur ist ebenfalls völlig ungeeignet, so etwas z. B. gemeinsam mit Freunden zu besprechen. Warum eigentlich?

Gilt da immer noch die Uraltthese: Das ist intim, das geht niemanden was an? Aber wäre es nicht gerade richtig, auch mit Freunden über solches Glück sprechen zu können? Würde da nicht unser Gedächtnis und unser Gefühl viel länger wach bleiben? Könnten wir uns nicht besser vergleichen, voneinander auch lernen und uns sinnenfroher bewegen?

Es geht ja hier nicht darum, pornographische Geschichten und Erlebnisse auszutauschen, sondern eine Vertiefung des sinnlichen Erlebens zu ermöglichen. Dazu gehört der sprachliche Austausch, das voneinander Lernen und eigene Fehler durch Rückmeldung anderer zu korrigieren. Findet dagegen alles nur in den eigenen vier Wänden statt, wird es relativ rasch aus dem Gedächtnis verdrängt.

Durchführung: Dazu gibt es nicht viel zu erläutern. Sie schreiben einfach in Ihr geheimes Tagebuch, was Ihnen an Glück, Lust, Rausch und Ekstase widerfahren ist. Schreiben Sie schwarz auf weiß, wie zärtlich Sie sich fühlten und Ihren Partner erlebt haben: wie hingebungsvoll, wie ausgelassen, jauchzend, schreiend, stöhnend, flüsternd. Wie Ihr Blut rauschte und wie der Strom der Erregung sich mit den Säften des Körpers vereinte und sie gemeinsam eintauchten in das unendliche Meer der Gefühle. Beschreiben Sie Ihre Phantasien dabei und aufkeimende Wünsche, Bilder, Farben und Töne.

Auswertung: Tun Sie es nicht so oft, aber lesen Sie Ihrem Partner ab und zu daraus vor. Die Wirkung stellt sich von ganz allein ein.

Tiger wecken

Sinn der Übung: Aus der Praxiserfahrung von über 30 Jahren Paartherapie geht eine zentrale Erkenntnis hervor: Das Scheitern vieler Paare an der Sexualität hat seine Ursache in Scham, Angst und Scheu, den ganzen Horizont von Sehnsüchten auszuleben: die Bandbreite vom animalisch-triebhaft über spielerisch-fröhlich bis hin zur spirituellen Verschmelzung. Unglaublich viele Partner und Paare haben eine große innere Fülle von Phantasien, Vorstellungen und Wünschen im Kopf oder im Herzen, trauen sich aber nicht, den Partner damit zu konfrontieren. Mag dies noch für die ältere Generation verständlich sein, verwundert es um so mehr, dass diese Blockierung auch bei jüngeren Paaren tiefe Erfüllung verhindert. Erfüllende Sexualität auf Dauer gelingt aber nur, wenn die Bandbreite der Pole im stetigen Wechsel ausgeschöpft wird, von ganz, ganz sanft bis ganz, ganz wild.

Die Hemmung aber, sich dem Partner hemmungslos zu zeigen, scheint bei vielen übergroß. Es ist eine typische Krankheit unserer westlichen Kultur. Im Tantra und Tao der östlichen Liebeskulturen dagegen wird der feine Weg vom wilden bis hin zum seelisch erfüllenden und spirituell verbindenden Vereinen seit altersher gelehrt. Dort stehen bestimmte Tiere symbolhaft für die verschiedenen Schattierungen des Liebesrausches. Die Schlange beispielsweise symbolisiert den Weg von der schlummernden Urkraft bis hin zur sich hoch aufrichtenden, den ganzen Menschen bis in höchste Sphären umfassenden kosmischen Kraft. Der Tiger steht für die animalische Bereitschaft, wildeste Energie jäh zu bündeln und sich mit aller Entschlossenheit in den Tumult sich windender Körper zu stürzen. Schmerzen, Kratzer, Beißen, Brüllen und Toben, Keuchen, Schreien, Schwitzen und völlig triebhaftes Eintauchen in die alles verschlingende Leidenschaft ist das elementare Ziel.

Einige von Ihnen werden Einwände haben und diese Übung abwehren: Das geht doch nicht der Kinder wegen, der Nachbarn wegen, das ist doch primitiv, wir sind doch keine Sadisten oder Masochisten usw.

Wehren Sie es nicht so ab und lassen Sie die Idee erst mal auf sich wirken. So etwas zu erleben, stärkt das eigene Selbstvertrauen, gibt Kraft und weckt die Sehnsucht immer wieder aufs Neue. Das wissen wir: Es ist für die Gesunderhaltung des Körpers wichtig, von der absoluten Ruhephase über kontinuierliche Betätigung bis hin zum schweißtreibenden Sport oder Arbeit die ganze Bandbreite körperlicher Bewegungsmöglichkeiten auszuleben. Ebenso ist es für die menschliche Seele wichtig, von der innigsten Zartheit bis hin zu überschießendem Rausch und Ekstase alle Dimensionen der Gefühle auszuschöpfen. Nicht der goldene Mittelweg, sondern die Vielfalt zwischen zartester Berührung beim Schmetterlingskuss über das Erregen mit einer Fingerspitze bis hin zum vulkanartigen Ausbruch gibt uns Lebenskraft und Lebensfreude.

Durchführung: Der Tiger kommt geschmeidig, aufmerksam und wach. Er ist mutig, geduldig und doch entschlossen. Er nähert sich mit all seinen Sinnen, voller Spannkraft. Er lässt sich Zeit, um erfolgreich zu sein auf seiner Pirsch. Übertragen auf die Liebenden meint das, sich erst langsam zu begegnen, einander zu riechen, zu fühlen, zu tasten und zu schmecken – für lange Zeit, ohne anzustürmen oder anzugreifen. Die Geschmeidigkeit der Glieder, die samtene Haut und die lockenden Formen nur zu betasten, zu erkunden – wie auf der Pirsch. Dann steigert sich das Erfassen und Begreifen. Lassen sie auch lockende und knurrende Töne zu. Laute aus der Kehle, Summen aus dem Herzen und Stöhnen aus dem Schoß und Becken. Beginnen Sie dann, miteinander zu spielen und auch zu kämpfen, dabei zu fauchen und einander zu beißen – vorsichtig natürlich. Raufen sie, rufen Sie, greifen Sie nacheinander und wälzen sich, mal unten, mal oben zu sein – bis Sie keuchen müssen und schweißgebadet sind. Der Lockruf der Wildnis ist in jedem Herzen zuhause. Trauen Sie sich zu solch animalischem Verhalten (ebenso wie zu inniger Seelentiefe zu anderer Zeit). Vielen fällt es extrem schwer, überhaupt Laute, wilde Worte und Stöhnen zuzulassen, aber es bereichert unsere Herzen unendlich auf der nach oben offenen Lustskala.

Vereinen Sie sich aber erst ganz, ganz zum Schluss, wenn sie schon lange miteinander getobt haben. Und dann verwenden Sie alle Pforten, die in den Leib führen. Lassen Sie Hände, Mund und Augen möglichst überall gleichzeitig sein und schenken sie mit Ihrem ganzen Körper Ekstase und Rausch – ohne Schranken und Grenzen. Alle Hemmungen einmal abschütteln zu dürfen, befreit und reinigt und stärkt gleichzeitig die ganze Persönlichkeit, weckt Selbstsicherheit und gesunden Stolz auf das eigene Sein.

Treusein

Sinn der Übung: Der Begriff *Treue* wird in unserem Kulturkreis – bis auf Ausnahmen – völlig missbraucht. Das gilt besonders für die Einengung auf sexuelle Treue. Statistisch gesehen gehen 70 % aller Erwachsenen mindestens einmal fremd. Trotzdem wird sexuelle Treue immer noch zum entscheidenden Maßstab einer funktionieren Beziehung deklariert. Daneben zählt gerade noch die soziale Treue, womit der solidarische Zusammenhalt des Paares und der Familie gemeint ist. Wichtige Autoren der Paarpsychologie wie Willi, Gambaroff und Mathias Jung ergänzen diesen Aspekt noch durch den der Treue zum eigenen Selbst. Das ist die wichtige andere Seite der Münze: Nur wer sich selbst treu ist, ist auf Dauer ein guter Partner, denn er behält gegenüber dem Partner seine Eigenständigkeit. Die aber ist Vorrausetzung für eine lebendige Paardynamik.

Darin klingt an, was diese Übung lehren will: Das wichtigste Kriterium von Treue liegt im eigenen Bestreben, der Wesensart des Partners gerecht zu werden, so wie ich mir selbst gerecht werde. Daran wird auch deutlich, dass es bei endlos vielen Streitereien völlig sinnlos wirkt, darüber zu debattieren, ob dies oder jenes richtig oder falsch ist. Vielmehr geht es darum, ob diese oder jene Tat von mir oder von Dir dem jeweiligen Wesen des Partners oder der Partnerin gerecht werden.

Anleitung: Wieder eine Übung, die Sie eher für sich allein bzw. mit ihrem Gewissen abmachen sollten. Es zählt nicht eigentlich, ob Sie richtig und korrekt handeln, vor allem nicht, dass Sie objektiv recht haben. Vielmehr prüfen Sie bitte, ob Ihr Handeln dem Wesenskern Ihrer Partnerin entspricht und ihr damit gerecht wird. Und wenn Sie Ihr Gewissen befragt haben, dann befragen Sie Ihre Frau, ob Sie mit Ihrem Tun und Sein ihrer Seele gerecht werden. Wenn beide Aussagen übereinstimmen, wissen Sie in jedem Fall, woran Sie sind. Sagen beide ja, wird Ihr Liebesleben Glück sein und lange währen. Sagen beide Nein, ist es höchste Zeit, dass Sie sich ändern. Sagt eine Stimme nur Nein, auch dann müssen Sie möglichst bald ihr Verhalten kritisch überprüfen – und verändern. Sonst verliert ihre Liebe bald an Wert. Denn Treue ist nur Wert, wenn sie der Liebe dient – nicht aus Prinzip und Moral.

In der Sexualität ist Treue dieser dritten Art lebendige Vorrausetzung für die Treue der ersten Art, nämlich nicht fremdzugehen. Gleichzeitig ist dabei diese Treue, sich selbst und dem Partner gerecht zu werden, in der Sexualität so schwierig, weil es dabei so hauteng zugeht. Liebe machen bedeutet hier, Körper, Geist und Seele gleichzeitig und gemeinsam in Resonanz zu bringen. So einander umfassend gerecht zuwerden, bringt höchstes Glück.

Auswertung: Diese Übung hat Querverbindung zu vielen anderen in diesem Buch, besonders zu *Trennendes zwischen uns*. Tauschen Sie sich immer wieder mal über diese Art von Treue aus – der beste Weg, um treu bleiben zu können. Und doch ist es nicht leicht, denn die Treue zu Dir und die Treue zu mir selbst stimmen nicht automatisch überein. Hier entsteht immer neu Diskussions- und Handlungsbedarf.

Wind- und Wolkenspiel

Sinn der Übung: Der Name kommt aus dem Taoismus und steht für Geschlechtsverkehr. Diese Wortschöpfung, eine von Hunderten, zeigt den unerschöpflichen Reichtum an sinnlicher Sprache östlicher Liebeskultur für das, was wir in unserer Kultur kaum öffentlich ausdrücken können. Wir haben dafür entweder eine nüchtern medizinisch distanzierte Sprache oder eine banale bis primitive. Es sei noch einmal erwähnt: Die höchste chinesische Philosophie war sich nicht zu schade, eben diese für das menschliche Leben ungeheuer wichtigen Erlebniswelten bis ins Detail zu erörtern und sinnvoll würdig darzulegen. Solche Lehrbücher bekamen dann die Jungverliebten unter das Kopfkissen gelegt. Ja, es gab sogar schon, entsprechend vereinfacht, für Kinder solche Bücher. Das entscheidende Gewicht lag dabei nicht auf der bei uns im Sexualkunde-Unterricht üblichen biologischen, sondern auf der sinnlich-erotischen Aufklärung. Und es ging ihnen auch nicht um 101 Stellungsbücher mit gewagten Techniken, sondern um den lustvollen Austausch von Körper, Geist und Seele gleichzeitig. So ist auch die folgende Durchführung zu verstehen:

Durchführung: Das Vorspiel der Liebenden beginnt erregter zu werden. Die Frau liegt nun auf dem Rücken und öffnet ganz langsam ihre Schenkel. Der Mann stützt sich in seinem Gewicht sehr gut ab und legt sich so zwischen die Schenkel der Frau, dass er mit seinem aufgerichteten Stab nicht ganz die Schamlippen der Frau erreicht. Sie öffnet dann Ihre Schenkel im Wechselspiel nur etwas weiter, so dass seine Penisspitze ihre Schamlippen gerade anstupsen, streicheln und küssen kann. Immer wieder zieht der Mann sich zurück –, die Frau schließt wieder etwas ihre Schenkel, um sie dann in immer schnellerer Folge ebenso leicht zu öffnen.

Die Kunst und Lust für beide liegt darin, auf keinen Fall sich ganz und gar zu vereinen, sondern die Erregung immer mehr zu steigern. Der Schaft des Mannes taucht dabei höchstens Millimeter tief ein, niemals weiter. Währenddessen küssen sich die beiden und liebkosen sich; der Mann steigert die Erregung seiner Geliebten noch durch Saugen und Küssen der Brüste.

Sie können dieses erregende Antippen und Wieder-Lösen lange, lange fortsetzen. Dann, irgendwann, trennen Sie sich voneinander, ohne, wirklich ohne tiefer ineinander zu tauchen oder sich gar zu vereinigen. Bleiben Sie nebeneinander liegen und lassen Sie die Erregung im Bauch und Becken, im Kopf und im Herzen nachklingen. Die so aufgestaute Lust wirkt noch lange nach in Ihnen. Sie vergeht weniger schnell als nach einem Orgasmus. Ihr Körper bleibt länger ergriffen.

Wo der Himmel die Erde küsst

Sinn der Übung: Wie beim ›Tiger wecken‹ geht es auch hier um die Befreiung der sexuellen Lust aus den engen Grenzen der alltäglichen Gewohnheiten und der ewig gleichen vier Wände. Allerdings ist es auch hier nicht das Hauptanliegen, neue Ideen, Stellungen und Techniken für die ermüdete Leidenschaft zu suchen, sondern neue Horizonte zu öffnen und so ihren Reichtum voll auszuschöpfen. Dazu gehört vor allem, der körperlichen Vereinigung einen immer tieferen Sinn zugeben. Der Orgasmus der Körper erfährt im Orgasmus der Seelen erst seine wachsende Sehnsucht, sich immer neu zu vereinen.

Die Lust der Sinne wächst in all den Jahren weiter, wenn auch alle Sinne erfüllt werden.

Deshalb schlagen wir vor, die Vereinigung der Körper durch die Vereinigung mit und in der Natur zu vollziehen. Während Sie ineinander verschlungen sich lieben, vereinen Sie sich gleichzeitig mit der unendlichen Weite des Himmels, mit der Festigkeit und Fruchtbarkeit der Erde, mit dem Feuer der Sonne und dem lebensspendenden Wasser. Die Wirkung dieser vier Elemente auf der nackten Haut intensiviert sich um ein Vielfaches und lässt den Liebesakt zu einer Vereinigung mit dem Kosmos werden. Die alten Taoisten sprechen deshalb vom *Geschlechtsverkehr* als einem *Gottesdienst*. Dies ist keine Verhöhnung sittlichen Anstandes, sondern genau das Gegenteil: Das Wunder der Liebe vollzieht sich im Wunder der Natur. Jede Pore atmet göttlichen Funken. Der Akt wird zum ehrfürchtigen Ritual.

Durchführung: Suchen Sie gemeinsam und mit Bedacht einen Ort, der dafür würdig ist, Schutz bietet und doch die Freiheit, sich über alle Grenzen hinweg in den Kosmos zu verströmen. Natürlich wird das nicht leicht sein für einen Großstädter, aber auch die moderne Landwirtschaft sichert nicht mehr die nötige Beschaulichkeit. So müssen Sie vielleicht im Urlaub, auf einer Wanderung oder am Wochenende danach suchen. Wenn Sie einen Ort in der Nähe ihres Wohnortes finden, richten Sie es so ein, dass Sie zu jeder Jahreszeit einmal dorthin gehen können. Nicht nur in der Hitze des Sommers oder im milden Frühlingswind, sondern auch im Herbststurm und im kalten Schnee des Winters gilt es, dieses Ritual zu vollziehen. Vereinen Sie sich im taufrischen Gras bei Sonnenaufgang oder auf einer sonnendurchglühten Felsenplatte, im strömenden Wasser des kalten Bergbaches, im jungfräulichen Schnee einer klirrenden Winternacht, im weichen Mondlicht, im salzigen Meer, im dunklen Wald auf grünem Moos. Seien Sie nicht zimperlich oder ängstlich dabei, Sie versäumen sonst den Reichtum des Lebens.

4 Das Liebes-Wochenende

Beleben und neue Leidenschaft wecken, retten, heilen, verzeihen und versöhnen – all dies ist möglich in der Liebe. Wir müssen uns nur wehren gegen den gefährlichsten aller Liebestöter – die Resignation. Und wir müssen uns wehren gegen die falschen Propheten, die uns einreden wollen, dass wir es hinzunehmen haben, dass alle Liebe erkaltet, dass Sex in jeder Beziehung zu Ende geht und Lustlosigkeit auf Dauer die Regel sei. Pessimisten, depressive Therapeuten und die, die mit solch markigen Sprüchen sich interessant machen wollen, sind selbst keine guten Liebhaber. Sie sind langweilig im Bett und phantasielos in der Liebe.

Dabei ist es gar nicht so schwer, die eigene Paardynamik lebendig zu erhalten. Es braucht nicht übermenschliche Anstrengung und kein Psychologiestudium. Selbst wenn Psychotherapie für Paare in Krisensituationen natürlich sehr hilfreich sein mag, können Frau und Mann auch ohne sie glücklich miteinander werden und bleiben.

Aber trotzdem: Alles menschliche Leben bedarf der besonderen Pflege und Förderung, um sich zu voller Form und dauerhaft zu entwickeln. Den eigenen Körper gesund zu erhalten, das eigene Selbstwertgefühl zu stabilisieren und zu steigern, den beruflichen Erfolg zu sichern – überall setzen wir Energie und Fleiß ein, um fit zu bleiben.

Eines ist sicher: Auch die Liebe braucht unser Dazutun. Glück ist nicht nur eine Frage des Zufalls oder Schicksals, sondern auch unseres Einsatzes. Keiner gewinnt im Lotto ohne Einsatz.

Eines der sichersten Mittel, Liebe, Lust und Glück lebendig zu erhalten, ist *das aktive Paar – Wochenende* mit dem Untertitel: *Wilde Zartheit* oder *Wilder Frieden*. Im folgenden soll eine der vielen Möglichkeiten, ein solches zu gestalten, vorgestellt werden. Natürlich geben wir dazu Anregungen und Tips, schlagen Übungen und Rituale vor, machen Hinweise und Anleitungen. Sie können sich einige davon auswählen, eigene dazu erfinden oder ein völlig anderes Programm zusammenstellen. Aber tun Sie es!

Zögern Sie nicht, von den 52 Wochenenden des Jahres wenigstens zwei ganz allein und ausschließlich mit Ihrem Partner zu begehen, zu feiern und zu genießen. Dabei bleibt es nicht nur beim oberflächlichen just for fun. Vielmehr geht es um eine Reise nach innen. Gehen Sie auf die Suche nach dem Partner, indem Sie sich besuchen. Wer aber Besuch empfangen will, muss erst bei sich zu Hause sein. Es lohnt sich, in die Tiefe der Gefühle zu tauchen, auch und gerade dann, wenn es strittige Themen gibt. Die gehören mit hinein in ein solches *Fitness-Wochenende für die Liebe*. Und selbst, wenn Sie nicht einmal soviel Zeit haben, dann lohnt sich immer noch, wenigstens ab und zu einen ganzen Tag dafür auszusuchen.

Etwas Besonderes gilt für diesen Trip: Die zweieinhalb Tage, die Sie miteinander verbringen werden, sollen nicht dem Zufall überlassen bleiben unter dem Motto: Einfach auf sich zukommen lassen – mal sehen, was es bringt. Das ist nur ein Ausweichen vor der eigenen Unsicherheit. Im Gegenteil: Sie einigen sich vorher auf einen Ablauf. Das ist wichtig. Sie haben ein Ziel, nämlich den Dialog der Liebenden zu vertiefen.

Manche wehren sich gegen Übungen oder Rituale. Sie sagen, dass wirke so vorprogrammiert oder verordnet. Ich spreche auch nicht gegen spontane und intuitive Liebesbezeugungen, die natürlich ebenso lebensnotwendig sind für die Erfüllung der Liebenden. Rituale aber geben dem Ausdruck und Austausch von Liebe mehr Gewicht dadurch, dass sie vorher besprochen und abgesprochen werden, dadurch, dass für sie ein besonderer Zeitpunkt verabredet wird (größtes Beispiel: das Hochzeitsritual).

Machen Sie einen Kurz-Urlaub für die Liebe. Dazu bedarf es nicht einmal viel Geld, großen Aufwandes oder besonderer Vorbereitungen. Sie brauchen dazu nicht wegfahren. Oder nur in eine romantische Kleinstadt oder in ein solches Dorf ohne allzuviel Ablenkung wie Ehingen, Celle, Wolkenstein usw. Schicken Sie die Kinder zu Freunden, Eltern oder anderen Verwandten. Nutzen Sie jedes Zimmer Ihrer Wohnung für einen Teil der folgenden Übungen. Richten Sie dafür die Zimmer etwas her. Stellen Sie Telefon, Handy, Fernsehen und Computer unbedingt ab. Sollten Sie etwas lesen, dann nur, um sich gegenseitig vorzulesen. Lassen Sie sich durch nichts ablenken. Gehen Sie nicht einkaufen. Keine Haushalts-, Büro- oder Berufsarbeit. Das Zubereiten der Mahlzeiten sollte am besten gemeinsam geschehen und nicht zu lange Zeit in Anspruch nehmen.

Im folgenden also Vorschläge und Hinweise für ein liebevolles Programm. Sie brauchen nicht alles davon zu machen oder können sich aus den oben und unten angeführten Übungen ein eigenes Programm zusammenstellen. Aber tun Sie es!

Freitag Abend

Starten Sie diese intime Reise mit Pflege für den Körper

Baden
Sauna
Fitness
Essen

Heiliges Entkleiden

Nehmen Sie sich eine Stunde Zeit. Gehen sie in Ihr Zimmer und sorgen Sie für eine geschützte, intime Atmosphäre. Stellen sie sich voreinander hin. Dann beginnt Er, wie in der beschriebenen Würdeübung, sich vor Ihr zu verneigen. Er tut es ganz langsam und feierlich, fünf Minuten lang, um sie zu ehren und das kommende Entkleiden würdig vorzubereiten. Dann verneigt Sie sich vor Ihm, genauso langsam.

Danach beginnt Sie, Ihn ebenso langsam zu entkleiden. Das soll ungefähr fünfzehn Minuten dauern. Sie nimmt jedes Stück seiner Kleidung, legt es zur Seite, um dann die gerade bloßgelegte Haut leise und vorsichtig zu streicheln. Erst dann setzt Sie das Entkleiden mit dem nächsten Teil der Kleidung fort. Steht Er schließlich ganz nackt vor Ihr, verneigt Sie sich nocheinmal vor Ihm.

Dann tauschen die beiden die Rolle: Er beginnt jetzt, sie langsam und feierlich zu entkleiden, Stück für Stück, und jeden Zentimeter freie Haut nur federleicht kurz zu streicheln. Am Ende verneigt auch Er sich wieder, sobald Sie nackt vor Ihm steht.

Abschließend umarmen sich beide und legen sich nebeneinander schweigend auf das Bett. Bleiben Sie so noch etwa zehn Minuten, um dann darüber zu reden. Schlafen Sie an diesem Abend noch nicht miteinander, sondern bewahren Sie die feierliche Begegnung auf.

Samstag morgen

Es gibt natürlich kleine und große Rituale: solche, die gar keinen besonderen Aufwand erfordern wie das morgendliche gegenseitige *Abtrocknen* nach der Dusche oder das wunderschöne und besonders wohltuende Ritual:

Lebensgeister wecken

Noch im Bett liegend, sozusagen im Halbschlaf und noch gar nicht richtig wach, dösend noch, beginnt der eine, dem anderen den Kopf, Rücken, Nacken, Po, Beine und Füße ausgiebig zu kneten und zu massieren – dann umgekehrt. Sie werden danach viel erfrischter aufstehen und sich gelöster fühlen.

oder **Meditieren**

Stehen Sie zum Sonnenaufgang auf, setzen sich nebeneinander gemeinsam auf die Wiese, den Balkon oder an ein Fenster in der Wohnung, von dem aus Sie die Sonne aufgehen sehen können. Verharren Sie schweigend in konzentrierter Haltung und lassen Sie das Erwachen des Tages auf sich einwirken.

oder **Fitness**

Sie brauchen nicht zu joggen oder schwimmen oder in ein Fitnesscenter. Aber es ist ein gutes Aufwärmen für den Beginn eines liebevollen Tages. Sie können sich vor dem morgendlichen Duschen genauso gut gemeinsam Strecken, Dehnen und sich gegenseitig trommelartig den Rücken beklopfen. Raufen Sie miteinander auf dem Bett oder versuchen Sie sich gegenseitig an die Wand zu schieben, bis Sie außer Atem kommen. Schütteln Sie alle Muskeln aus und turnen Sie, bis Sie schwitzen. Gute Kondition und straffe Muskeln leiten die Lust der Erregung am besten weiter.

Noch vor dem Frühstück:

Was bringe ich Dir?
Jeder sucht sich einen stillen Winkel und schreibt einen Brief an den Partner mit dem Thema: Was bringe ich in unsere Beziehung ein? Es ist wie eine kurze Selbstbesinnung, ein Nachdenken darüber, wie ich Dir eigentlich meine Liebe zeige, was ich dafür tue und wie ich sie aktiv gestalte. Es sollte schon eine Seite werden.

Dann treffen Sie sich zum gemeinsamen Frühstück, lesen sich den Brief gegenseitig vor und sprechen darüber. Auf keinen Fall den Brief dem Partner bloß hinschieben, damit er ihn selbst liest. Die Wirkung würde sehr viel geringer ausfallen.

Eine Alternative wäre, aufzuschreiben:
Was wünsche ich mir von Dir?
Das darf dann aber nur auf drei Wünsche begrenzt sein. Und – der entscheidende Abschluss dieser Übung besteht darin, am Ende des Briefes dem Partner genau diese von mir an ihn gerichteten Wünsche selbst zu erfüllen.

Nach dem Frühstück:

Spaziergang im Schweigen
Es gibt einen berühmten Satz aus dem Taoismus, der hier wirksam wird: *Der Weg ist das Ziel.* Nicht einem Ziel hinterherrennen, ist Sinn des Lebens, sondern durch das Leben zu gehen. Noch mehr gilt dieser Satz für die Liebe: Im Zusammensein mit dem Partner, im Sein mit Dir liegt Sinn und Erfüllung der Liebe. Nicht für ein fernes Ziel, sondern hier und jetzt sind wir füreinander da. Versuchen Sie das zu spüren, indem Sie Hand in Hand eine Stunde ohne Ziel gehen – nur gehen – und das ganz im Schweigen.

Samstag mittag

Essen und vielleicht Mittagsschlaf – ohne Beischlaf, höchstens mit Kuscheln. Die Sehnsucht soll sich steigern.

Neugier auf Dich
Beim Tee oder Kaffee stellen Sie sich gegenseitig Fragen, die Sie ihm oder ihr noch nie gestellt haben. Jungverliebte möchten alles wissen vom Partner und fragen endlos viel und sind ganz schrecklich neugierig (und begierig) aufeinander. Probieren Sie es wieder.

In Deinen Augen
Ein Spiel mit den Augen: Schauen Sie sich ganz lange unverwandt in die Augen. Entdecken Sie, was Sie da lesen und erkennen können. Was spricht aus diesen Augen ihres Partners oder Ihrer Partnerin? Was steht darin geschrieben? Die Augen sind das Fenster zur Seele. Was wissen Sie von dieser Seele? Fast jeder Flirt, jedes Sich – Verlieben beginnt mit diesem Augenspiel. Genießen Sie es.

Jetzt noch ein wichtige und schwerere Übung vor dem Abendessen:

Deine drei Fehler – meine drei Fehler
Oben wurde es schon gesagt: Das Streitpotential soll an solch einem Aktiv-Wochenende für Liebende nicht ausgeklammert werden. Es gehört allzumal zur Liebe dazu, zumal darin viel wichtiges Entwicklungspotential verborgen ist. Streit verlangt Veränderung und damit auch Weiterentwicklung. Sie können in der Liebe nicht stehenbleiben.

Aber streiten Sie einmal anders. Mit Hilfe eines Rituals, das Krisen weitgehend entschärft. Schreiben Sie einfach wieder einen Brief, höchstens zwei Seiten lang. Benutzen Sie eine Seite, um die Fehler Ihres Partners aufzulisten und ihm Ihr Leiden daran verständlich zu machen. Und benutzen Sie nun die zweite Seite, um ebenfalls drei

Fehler von sich selbst aufzuzählen. Und schreiben Sie dazu, wie der Partner möglicherweise darunter leidet.

Dann lesen Sie sich das gegenseitig vor und sprechen darüber – ohne weitere Anklage oder Rechtfertigung. Testen Sie, wie weit Sie Übereinstimmung gefunden haben. Wie weit können Sie sich einigen auf diese drei »Hauptfehler«? Und besprechen Sie, wie Sie in Zukunft besser damit umgehen wollen.

Samstag Abend – nach dem feierlichen Mahl:

Ein Vorschlag dazu: Trinken sie trotzdem nur ganz wenig Alkohol, und essen Sie nicht zu mächtig, damit Sie nicht zu müde werden für die Liebe.

Betrachten und Salben
Nehmen Sie sich eine gute Flasche Wein mit aufs Zimmer. Sorgen Sie für sanfte Musik, guten Duft und schönes Licht. Beginnen Sie, sich langsam und vorsichtig gegenseitig zu entkleiden. Wenn Sie dann nackt voreinander stehen, betrachten Sie sich gegenseitig lange, lange von oben bis unten. Streicheln Sie sich dabei mit den Augen.

Dann beginnt Er, Sie einzusalben. Öl oder Creme haben Sie dazu mitgebracht. Ebenfalls von oben bis unten, von hinten und von vorne. Bleiben Sie dabei voreinander stehen. Schließen Sie zwischendurch Ihre Augen. Sprechen Sie die ganze Zeit kein Wort. (Nur wenn etwas dringen stört). Dann tauschen Sie wieder die Rollen.

Sind Sie fertig damit, setzen Sie sich einander gegenüber auf das Bett, mit dem Rücken irgendwo angelehnt. Beginnen Sie dann beide, langsam Ihre Schenkel zu spreizen. Öffnen Sie sie, so weit Sie können und betrachten Sie – mit den Augen liebkosend – das Geschlecht Ihres Partners. Seien Sie ehrfürchtig dabei – es ist ein Geschenk.

Bleiben Sie so etwa noch eine halbe Stunde. Trinken Sie nur ganz wenig dabei, denn jetzt folgt noch eine Idee:

Schreiben Sie jetzt eine
Erotische Kurzgeschichte
Haben Sie Mut und lassen Sie Ihrer Phantasie freien Lauf. Schreiben Sie und offenbaren Sie, was in Ihnen an Wünschen und Träumen von sexueller Begegnung schlummert. Sie können das ebenso gut wie viele Bücherschreiber. Träume sind nicht verboten. Schämen Sie sich nicht dafür. Nehmen Sie sich für diese Geschichte viel Zeit und schreiben Sie: witzig, ernst, frivol, geil, lustvoll, poetisch, heilig. Schreiben Sie ein kleines Märchen, einen Krimi oder ein Abenteuer. Nur eine Bedingung gibt es dabei: Erotisch soll die Geschichte werden.

Kommen Sie wieder zusammen, wenn Sie fertig sind. Legen Sie sich eng umschlungen aufs Bett und lesen sich die Geschichten abwechselnd vor.

Dann gehen Sie zusammen schlafen, wieder ohne miteinander zu schlafen. Auch jetzt noch nicht. Immer noch steigert sich der Reiz der Erwartung. Auch wenn Sie es nicht glauben, halten Sie es durch, drosseln Sie Ihr Begehren für das Jubelfest für den ...!

Sonntag morgen

Dank an die Natur
Stehen Sie ausnahmsweise früh auf, da Sie ja mit wenig Alkohol und relativ früh schlafen gegangen sind. Versuchen Sie, den Sonnenaufgang zu begrüßen und der Natur zu danken, dafür, dass sie Ihnen soviel schenkt.

Dann setzen Sie sich noch vor dem Frühstück hin und schreiben Ihrer Liebsten einen Brief. ›**Dank für alle Höhepunkte unserer Liebe**‹ soll er heißen. Schreiben Sie auf, was im Lauf der gemeinsamen Jahre für Sie ein besonderer Höhepunkt in Ihrer Beziehung war und danken Sie ihr dafür. Lesen Sie diesen Brief wieder beim Frühstück vor.

Nach dem Frühstück:

Versteck spielen: Machen Sie etwas, was Sie sicher noch nicht vergessen haben: Das alte Kinder – Versteckspiel. Das ist nicht albern noch kindisch, sondern herzerfrischend. Es kommt dabei wieder viel von der unbeschwerten Zeit hoch. Sich suchen und – finden lassen, den Anderen entdecken, die Spannung auf die Spitze treiben.

Jetzt kommt's: Gottesdienst am Sonntag-Morgen in der erotischen und sexuellen Vereinigung der Liebenden:
›**Wind- und Wolkenspiel**‹

oder
›**Tiger wecken**‹
Das lesen sie einfach vorne im Buch nach.

oder
›**Stille Vereinigung**‹

Sonntag Mittag

Essen irgendwo
Mittagsschlaf

Es geht jetzt dem Ende des Wochenendes zu:

Museum schließen: Auch diese Übung ist weiter oben gut beschrieben. Zum Abschluss dieses reichen Wochenendes eignet sich diese Form einer Beziehungsverbesserung ganz besonders. Begraben Sie miteinander die alten Kriegsbeile, vergraben Sie die Leichen aus Ihrem Keller des gemeinsamen Partnerdaseins. Benennen sie einander all die Kränkungen und Verletzungen, die Sie hiermit endgültig verzeihen und deshalb auch nie mehr im Streit erwähnen werden.

Danksagung: Bevor Sie die Rückfahrt antreten, nehmen Sie noch einen letzten Kaffee. Ergreifen Sie die Gelegenheit, eine echte Dankesrede für den anderen zu halten – unter vier Augen. Es kommt sonst so selten vor. Machen Sie mehr als einen Satz oder einen Kuss daraus. Auch wenn Sie sonst kein Mensch der vielen und großen Worte sind, probieren Sie es mit Ihren eigenen. Erzählen Sie einfach Ihrer Partnerin oder Ihrem Partner, was Sie alles schön empfunden haben und wofür Sie jetzt dankbar sind. Erwähnen Sie in Ihrer Rede die kleinen Gesten, die zärtlichen Berührungen, jede Einzelheit, die Ihre Seele und Ihren Körper haben genießen lassen.

Mehr braucht es nicht für die Liebe.
Werden Sie Botschafter der Liebe.

Alphabetische Reihenfolge der Übungen

Abbitte 170
Abschied für immer 49
Abwehr und Widerstand 171
Altlast 127
Angst besprechen 130
Anvertrauen 27
Atem tauschen 50
Atmen im Schoß des Partners 194
Auf dem Weg zu Dir – durch den Garten Eden 195
Augenblicke 29
Augenkontakt 151
Aura spüren 90
Berühren und Begreifen 30
Bild Deiner Seele 92
Blütenkelch 33
Brief an Dein Geschlecht 196
Brücken zu Dir 68
Chakren-Reise 34
Collagen der Liebe 50
Dank für Höhepunkte 70
Dem Feind Gutes wünschen 173
Der Weg ist das Ziel 93
Energy Balancing 53
Entrümpeln 133
Ent-Täuschung 152
Erfassen 197
Erntedankfest 94
Erotische Geschichte 199

Faires Streiten – fair fight for change 134
Familienkonferenz 135
Familienstreicheln 36
Faustübung 155
Fehler – Deine und meine drei Fehler 156
Fehlergeständnis – te confiteor 157
Fest der Sinne 200
Fremder Partner 71
Fremdgehen 202
Fünf Blüten 55
Fünf Würden 95
Geben und Nehmen 111
Geschichte Deiner Hände auf meinem Körper 37
Geschichte der Rose 56
Herzenssprache 72
Hochzeit des Erkennens 96
Hohelied der Lust 204
In Deinen Augen 57
Innere Scheidung 159
Körperbegegnungen 39
Kraft der Frage 73
Kriegsrat 161
Lernen durch Dich 97
Liebe? Was verstehe ich darunter? 75
Liebesbrief 74
Liebesmuster 138
Loben – wie ich es mir von Dir wünsche 77
Meditation für Paare 112
Museum schließen 175
Narzissmus-Falle und Schuldgefühle 176
Nebelscheinwerfer: Ich sehe, was Du nicht sehen kannst 137
Ohren-Schmaus und Regentropfen 41
Orgasmus 205
Partnerstil erkennen 140

Partnerwahl 78
Partnerwerdung 143
Pilgerreise 99
Portrait zeichnen 42
Rohes Ei 178
Rollentausch 79
Schatten überspringen 99
Schattengeschenke 180
Schwarzer Peter 181
Seelendialog 101
Sehnsuchtsbrief 60
Selbsttäuschung erkennen 146
Skulptur des Paares 61
Splitterwochen 165
Sterben in einem halben Jahr 114
Stille Vereinigung 206
Stunde der Wahrheit 163
Symbol für Dein Geschlecht 207
Tagebuch sexueller Höhepunkte 208
Täter in der Beziehung – ich? 182
Tiger wecken 209
Trauern 63
Trennendes zwischen uns 147
Treusein 211
Umgang mit Deinen Fehlern 183
Vater sein, Mutter sein 115
Verbotene Liebe 80
Vergiss die Rose nicht 82
Verletztes Kind in mir 184
Verzeihen und Versöhnen 185
Was fehlt mir von Dir? 65
Was ich Dir antue, tue ich mir selber an 64
Was tue ich für die Liebe? 104
Werben und Verführen 105

Wie haben meine Eltern mich lieben gelehrt? 149
Will ich mit Dir alt werden 116
Wind- und Wolkenspiel 213
Wo der Himmel die Erde küsst 214
Wunsch-Umkehrung 84
Würdigung 186
Yin-Yang-Bild 106
Zeit schenken 120
Zeitinseln 118
Zeitkiller 119
Zeitlupenstreit 167

Literaturhinweis

Bach, George R.: *Aggression Lab.* Hamburg 1972
Bach, George R.: *Streiten verbindet.* Düsseldorf 1975
Cöllen, Michael: *Heilende Partnerschaft.* Reinbek 1993
Cöllen, Michael: *Paartherapie und Paarsynthese. Lernmodell Liebe.* Wien 1997
Cöllen/Jung: *Liebe in Zeiten der Unverbindlichkeit. Eros und Ethos.* Stuttgart 2002
Gordon, Thomas: *Familienkonferenz.* Hamburg 1972
Jung, Mathias: *Zeit für Zärtlichkeit.* Lahnstein 2002
Kast, Verena: *Paare.* Stuttgart 1984
Kast, Verena: *Trauern.* Stuttgart 1999
Lukas-Moeller, Michael: *Die Wahrheit beginnt zu zweit.* Reinbek 1988
Stevens, J. O.: *Die Kunst der Wahrnehmung.* München 1975
Thomann, Christoph: *Klärungshilfen.* Frankfurt 1986
Willi, Jürg: *Koevolution.* Reinbek 1985

Bibliografische Information Der Deutschen Bibliothek
Die Deutsche Bibliothek verzeichnet diese Publikation in der
Deutschen Nationalbibliografie; detaillierte bibliografische Daten
sind im Internet über http://dnb.ddb.de abrufbar

2 3 4 5   07 06 05 04 03

© 2003 Kreuz Verlag GmbH & Co. KG Stuttgart
Ein Unternehmen der Verlagsgruppe Dornier
Postfach 80 06 69, 70506 Stuttgart, Tel: 0711/788030
Sie erreichen uns rund um die Uhr unter www.kreuzverlag.de
Umschlagfoto: © ZEFA/S. Hammid
Umschlaggestaltung: Eberle und Kaiser Werbeagentur GmbH, Freiburg
Satz: de·te·pe, Aalen
Druck und Bindung: Clausen & Bosse, Leck

Die Schreibweise entspricht den Regeln
der neuen Rechtschreibung

ISBN 3-7831-2305-4

Liebe wie im Märchen

Hans Jellouschek
Beziehung und
Bezauberung
ISBN 3-7831-1730-5

Anhand von Märchen und Mythen erhellt Hans Jellouschek die innnere Architektur heutiger Paarbeziehungen. Er zeigt, was eine Beziehung zum Scheitern bringt oder was sie wieder lebendig machen kann. Ein Meisterwerk der Paartherapie!

KREUZ: Was Menschen bewegt.
www.kreuzverlag.de

Es lebe die Liebe!

Hans Jellouschek
Die Kunst, als Paar
zu leben
ISBN 3-7831-2178-7

Der erfahrene Paartherapeut Hans Jellouschek zeigt, wie Sie die Liebe auch über viele Jahre lebendig halten und glücklich leben können. Ein Klassiker der Paartherapie!

KREUZ: Was Menschen bewegt.
www.kreuzverlag.de

Wieder nicht der Prinz?

Bernd Frederich
Die Verliebtheitsfalle
ISBN 3-268-00225-0

Der erfahrene Familientherapeut Bernd Frederich zeigt, wie es geschehen kann, dass man sich immer wieder in den oder die »Falsche« verliebt und wie man trotzdem glücklich werden kann.

KREUZ: Was Menschen bewegt.
www.kreuzverlag.de

Immer nur das Eine?

Wilfried Wieck
Die Erotik des
Mannes
ISBN 3-7831-2116-7

Welche erotischen Wünsche haben Männer? Oft ganz andere als Frauen. Gegen alle Konventionen setzt Wilfried Wieck das Abenteuer lebendiger Erotik. Dieses Buch zeigt, wie Männer und Frauen ein spannendes und erfülltes Miteinander leben können – nicht nur im Bett.

KREUZ: Was Menschen bewegt.
www.kreuzverlag.de